故里此去三十年

周子衿◎著

江西人民出版社
Jiangxi People's Publishing House
全国百佳出版社

图书在版编目(CIP)数据

故里此去三十年 / 周子衿著.—南昌：江西人民出版社，2015.5

ISBN 978-7-210-07222-5

Ⅰ.①故…　Ⅱ.①周…　Ⅲ.①长篇小说—中国—当代　Ⅳ.①I247.5

中国版本图书馆CIP数据核字(2015)第084619号

故里此去三十年
作　　者：周子衿 著
书名题字：苏美华
责任编辑：吴艺文
封面设计：同异文化传媒
出　　版：江西人民出版社
发　　行：各地新华书店
地　　址：江西省南昌市三经路47号附1号(邮编：330006)
编辑部电话：0791—86898470
发行部电话：0791—86898893
网　　址：www.jxpph.com
2015年5月第1版　2015年5月第1次印刷
开　　本：787毫米 × 1092毫米　1/16
印　　张：15
字　　数：260千
ISBN 978-7-210-07222-5
赣版权登字—01—2015—204

定　　价：39.80元
承 印 厂：南昌市红星印刷有限公司

光阴的印记(序)

天亮时分,合上《故里此去三十年》样稿,推开书房的落地窗,长安大街上已是车水马龙,我却还在书里,记忆还在山乡、还在江南村庄,还在想着方卫东、白池、白丹,还在想着方三姑那一口京腔。更在想象一个妙龄女性作家是如何刻画出这般人物形象,既符合历史变迁、个性刻画入木,又贴近那个时期的人物、性格。据我所知,在作者的经历中,完全不可能有一丝印记、划痕,即便是有无穷的空间想象力,也无法写出如此接近历史、背景吻合、接地气又天衣无缝的作品来。

认识周子衿,还是年初在湖南参加“两岸三地首届文学论坛”,她谦虚地送了一本杂志上发表的作品《影子》让我指导,当时由于时间关系,加上会议时间杂事多,给我送书的人也多,常态下送书人是不会回访问你看了没有的,然而,次日早晨我就接到了子衿的电话,礼貌诚恳地问她的《影子》我是否看过,意见如何。我一时语塞,只好如实地告诉她,因为忙碌,还无暇顾及呢,并表示一定拜读后与她交流。找出那本刊物,翻出《影子》,一下子我就被吸引了,我不敢相信,这样一篇生活气息浓郁、设想着作者本人又完全不可能有的经历,就连体验过的人都无法反映出来的文字,在她的笔下却如行云流水般跃然纸上。《影子》抓住了当今社会众生相之中的一个视角,用虚拟写实的手法,生动形象的生活语言叙述着一个完整的故事,使整个作品给读者似曾相识的感觉。倡导着大爱无疆,弘扬社会的正能量,使读者在作品中读到的似乎是发生在身边某一些人身上的故事。作品结构严谨、语言流畅、脉络清晰、给人以启迪。

深读对照两部作品后，对作者的好奇心促使我拨通了周子衿的电话，并迫不及待地问："你现在从事什么行当？"她腼腆地告知："现在还是在校大学生。"问及平日喜好，她轻描淡写地一带而过："空读了些闲书。"可是多聊几句后，我由衷地感觉到，她并非是空读了几页闲书的人，看《史记》、读《论语》、研《诗经》。对中外文学史更是了如指掌，当今知名的文学著作，在言谈中更是张口即来。了解这些后，对她的质疑可就迎刃消去了，她年少妙笔，也就顺理成章了，作品中围绕着"故里"做足了功课，围绕着"变迁"做足了文章，你只要细细地品读就会被作者运用人与时空对话的写作手法所吸引，也一定会被跌宕起伏的故事情节牢牢地抓住眼球，欲罢不能。

"故里"此去三十年，它诉说的是变革，是由家庭引向社会，从大山深处走出的一干人，几经磨砺又把外面的风带回来，再吹开那漫山遍野的杜鹃，弘扬着朴实的乡情，歌颂着社会的发展与进步，可以不夸张地说，它是一部紧跟社会脉搏，追梦、寻梦、圆梦之作，字里行间透着光阴留下的印迹。

当然，作者由于自身阅历的不足，对一些事物的阐述略显稚嫩，背景拿捏得不够充分，但是，瑕不掩玉，无论你从哪一个视角去读它，也都会领略到光阴的美，印迹的痕。

以此为序。

李宏宇

2015年4月19日

一

不知是在何时天工开物，这天底下就堆了许多山，高山和高山环抱着，在脚下形成了许多空地。也不知从何时起，这山和山像是熟透了的果子一般，从缝隙里淌出了清冽的水，水和水汇在一起形成了溪和潭。这空地里便住上了很多人，人和人互相帮衬着，像草和草生长在一块似的，根和根交错在一起，茎和茎挨拢在一起，互相照应、彼此依赖，延绵不息地过活了很多年、弄明白了很多事情。在很早以前，人们就知道盘旋在他们头顶上的那座山脉，叫做盘龙山，很早以前，人们便管自己扎根的地界叫做盘龙村了。

早晨，太阳会从盘龙村东边的山顶爬上来，傍晚，太阳从西边的山顶滑下去，其间，太阳会在盘龙村民们的头顶上悠闲地待上一天，以人们看不见的速度和痕迹，在一根抛物线上把自己从人们眼前扔出去。过后，星星也会从黑色的夜幕中，慢慢显现出来，星星们都善于眨巴眼睛，他们会发现群山脚下的盘龙村，像是一个敞着荷叶边的大碗一样放在大地上，有许多房子和许多人像是蚂蚁和石头撒在地上那样，装在盘龙村这个碗里。村庄里的人们都抬着头，像是水底的青蛙一样，仰头望着深邃的天空里星星在向他们眨着眼睛。

几经繁衍，盘龙村现在的人家是越来越多了，总共算下来也有一百多户了，但总归说起来，大家在几百年前都是亲戚关系，他们从小就长在这里。只有一户人是从山外来的，那是村东边的方家，方家里当家的是个女人，人们都管她叫方三姑，村里人从认识她起，就见她没有男人，她一直一个人拖着一个孩子，她的孩子叫方卫东，方卫东娶的年轻堂客叫白池，白池他们家是住在后山上的。后来，方卫东和白池生了个妹子，叫方芳，方三姑就成了奶奶。算起来，他们家到山里来也有二十几年了，二十多年过去，年轻的孩子都已经把他们当成了村里土生土长的一家人。话又说回来，是不是村里的，谁又计较这么多呢？只要能跟大家和睦过日子，打哪里来的都一样。

哪里来的都一样，谁跟谁过不都一样？最重要的是，人要过得清爽快活。快活其实也很简单，村里的老汉在山上唱个歌就有了：

我今唱个颠倒歌，颠颠倒倒图快活。
昨日看见牛生蛋，今日看见马长角。
高山顶上鱼产籽，湿泥田里鸟筑窝。
鸡公笑掉大牙齿，蚂蟥喜得水底浮。
雷公吓得哑了口，月光掉进鞋里头。
……

二

盘龙村是个重山环绕的小山村，站在天底下左顾右盼都是山。人们常常看见云在天上变花似的翻转，但是地上却不起风，等到天上日头把云朵熔成了丝，地上的风还带着刚开瓤的西瓜味呢。这让盘龙村村民们产生了一种占尽“天时地利”的优越感，但偶尔，住在山脚下的人又忍不住破口大骂：

“这他妈的山高得，老子想看到顶上把脖子都扭断了！”

在那时候，盘龙村村民们也会想到把这些个山，像削红薯似的削去大半。他们也会幻想啥时候能到这大山外面转悠那么一两趟，好好看看外面的日头和飞过的鸟，住上个十天八天的再回来。其实，通往山外的路也是有的，就是村里东南角那条最小的岔路，那条小路像是羊肠子似的绕在山上，人们一直在这个羊肠子上爬，经过几回高低起伏，就能爬过七八座山，历时三四天，那时候就到了山外了。不过，话说回来，山外也是那个样子，回来的人都说山外还是几个小村子，在山脚下住着人，他们同样养鸡、喂猪、上山砍柴、打野味。于是，关于出去看看或者住住这样的事情，人们也只是想想而已，大家都懒得费那个劲了。

要说从村里真正走出去的，也就是能在山外生根落脚的，后来还是有好一批的，从外面进来的方三姑家就是其中之一。方三姑没有多发子发孙，却把一家人发到了山外。盘龙村和过去的记忆百年如一日地伫立在原地，新生的孩子却像大风过后的蒲公英一般落在了远处。多年以后，当长大成人的方芳回想过往，不由感慨母亲是这个村庄最伟大的女人，尔后又不禁惊叹起命运来，原来，命运是个会遗传的东西。

方芳的母亲名叫白池，她出生在盘龙山腰上的一座木房子里，那是她父母一直生活的家，取这个谐音“白痴”的名字，是白池的父亲白二的一种嘲弄。说到白池的出生，不得不提的是白池的母亲——张草，张草是在那个环境下典型的受苦受难的女人，就说张草的第一次生产吧。

那年初秋时节就下起了冰雹，盘龙村那年被冰封了整整四个月，冰雪初融的时候，饥荒也像开始流淌的溪水一样，缓缓来到了人们身边。年关过后，村民们都躺在自家的床上消受各自的满身浮肿，身怀六甲的张草却耐不住饥饿，从床上爬起来准备到家附近的水潭里舀一碗水喝，而她那一生暴躁的男人白二还不忘适时地提醒堂客给自己端一碗水回来解渴。可就是这个简单的要求，竟然成了张草对男人白二的第一次忤逆，她没有端回那一碗服侍男人的水，倒是用冰冷的水自己喝了个胀饱。在水潭边稍稍站定之后她俯下身，准备给男人打一碗水回去解渴，突然感到了一阵不知是腹胀还是临产的疼痛，她不由得躺在了池塘边想缓解一会，连日的饥荒让她的疲惫和心酸都凝成了沉默，她咬着牙，疼痛从嘴角渗出血来，紧接着是气若游丝的昏迷。她仰躺在池塘边不自觉地闭上了眼睛，一阵泥土和草野新生的潮湿腥味钻进了她的鼻孔，那是一个即将萌芽的春天。

醒来后张草躺在了自家的木板床上，也是在那张木板床上，她完成了自己的生产和死亡，完成了生命的延续也完成了生命的终结。当时，这位年轻的母亲有些虚弱的恐惧，新生的女儿赤裸地躺在被子下，而她的男人正守在灶膛旁烧一壶水，嘴里止不住地骂骂咧咧：

“你他妈的，到头来还要我来服侍你！把你从池塘边扛回来也就算了，还得让老子烧水做饭，这小的吃的穿的都没有，你怎么么子都不准备好？他妈的！我怎么娶了这么个蠢猪堂客?！”

女婴像是听到了父亲对自己的呵斥，她开始止不住地啼哭，而这柔弱的哭声在母亲那听上去有点疼。母亲对自己的女儿柔声说道：“不要哭。”自己却率先落下了一滴心酸的泪。

女儿满月时，年轻的母亲怯怯地问她的男人：“他爹，你说给崽妹子取么子名好呢？”

男人白二几乎是脱口而出：“我早就想好了，叫白池好了！”

张草不敢相信自己的耳朵：“白痴？”

白二合情合理地解释道：

“你他妈的白痴！我说的是白池，妹子是在池塘边出生的，难道你不想为此做个纪念？而且取个怪点的名字也好养活嘛！取个猫呀狗呀么子物件的名字都可以，就是不能取个人名！”

尽管是新中国成立之初，农村大地上还存在着很多积重难返的陋习和迷信，但盘龙村村民们并没有“贱名者长生”的心理。张草听了男人的话后如鲠在喉，一种彻骨的悲凉从心底涌起，哀莫大于心死。但是为了遵从男人的意愿，她还是顺从地点点头表示赞同。

十九年后，也是在那张床上，那张让她经历无数磨人的性爱和生产的床上，外祖母张草死到临头，在她短短四十年的生命里，她自己帮助自己断断续续生下了七八个孩子，每死去一个孩子她就如丧考妣般哭丧一次。十九年过去，顺利存活下来的只有三个——老大白池、老二白果、老幺白丹，从这共同的劫难出发，他们却走向了不同的人生。

张草临死前，三个孩子齐聚床前。那个长大了的女婴成了十九岁的少女白池，她还有一个弟弟和最小的妹妹。母亲行将死去，白池捂住自己的脸呜咽着，泪水如汩汩的山泉，从她的指缝中流出。躺在床上的张草已经面如死灰，她气若游丝地重复了十九年前的话：

“不要哭。”

然后她像安慰自己似的说道：“人死了就解脱了。”说完，她像当年生下白池一般，眼角淌出了一滴泪。

张草临死的那个时候，她那个暴躁的丈夫白二，早已在三年前逝世——他是村里第一个死于铁轨上的人。那一天盘龙山脉下第一次通火车，尽管火车并不会在盘龙村作停留，火车只是在山的那一头经过而已。盘龙村的男男女女还是像潮水一样，翻过了两座大山汇聚到了铁轨旁，准备迎接一场“视觉盛宴”。在水泄不通的拥挤中，她的丈夫白二奔赴了一场荒唐的死亡。因为当天的拥挤，又加上他喝醉了酒，急躁的白二与人发生了口角扭打起来，白二死死地拧住对方的胳膊腿不放，直到飞驰而来的火车将他们粉身碎骨地分开了。那时候张草的最小的女儿白丹刚出生八个月，得知男人死无全尸的消息之后，张草伏在自己床上做了一场惊天撼地的哭号，三天三夜，夜以继日，终于在一个白天如死亡般睡去。三个孩子惊慌他们的母亲是否是哭死过去，也让他们明白，原来死亡不只意味着沉睡。

直到张草行将死去之时，少女白池才亲眼看见了真正的死亡：她和弟妹们伏在母亲的奄奄一息上号啕大哭，并天真地想以此阻挡母亲那不可挽救的死亡,而母亲却纹丝不动地躺着,呼吸微弱。白池颤抖着抱起母亲,尝试着往她那干瘪的嘴里灌进一些中药汤水,奢求着一场起死回生。直到生硬慌乱的照料将两人都弄得精疲力竭,白池才将母亲安稳地放在了床上。刚放下,母亲就像是被救活一般醒了,她缓慢地支起了自己的身子,哀哭着说道:

“池儿,妈妈的奶子上疼哟,这都是你该天杀的爸爸折腾的呀……”

白池也跟着哭号,哭号着说不出一句话,不仅因为哽咽至无言,也因为不知母亲的病痛为何与父亲有关,无以作答。直至白池自己到了母亲那个年纪,她才明白这个疼叫乳腺癌,慢慢领悟的还有那个叫做“折腾”的动词。

白池不说话,张草却像那只还差一根稻草的骆驼那样,满嘴白沫地嗫嚅着,当然她的生命也似那只到达临界点的骆驼般，只等时间来覆上最后一根稻草了,最后张草像是交代遗嘱般对白池说道:

“池儿,妈妈就要走了,妈妈只求你一件事情,弟弟妹妹还小,你们是姐妹是姐弟,你要照顾他们长大,你不照顾,他们就会死,答应我,无论如何,将弟弟妹妹抚养长大,妈妈入了黄土也会感谢你的,他们长大会回报你的。”

说完,张草的目光像是一个急得焦头烂额的人一般,在三个孩子身上不住地徘徊,她竭尽全力地看着三个孩子,那深深的目光像是一块干枯已久、正在吸水的海绵。

白池看着她的母亲,把头点得如鸡啄米状,此刻,她不知道如何才能表达她对母亲的允诺。情急之下,白池抱起身旁的弟弟妹妹,在母亲面前泣不成声地说道:

“妈！您放心,有我一口粥就有弟妹一碗饭,天高地厚神仙养人,吃树皮、刨树根也够咱活,天上下雨有水喝,天干了我还有血给他们喝！”

待白池作完承诺之后，张草那晦涩的死亡之眼里竟然闪烁了一丝笑意,便闭上眼睛永远地离开了,前世今生的债都已还尽。

三

母亲张草逝世了。那时候白池长成了一个十九岁的少女,从来没有经历过爱情,就有了婚姻,她嫁到了山底下的一户方姓人家,也就是方芳后来出生、长大的那个家庭。白池慌乱地到了婆家又返回娘家,刚忙完新婚又奔新丧。

张草面如死灰地躺在床上,一去不回头,奔向了一劳永逸的死亡。她的三个孩子——大姐白池、二弟白果、三妹白丹团绕在床边，长久地跪着。这是白池教弟妹这么做的，七岁的弟弟倚在床边眼泪汹涌而出，混着浓黄的鼻涕，流进了他张开的椭圆的嘴里。妹妹白丹才四岁，哆哆嗦嗦地惊吓着，读不懂一个死字。白池教弟妹屈膝，像自己一样跪在母亲床前，磕了头，又忍不住抱住弟妹俩抱头痛哭道：

“弟弟妹妹，我们没有妈妈了。”

这时，白池新婚的男人——盘龙村的外来居民方卫东夸张地悄声迈脚进来了，对着白池朝门外努努嘴，示意她事情已经办好了——一口薄板棺材。刚看了一眼停在屋门前的棺材，白池又埋下头抽抽嗒嗒了。方卫东走到床前，闻到了一种死亡的潮腐，不由得皱起了眉头。这是方卫东第二次见到自己的岳母张草，第一次见岳母是在方卫东迎娶白池的那天，那天岳母形容枯槁的笑还在眼前，今天就呜呼哀哉了。方卫东忍不住发出对生命的感慨：

“一个人，他妈的死起来好容易呀！”

白池抬起头来看着她的丈夫，她的脸颊上正流淌着汹涌的泪水，白池喊道：“方卫东，我妈妈她都死了，你知道吗?！”

方卫东听见白池突然爆发似的喊叫，不由得怔了一下，随后又摸着脑袋回答道：

“是呀，我知道了，你妈妈不就是死了吗？我知道了，你快把你妈平时最喜欢穿的那几件衣服找出来，收拾干净了，再把你妈抬到棺材里去。”

方卫东这么说完之后，白池再没有说话。那个时候，她的心里却在大喊大叫，痛骂这个男人是个傻子。而那只是一个开始，日久见人心，婚姻是一场漫长的相识，多年以后，白池才明白了很多空误会和多情误。

“好了，好了，快别跪着了，安排后事要紧，动作麻利点，咱妈还等着我们回去呢！”方卫东再一次催促道。

白池仍跪着没有动，她皱着眉头显出十分惊愕的表情，她惊骇道：“妈妈等着我们回去？”说完便煞白着脸缓缓回过头去，她看见躺在床上的母亲仍和死去一般安然地躺着。

方卫东恍然大悟般咧嘴笑了，他解释道：“我的意思，我妈妈现在一个人在砖屋呢，也没谁回去给她报个信，我们都出来这么久了。”

在方卫东的催促下，母亲张草的埋葬是草草了事的。张草刚咽气，方卫东就催促着入土为安。白池点点头，把男人和弟妹都请出了屋，她要亲自服侍母亲换上平日里最喜欢穿的几件粗布衣服，算是最后一次尽儿女孝道。白池轻轻解开了母亲的衣扣，像是怕弄疼了她死去的身体。那是一件棉布对襟衫，如今看上去也和死去般没有了色泽。是咯，一件衣服的寿命哪里敌得过人？如果衣服也是有生命的话，那么这一件早该到了腐朽的年龄。

白池闭上眼睛一颗颗地解着母亲的衣扣，她强忍着泪水劝诫自己坚强冷静。生老病死、成住坏空都那般无情无奈、无可挽回，如火车碾压过一只老鼠那样无可阻挡。人要学会坚强，对于母亲最好的报答是照顾好弟弟妹妹，白池在心底发誓，一定要让弟弟妹妹平安长大，以慰母亲在天之灵。生者安慰，死者安息。这么想着她突然来了勇气，解放自己一般解开了最后一个衣扣，才一睁眼，白池的手就抖得如筛糠一般了，母亲张草的乳房上是一片溃烂的红肿，在乳晕的地方结了一层血痂，连着贴身的衣服线头也长进了血痂里，长成了人体上最柔软、最坚硬的犄角疙瘩。而在这之前，自己作为女儿一直不曾知晓，直到母亲死前痛苦的呻吟也没能引起自己对母亲病痛的足够重视和了解。白池责怪自己是一个不孝之女，这让她更加坚定起自己对弟妹的责任来。

白池想用抖如筛糠的手拔出血痂里的线头，刚碰到，血痂里就流出脓血来。白池像碰到了炙热的火焰般迅速缩回了手，眼泪也似那脓血般从她的眼里大股涌出。白池泪如泉涌地将热毛巾敷在母亲的血痂上，泪如泉涌地更换了十几盆热水，泪如泉涌地将腐烂的线头从腐烂的皮肉里剔除，泪如泉涌地给母亲换了寿衣，泪如泉涌地想起自己再也没有妈妈了，泪水湿了衣服前襟，白池想今生她再也不会这么伤心了。

待到白池将母亲妥帖地穿戴整齐，太阳也已经精疲力竭地躺在了山坡上。方卫东走进里屋催促白池整理，他看见白池的两眼肿成了两个水汪汪的桃，又看看岳母张草粉饰一新的尸体，惊讶地问道：

"你妈穿得怎么那么像个僵尸?！不会诈尸吧?！"

等到方卫东两口子将逝者装殓完毕之时，由村民们组成的八大班子已经等在了门外，个个穿着草鞋肩上搭着毛巾相互劝诫道：

"这一家也确实不容易，都是从苦边来的人，如今去了也算是个解脱，大家伙都用点劲，做点好事把老人家送上山。"

"是啊，几个人都要把吃奶的劲拿出来。"

于是，白池一家四口跟着八大班子构成了单薄的送葬队伍，他们一路走到了村里的坟山。那里埋葬着盘龙村祖祖辈辈逝去的老人，他们像这个村庄新陈代谢的产物一般，永远地埋在了他们生长出来的土地上。方卫东手里拿着几把铁锹站在已经挖好了的坟墓边，众人将棺木放进了土坑，又七手八脚地将棺材上盖满了泥土，坟墓随着白池一家的号啕大哭逐渐隆起，招魂的幡伴随着飞舞的纸钱在空中轻飘浮动，一座崭新的坟包点缀在了盘龙村连绵起伏的坟山上。

山脚下正是盘龙村的居住群，烟岚在春天的暮霭中升起，人味浓重。天地间仿佛只有这一家送葬的人们处在高山上，凄楚悲怆的哭声飘荡在悠远的天空，而送葬的村民们没有时间再陪着白家四口哀号，只好告别，末了劝告了一句：

“卫东、白池，老人养你们一群儿女不容易，你们要为老人好好哭一会，不过也记得早点下山，晚上山里的野物出来了，可能就不安全了。”劝罢便背着手下山去了。

村民们下山之后，一家人哭得更响亮了。白池垂着头像是要把滴滴眼泪种进土地里，弟弟白果站着哭得前仰后合，一不小心栽倒在地里，啃了个满嘴泥，泥巴湿漉漉地粘在脸上，把白果塑成了个未干的陶泥人。妹妹白丹也专心致志地哭着，她哭出了许多眼泪和鼻涕，哭声有时从她喉咙里嘟嘟地冒出来，有时又从她鼻子里喷薄而出。只有方卫东一人皱眉看着他们，像一根孤零零插在菜地里的笔直竹竿。

太阳完全从盘龙山的西边躺下去的时候，方卫东夫妇带着弟弟白果、妹妹白丹往家赶。一路上白池紧紧握住男人的手，请求他帮助她说服婆婆方三姑，她一定要留住弟弟妹妹在身边，不然宁可离婚宁可死。方卫东来了脾气：

“你这是么子混账话?!我娶了你，怎么可能让你离婚让你死?怎么会亲眼看着你弟你妹死？你这个蠢堂客！再说我妈妈，她也是个通情达理的人。”

方家在盘龙村里有一栋不错的房子，房子的楼筒子不是用土砖或者木头，而是用红砖筑成的，方家砖屋是村里唯一一个独门独户的二层楼建筑，院子前面还有一个宽敞的晒谷坪。两口子走进院子的时候，家里已经灯火全熄。想必婆婆方三姑早睡下了吧？白池心里拿不定主意，是现在去请求婆婆留下弟弟妹妹呢？还是等明天早上她醒了再说？会不会冒犯了婆婆的家长地位？会不会打扰了婆婆的清休？

“卫东，我们是现在去询问妈妈，还是等明早她醒？”白池询问她男人的主意。

“就这么等着吧，妈妈现在应该是睡了，她知道自然会来找你说，她也自然会知道。”方卫东回答道。

白池追问：“么子叫自然？”

“自然就是自然而然。”

方卫东这么说，白池就这么做，她坐在堂屋里等，弟妹两个相伴左右。她请男人去西屋窗子底下看看，确定婆婆是否睡下，她一定要征得婆婆的同意，就像野草要仰仗春风一样。

方家的一切实际上都在仰仗着婆婆。方三姑是村里唯一一个会说北京话的人，当然，她也不是盘龙村本地人，人们只记得她来到村里那天正好是开国大典的日子。村里人都欢欣地迎在村里东南角的岔路上，等待着外面的人带来解放和欢庆的消息。人们没有迎来外面更新的消息，他们像是被祖国遗忘的一小部分，作着没有回应的欢呼。方三姑出现在那条羊肠小径上的时候，让盘龙村村民们看见了一位穿着优雅的二十四五岁左右的姑娘，姑娘还操着一口地道的北京话，让人们误解成了某位皇亲国戚，哦不，是开国元勋。人们和这位“开国元勋”鸡同鸭讲地交流着，最终确定了她只是一位无关国家庆典的妇道人家。在确定她的身份同时，人们也确切地看出了这是一名孕妇。可这孕妇的男人在哪里呢？人们没能从那鸡同鸭讲的交流中得知她的身世，只是共同见证了那个肚中的胎儿长成了如今的方卫东。方卫东可是方三姑独自一人的功劳呀。

也因为儿子是母亲独自一人的功劳，儿子也自然而然地承了母亲的姓——方。方卫东出生的时候，村里正在人山人海地呼喊着拥护伟大领袖毛泽东的口号，为了表示纪念和决心，方三姑给儿子取了个“壮志凌云”的名字——方卫东，在抚养孩子长大成人的日子里，她更是以细水长流的安稳生活彰显了家底的优越。方三姑注定是一个神秘而颇有能耐的女人，犹如沧桑古塔中的一颗佛骨舍利，在世人的瞻仰中散发着幽远的光。

此刻，白池在期待着婆婆睡房里也亮起幽远的橘黄灯光，好让自己能在她面前像个虔诚的佛教徒那样祈祷。

“妈妈她睡了！”方卫东蹑手蹑脚地从婆婆方三姑睡的西屋里出来，狡黠地笑。

“睡了?！那可怎么办？”白池皱着眉头，双手的指甲相互矛盾着打起架来，这是她在家做女儿时形成的小动作，六神无主时就习惯性地抠指甲。

“来，跟我来。”方卫东抓起白池的手，示意她起身跟自己走。一旁已经睡眼惺忪的白果、白丹也要跟着起身。

“你姐跟我来就可以了，我们有话要说，你们坐在这等。”方卫东对两人摆摆手，示意他们止步，两个孩子仰着脸点点头。

方卫东拉着白池径直来到了两人东屋的婚房，白池疑问道：

“搞么子咯？么子话还要撇开他们说？”

方卫东只顾着往屋里走，刚进门，他一把抱起了白池，将她的身体抵在了门板上，急不可耐地说道：“堂客，我们来吧！”

白池使劲挣脱着，她想着两个弟妹还在外面呢，今天母亲刚去世呢。她将一颗脑袋摇得像拨浪鼓：“不要！不要！不要……”

“堂客，我知道你今天没兴趣，你忍忍，我一会就好。”方卫东动作着。

白池从他怀里挣脱出来，像一只鸟顺着裂开的口子钻出笼来。

方卫东几乎是捉住般把白池拽到了床边，不满地说道：

“你是我堂客，这点事情都满足不了我，以后别央我做任何事情！”

白池不再说话，眼角淌下了一滴痛苦的泪。

她退。

他进。

云翻雨覆之时，天地间突然响起了骇人的哭喊声，热烈的动荡骤然受了惊骇，偃旗息鼓。

紧接着敲门声伴着呼喊声而来，“姐，救命呀！救命呀！救救我们！”

胡乱套了两件衣服，白池从床上一跃而起，慌忙打开门，白果、白丹噼噼啪啪地敲着门，又喊又跳，像是刚从水中捞上来的两条鱼，湿淋淋地弹跳着。

“怎么了?！”白池搂住两个湿答答的孩子问道。

“有鬼！”他哭。

“哪里有鬼?！”

“堂屋里！”她也哭。

“么子鬼?！”

“满脸绿光的鬼！”

“走路没声的鬼！”

他们放声大哭了。

“绿光？走路没声？”方卫东也凑过来问道，但是脸上没有相应的惊疑，像是听人在讨论张家长李家短。

“卫东,这是怎么回事了?!”白池惊恐地问自家男人,她没有看见那鬼的样子,但那鬼似乎此刻就在她眼前。

“跟我来。”方卫东说道,自己率先向堂屋走去,那架势不像去捉鬼,倒像是要领着一帮人闲庭信步。

“妈……”方卫东像是安抚自己的情绪般,如释重负地叫了一声妈妈。

飘在堂屋里的不是么子绿脸鬼,而是端坐着的婆婆方三姑,她背后是家里的神龛,可白池一直不知道龛上供的是谁。堂屋里没开灯,隐隐约约可见婆婆身上散发的淡绿色荧光。那是一颗挂在婆婆颈间的色泽莹亮的饰物,照应着她那张幽静漠然的脸,像是记忆中的风,佛塔里的光,幽远。

“这两个孩子不是我家的吧?”婆婆方三姑开口了,她客气地询问道。

不等旁人回答,方三姑接着说道:“对了,卫东,你别忘了,从家里拿走东西要对我说的,你别把小时候的好习惯丢了。”

从婆婆那仿佛闭目养神的神色中,让人不禁诧异她对一切已经了如指掌。白池终于明白男人口中的“自然而然”是指么子了,她心中涌起一阵战栗。

“妈妈!”白池扑通一声跪倒在了婆婆面前,一齐跌下的还有扑倒在地面的弟弟妹妹和他们的泪。

“妈妈,我只求您一件事情,我妈妈她去世了,临终前托付我,照顾好弟弟妹妹,你能不能发发慈悲让他们先住下?能不能让他们跟着我?”

“跟着你,可以呀。但是跟着你住在我家,不行。”方三姑悠悠缓缓说道。

一个“为么子”几乎要脱口而出,白池还是硬生生将疑问吞了回去。她仍是哀求着:“妈妈,他们现在还小,稍稍长大的时候我就会将他们送出去的,这几年我会努力干活……”

方三姑似乎是听到了白池那句未出口的“为么子”,解释道:“因为我们家现在没有闲钱,你可以送他们去拜师傅学手艺,人总是要学会自强自立的。”

“妈妈,求求你,他们还小……”白池几乎要磕头了。白池跪在地上一如跪在她死去母亲的床前那样,她仰着头信赖地看着她的男人,期待着他能说出一句半句扭转局面的话。可男人却不动声色地垂立在门口,像是村口河边上暮雨潇潇的柳树。

“别求我,我不喜欢说重复的话,更不喜欢女人做出一副可怜巴巴的样子。”婆婆方三姑的话不仅打断了她的“妄想”,也打断了白池停留在方卫东身上的希冀的眼神。

一股寒凉从心底涌起，以至于她冷冷地说了一句：“妈妈，我只求你，今晚让他们住下。”

方三姑不置可否，拂袖而去。

白池站起身来，用含着泪水也喷着火焰的眼睛扫了方卫东一眼，突然一阵莫名的恶心涌上心头，白池以为自己是厌恶了这个男人。

四

七岁的白果和四岁的白丹走出方家砖屋的时候，天际刚刚泛起鱼肚白。山林中各种各样的鸟叫声像倾泻的山涧一般，欢快地在整个盘龙村流淌波动。那时候的公鸡也好像受到了感召或者挑衅，它们向山间发出的鸣叫十分高昂、悠扬。只有居住在这里的人们，才像是这个山村唯一沉睡了一宿的动物，他们在各自屋里大模大样地咳嗽几声，表示他们一天的行动即将开始了。

方卫东可能算是这个村庄里起得最晚的人，白池趁着这个空当，偷偷把弟妹俩叫到了砖屋外，她手里端着一个洗脸盆似乎要出去打水，弟妹两个也跟着她往院子外走去。

走到大门外时，白池目光四放确定周围没人时，从脸盆毛巾的掩盖下拿出了一袋馒头和半袋子鸡蛋。她说道：

“果儿、丹儿，你们先回山上住着，过些日子姐想到办法了就把你们接出来，晚上睡觉一定要关好门，小心外面的那些野猫野狗子。”

白果和白丹直勾勾地看着鸡蛋不说话，嘴巴里流出了长长的口水。白池从袋子里拿出鸡蛋一人递了一个，并把剩下的馒头和鸡蛋交给了他们，交代道：

“你们先回家，记住，要顺着我们来时的黄泥巴路走，到第三个岔路口的时候左转往山上走。”

白果和白丹被推着上了黄泥马路，走着走着，白果吃着馒头不禁大哭起来：“姐姐，我们没有妈妈了，我们的妈妈死了。”

白丹看见哥哥泪水涟涟，也号啕大哭起来：“我要找妈妈，姐姐，你带我们去找妈妈好吗？”

两个孩子伤心地大哭起来，手中的馒头也成了湿答答的一团，放进嘴里不经咀嚼就化开了。他们边吃边哭，边哭边走。

谁也不知道，那个夏日黎明的白池是在怎样死咬着自己的嘴唇，将弟弟妹妹送到了村口，又是怎样站在柳树下苍白了年轻的脸庞，看着弟妹两人在自己的视线中渐渐远去变成两个黑点，最后才红着眼睛返回方家砖屋，一路上不曾让自己落下一滴泪。

日后当方卫东问起弟妹俩是何时离开的，白池也只是淡淡回一句："我打发走了。"

年轻的白池一如当年的母亲张草那样，从某件事情里就学会了坚毅，她慢慢变得沉默，只是在今后很长一段岁月里才达到人生的成熟。白池任劳任怨地处理着家中的杂碎事务，她每天都要扫堂屋东屋西屋下屋和茅厕，也要喂猪喂鸡喂鸭喂狗和方家娘俩，偶尔还要种白菜菠菜韭菜焯菜芥菜厚皮菜。在很多黑夜里，她都听见方三姑和方卫东母子俩在院子里嘻嘻哈哈或者嘿嘿呵呵的笑声，在此之前的白天，方卫东和方三姑还一起喝过茶乘过凉吃过西瓜或者笑过数回。只是偶尔，方家娘俩像是突然想起家里还有个人似的，问洗了的衣裳在哪里？母猪下崽了没有？耗子药都撒在哪些地方了？白池一一作答，两字能说完的答案绝不用三字去表述，一句话能说清楚的绝不用一段话去谈论，一段话才能讲得清楚的她索性只讲三个字——不知道。白池在内心向自己表示绝不会融入这个家庭，他们能得到她的人，绝对得不到她的心。

白池也慢慢注意到，不只是她，在这三口之家里，每个人都保持着相互的独立和隔阂。就像她永远不知道婆婆的西屋卧房里有么子不一样，方三姑不让家里的任何人进入她寝居的西屋，平日里有必要的事情请示于她时，也只能在窗子底下把话说了，而窗子上是密不透光的窗帘。作为儿子的方卫东，也只能定论一句母亲自然有安排，母亲自然会知道，母亲自然会喜欢。方卫东就像信奉他的母亲一般，信奉"自然而然"这句话。

尽管疑虑万千，白池也不去过问任何人。不仅是为了表示自己对这个家庭的隔阂，更因为她还有更要紧的事情要去做。弟弟妹妹独自被安排在山上的老屋，他们是活不下去的。白池想尽一切办法接济着弟妹俩的生活，甚至准备好在适当的时候返回山中，但是现在还不是时候，方家的盈余能满足抚养弟妹的需要。白池趁着每天外出放牛的机会，牵着牛徒步走回白家老屋，从装草的篓子里拿出四五个馒头或者一两个红薯。她还交代弟妹有急事时可以来方家砖屋找她，暗号是向院子里扔一块石头。

白果和白丹两人在这一个月的时光里，也变得越发胆大了，他们熟练而勇敢地走在盘龙村的黄泥马路上，两人分工合作在路旁的菜地里挖出红薯和花生来，在田边的小河里拣出鸭蛋来，最幸运的一次他们甚至在马路上捡到了一粒奶糖。他们惊喜地捡起了那个包着发亮油纸的东西，油纸上面写着三个字，有两个字是兄妹俩认识的，白果大声地念出了第一个字是大！白丹跟着念出了第二个字是白！他们不知道第三个字怎么念，但是他们看到了油纸上还画着一只白兔子，他们就开心地喊出来了：这是一只大白兔！在妹妹白丹关切的注视下，哥哥白果剥开了油纸，露出了奶白奶白的糖。兄妹俩你看看我，我看看你，齐声喊道："这只大白兔变成了一粒糖！"

白果率先试探性地舔了一口大白兔，高兴得一蹦三尺高。又帮妹妹拭去了挂在嘴角的长长的口水，把奶糖往她嘴里蹭了一下，白丹也眉飞眼笑了，流出了更长的口水，白果流着口水告诉白丹应该把有奶糖味的口水吸回去。

在那个欢乐的下午，白果和白丹蹲在马路边，互相监督、互相催促着你一口我一口，一粒奶糖足足舔了半个小时。

因为对外界事物的无限"发掘"，他们常常是饥肠辘辘地从山上下来，在半路上就已经大饱了。但他们还是会坚定地走向方家砖屋，朝方家院子里扔进一粒石子。白池就会从屋里出来，带出一些吃食或者布料来让他们带走，在这样紧张而危险的"偷渡"中，三人常常笑得像是一个模子里刻出来的。

白池一边在方家劳苦地干着活，一边在偷偷酝酿着"出逃"的计划，等到时机成熟——从方家匀出一些基本的生活物资之后，便回到山脚下的老屋，陪弟弟妹妹过活去。白池计划不出两个月便完成"基本运输"，跟方卫东离婚离开方家。日子因为有了期待变得不那么难熬。

姐弟俩不知姐姐的伟大计划，只是越来越得心应手地接受着姐姐送来的吃穿用度，倒是白池因为连日来为弟妹减免吃食，越发有些困倦乏力了。她常常意识蒙眬地入睡，又意识蒙眬地干活。虽然吃得少了，但是胃里边却常有一阵阵酸水翻腾而出，白池感觉自己病了。

"你这恐怕不是病。"方三姑看了一眼正在扫地的白池，主动招呼她坐下，"卫东跟我说你有病，有病吗？"

白池低下头，有些羞愧。

"呕吐多长时间了？"方三姑问道。近些天越来越频繁的呕吐，在此时竟被婆婆意外地提起，白池先是心里一惊，之后又不得不镇定地回答道："已经有近半月了。"

“起身让我看看。”方三姑要求白池站立，寻找么子似的将她从上到下打量了一番。

白池也似乎要洞察对方的心思一样，并不直视地观察着婆婆。她这才突然发现，婆婆其实是美，她有一头与年龄不相称的漂亮头发，像夏天一样，梳得黑亮绾在后脑。唯有那双眼睛却透着冬天的光，她的眼睛是垂暮的三角形，皱纹在眼角呈放射状散开，像是大旱年间从同一处田埂下炸裂开来的土地，因枯而燥。

方三姑将白池全身上下打量了一遍之后，将白池拉到了自己身旁的凳子上，一把抓起白池的手腕把起脉来。

恍然间，白池看见婆婆类三角的眼睛扁成了一条细缝，一直延长到眼角的鱼尾也合拉成了一根，猫类动物就常有这种无困意的慵懒。

“你是有喜了，有孩子了。我们家要添丁了！”

婆婆一连用了三个判断句来定论白池有了孩子这一事实，白池有些吃惊，婆婆一般是寡言少语的。她仔细一看才发现婆婆眯缝着眼睛不是慵懒，而是舒展开来的笑容，她的眼神里是含笑的。

方三姑第一次如此亲昵地对着白池点了点头，笑着重复道：

“你有孩子了，若是生了男孩，便是方家的功臣咯！”

白池不由得打了一个激灵，她第一反应想到的不是她可能要成为方家的功臣了，而是她一时半会不能离开方家了，那怎么办？

史无前例的，这天中午的午饭是方卫东做的，方三姑特意嘱咐道：“今天午饭可以煮点排骨、炒点鸡蛋。”无疑，这些排骨和鸡蛋大半舀到了白池碗里，可这顿午饭却让白池陷入了深深的焦虑，双眼沉沉在饭碗中抬不起头。

傍晚时分白果和白丹兄妹俩来了，白池假装去溪流边磨刀走出了家门，弟妹俩跟着姐姐一直走到了方家看不见的地方，这回白池的篮子里除了菜刀空空如也，让白果兄妹俩有些失望，白丹对姐姐嘟着嘴皱起了眉头。白池看着这生动的表情，涌出十分爱意，她想自己肚子里的东西有一天也会长成一个可爱的大娃娃，也会嘟嘟囔囔充满生气，方家三口人都会对他格外好，那么自己就不能离开方家了，白池第一次产生了退却之意。

在妹妹白丹快要伤心大哭的时候，白池因为自己的退却而感觉愧对弟妹俩，可不能忘记自己曾对妈妈的承诺呀，要好好照顾弟妹俩。她像是给自己鼓劲似的郑重地点了点头，从对襟短衫的内衬口袋中拿出了两角钱。这是白池一个月以来在方家攒下的两角钱，本想回老屋后以备不时之需。

“白果、白丹，你们可以用钱去买吃的哦。”白池微笑着说道。

两个孩子高兴得大跳起来：“去哪里买？”

“供销社！”

两个孩子一溜烟跑了。

五

七岁的白果和四岁的白丹手牵手走着，他们俩要去买两粒奶糖，买一粒给他们自己，还要买一粒给姐姐尝尝，如果钱还够的话，他们则要买三粒，供三个人平分。他们这样商议着，两人很快达成了共识，相互认真地点点头。

他们手拉着手走进了盘龙村的供销社，由于春忙时节大家都需要买些菜种农药之类的东西，当时的供销社里的队伍已经排到了门外。白果、白丹兄妹俩在成人们长短不一的大腿前后排上了队。终于轮到他们时，白果以唱歌的欢乐口吻叫了声阿姨，说他们需要三粒奶糖。当供销社阿姨口中疑问着“大白兔”三个字时，兄妹俩对视着笑出了声：“对！我们就是要大白兔！”

供销社阿姨的回答让他们扫兴：“你们是谁家的孩子？我这里只有菜种和化肥，没有什么白兔黑兔的！不过你要是来买白菜或者萝卜种子的话，我这里有，你要吗？”

“不！我们不要菜种，只要大白兔！”白果拒绝道。

“那阿姨，没有大白兔，你们还有其他奶糖吗？”白丹不甘心地问道。

“去去去，么子糖都没有，要吃糖让你爹到山外面买去，别影响其他人排队！”供销社阿姨有些不耐烦了。

兄妹俩还想说些么子时，后面排队的大叔直接把他们拎出了队伍。

白果和白丹一前一后地走在回家的路上，也一前一后地叹着气。

白果说：“唉，原来我们村里是没有大白兔的。”

白丹说：“哥哥，你说我们住在山外面多好咯？那我们就能天天吃糖了。”

白果赞同道：“是呀，那样我们就有吃不尽的糖山奶山了！”

第三个人插嘴道：“细伢子，你们拿着钱去搞么子咯？”

白果回过头来看看白丹，白丹也看看白果，不约而同地确定了声音来自头顶上空。他们抬起头来果真看见了一个高瘦个儿的男人，弯腰对着兄妹俩笑，男人有一张干瘪蜡黄的面孔，像是在空气中暴露太久被风干了似的。

那张面孔又笑了:“细伢子,把你的钱给我看看好吗?我刚刚也掉了两毛钱,我看看这张是不是我的?”说着,他伸出了手。

白果攒着钱本能地躲开了:“这钱不可能是你的,我们是在白池那里拿的。”

那笑着的面孔变得咬牙切齿了,他一把夺过了白果攒着的钱,像是砸开了一个核桃从里边蹦出仁来。

白果被打疼了手嗷嗷大叫起来,但他顾不上自己的疼痛,嗷嗷着冲上前去试图拿回那两角钱。他边追边喊:“那不是你的钱,是我们从白池那拿的,白池是我姐姐,不信你去问她!”

白果和白丹兄妹俩在后面猛追,那男人更是飞速,一溜烟就跑出很远了。男人在跑上一个山坡之前,还大声地喊道:

“细伢子,回去跟你们妈妈说,我是实在没有办法了,我屋里崽在家里发烧,我要出山去给他瞧病……”

“白池,我们的钱丢了,你给我们的两角钱丢了,我们再也吃不上大白兔了。”白丹累得气喘吁吁,把双手撑在大腿上,哭着喊着,眼泪便大颗大颗落在了尘土里。

白果也气喘吁吁地转过身,伤心地大哭起来。

兄妹俩边哭边往回走,他们要去告诉白池两角钱丢了。白丹哭得尤为伤心,一路上不断地重复着:“大白兔没了。”她把嗓子都哭哑了。快走到方家砖屋的时候,两个孩子都没有了呜咽声,不同的是,白果早就安抚好了自己,哭也无济于事,便把泪痕干在了脸上。而白丹早把自己哭成了个泪人,仍张着嘴出不来声,只有口水从嘴角流出。

兄妹俩伤心地走到了方家门口,这次他们没有往方家晒谷坪上扔石子。白池此刻竟难得地坐在大树下乘凉,老远便看见了哭泣的弟妹俩,她连忙朝弟妹俩跑去。

两个孩子见姐姐跑了过来,站在原地开始了新一轮的号啕。

“怎么了?白果,白丹?”白池急切地问道。

“我们,我们……”白果抽抽搭搭说不出话来,急得白池拉着弟妹俩上下打量,误以为他俩是在哪摔了碰了。

仔细检查一遍后发现他俩身上都没伤没损的,白池更着急了,以为出了更大的事情:“你们怎么了?倒是快说!”

"我们的钱没了……"白果伤心地说道。

"在哪里丢的？怎么不去捡回来？快带我去，哪里丢的去哪里捡！赶快去看还在不在？"白池说着便推着弟妹俩往前去。

"我们……我们的钱不是丢的。"白果回答道。

"那是怎么了？"白池气得眼泪汪汪。

"被坏人抢走了，他先说那两角钱是他的，一把从我手上抢了过去！然后又说他崽要瞧病，他没办法才抢我们的钱的。"白果脸上是生气的表情。

白池气不打一处来，抬起手来就准备向弟妹俩动起巴掌，这才发现白丹的"哇哇"早已只剩下了口型，没了声音。举起的手又放下了，她抬起妹妹的下巴一看，白丹的喉咙已经是又红又肿。

白池么子也不说了，蹲下身来替弟妹俩擦着泪，自己也鼻翼一扇一扇哭得泪流满面了。

白果白丹兄妹俩被人抢了钱，晚餐却有了更好的待遇。这天傍晚白池让弟妹俩在砖屋附近的小树林里等候，自己则在母鸡进笼的薄暮时分提着篮子进了树林，从篮子里端出了两碗漂着蛋花的汤泡饭来，让弟妹俩好一阵欢呼雀跃。

白果和白丹不知道这一顿是白池省下了自己一天的伙食换来的，更不知道那天晚上白池夜不能寐作了一个怎样重大的决定。

这个为白果和白丹作的决定，白池第一个通知的对象是她的男人方卫东。她告诉方卫东自己决心跟弟妹俩同在，以前她只能一个人跟弟弟妹妹同甘共苦，现在她肚子里还有一个崽能陪着她，如果他也看重这个孩子，那么必须让她如愿。她要求方卫东务必协助她说服婆婆，让弟妹俩留在方家。

方卫东暴跳如雷："你他妈的还真会谈条件！"

让方卫东意想不到的是，白池这次没有顺从羞愧地低下头，而是冷冷地瞥了他一眼，说道："那么答不答应就随你自己看着办吧！"尔后就转身头也不回地走了。

方卫东留在原地，对着白池的背影暴跳如雷："你他妈的！我他妈的答应你了！"

"妈，白池她有个事想跟您说说。"方卫东坐定在椅子上开了头。

方三姑闭目坐在神龛下，点了点头，表示自己正侧耳听着。

"妈妈，我想把弟弟妹妹留在身边，他们过得太苦了。"白池未听到拒绝脸先黑了。

“凭么子？”方三姑平静地问道。

“凭我肚子里的孩子。”白池黑着脸回答。

“那要是我不答应呢？”

“那你们方家就断了香火！”白池慷慨着自己的陈词。

“你这是威胁我吗?!”方三姑怒目而视，仿佛利剑出鞘火花迸溅，目光打在白池身上直剜人心。

“嘿嘿，妈，您看看您生这么大气搞么子？好歹也听我说句话呀。”方卫东凑上来，把笨拙垂立着的白池扒到了一边。

“妈，结婚前那一会我们不是找地仙看了屋场吗？地仙说这屋里阴气太重，阳气不足。我一想也是，你瞧这三伏天墙头上都冒汗，仓里的谷不是生虫就是起霉，我前几天跟地仙讨了解药，他说只要屋里多住几个童子就能解了。我一想也是，你看咱这屋这么大就我们三个人住，人气不旺邪气就容易入侵呀，这对你还没露面的孙子是不好。你就可怜可怜她家那两个没爹没娘的细伢子，你也是积了德，也去了晦气多好呀。他们还能帮家里做点事情，也不算白吃，岂不是两全其美的好事？妈不是说细伢子是世上最灵性的东西吗？童子慧眼嘛，镇宅辟邪，再邪的东西都得避着他。你看你这么权威的家长，能不替这个家思虑周全吗？”方卫东说话时像极了一条刚被领进家门的狗，满身满眼地谄媚讨好。

听完这话，方三姑只是看了方卫东一眼，却是满脸小媳妇的表情，紧接着又是满口小媳妇的腔调：

“知道你现在会疼人了，在你心底已经没我么子位置了，你且跟她去安排吧，我管不着也就不管了。”

方卫东便也看着母亲方三姑，四只眼睛对视，仿佛天地呼应，互为安慰、互相认可，旷野中再无旁人。

这对于白池来说是一种奇怪的感觉，她从未见过婆婆有如此娇憨之态，想不到方卫东在婆婆面前还有如此重大的话语权，更不曾想过在世间母子之间还会有这种姿态。奇怪的眼神，奇怪的气氛，奇怪的人与人之间沆瀣一气。她感觉自己在他们之间成了外人，而他们之间的亲密自古有之，偶尔的淡漠也成了白池自作多情的误解。看来，在这个家不管白池是主动还是被动，她的身份注定是有隔阂。

这让白池不禁疑虑起自己嫁到方家的初衷，原是方三姑托媒人来向母亲张草提亲，面对这颇为悬殊的家庭贫富差距，母亲张草骇然地以为被人捉弄，方家多次回应之后母亲才喜从中来地应了下来，终日感叹算命的原说过白池不是个福薄之人，要知道方家可是盘龙村里比较阔气的门户了，虽然村民们都满腹狐疑着这同样只有小农基础的两口之家为何会在二十余年里一直保持着殷实。可时至今日，白池越发疑惑了，婆婆方三姑当初到底是看上了她白池的哪一点？还是方卫东自己的愿望？论财力？荒唐。论姿色？自己绝对够不上让人一见倾心的程度。论爱情？未曾相知何来相爱？

数月之后，白池临近产期，日后看来，那是她在方家最幸福美满的日子。一次睡前，白池向方卫东提起当时他们母子之间的对视，方卫东的解释让白池恍然大悟，但又让她产生了新的疑惑。

“白池，你不知道女人都是要人哄的吗？尽管是在母子之间，但这些个年头以来，我家除了我就没其他男人了，连其他公的玩意都没有，我妈只养能下崽的动物，用她的话说这叫有用。我是男人，她是女人，我哄她她就会开心，而且这个哄不能像打发细伢子似的，要显出顺从、道出敬意，因为她好歹是个妈呀！我越长大就越明白这个理，而她越老也越要人哄。”

白池第一次问起婆婆方三姑的婚姻：“那妈妈她就没有过一个同居的男人吗？你不知道你爸爸是谁吗？他都没有跟你们一起生活过吗？”

“我不知道我爸是谁，我他妈的竟然也二十多年没问过！欸?!我他妈的二十多年怎么过来的咯?!”方卫东啪啪连拍自己的脑袋，像突然记起自己有个爹似的，对自己的身世喟叹不已。

“我猜，你妈妈要么是个年轻时候乱来的主，要么就是对你爸爸的感情忠贞到了极点。”白池笃定又疑虑地说道。

“哎，你怎么能够这么说我妈妈？就算我妈妈有个么子，再怎么也轮不上你说话呀！”方卫东生气了。

白池不禁惊叹于方卫东对母亲方三姑的情感，很快又自觉自己说话有些过了，可受了方卫东这么一番数落着实放不下脸面，朝方卫东娇嗔地瞪了一下眼睛，便把话题转到了别处：

“我的意思是你爸爸不负责任，这么多年没来找你们，要死了还好，要活着得是多大个负心汉咯?!”白池感慨着，替自家男人义愤填膺。

“欸，你怎么这么说我爸呢？我爸是个大英雄呀?!”

“嗯？”白池满脸问号。

“你看呀，这男人上了女人，还上出一个细伢子，统统都不用管事，世间有几个男人能得如此潇洒？我得去请教我爸呀，如果他还在世的话。”

“这，这……那你倒是问问你妈咯，你那英雄的爸爸哪去了？！”白池怒目含嗔。

方卫东的视线掠过白池的脸庞，目光变得深远了：“有些话我不问，从我妈的神态里我就知道不应该问。再说了，我和我妈是母子亲情呀，怎么能去过问她的爱情呢？那是她的另外一个世界了……”

那是白池嫁到方家那么长时间以来，第一次见方卫东说话那么意味深长，他的诉说中夹杂着深长的叹气，他吸进了“亲情”，吐出了“爱情”。

六

白果、白丹两兄妹被白池领到方家的时候，方卫东正郎当着腿坐在二楼的楼板上，朝泥路对面庄稼地里的一个女人喊话：

“‘野嫂嫂’欸，你摘菜屁股撅得老高搞么子咯？裤裆里那条白花花的沟沟都快给我看见了！”

对面菜地里摘辣椒的女人是隔壁男人“张瓦匠”的堂客，因为女人常喜欢一个人跑到山上去，不为别的，只是去摘些野蕨野菜，有时候还能弄回一两只野鸡野兔子，人们便都称她为“野嫂嫂”，笑话她是个哪里都敢跑的野蹄子。“野嫂嫂”直起身来，提了提裤子，喊话道：

“卫东老弟，你都结婚了咋还这么馋呢？看不够是吧？有本事情就跟我们家‘张瓦匠’说叨说叨，看他愿意借给你好好看个够不？！”

方卫东放声大笑了：“哎哟！我的大嫂子欸，平日里那大方的劲哪去了？这会我才跟你说说你就要我去请示张大哥，改天我还想跟你去打些野味吃可怎么办？”

“野嫂嫂”合掌大笑：“这还能怎么办？把你当个事情办了呗！”

白池左右手分别拉着弟妹俩，低头红着脸快步走进了屋里，她想带着弟妹俩去跟婆婆问声好，可在婆婆的西屋底下叫了好久都没听见应答，白池正准备去敲门，方三姑突然一声呵斥：

“我说过，别进我的屋！”

白池心里猛然一抖，低声应了一句：“哦，好的，妈。”沉默了一会又接着说道:“我是来跟您说一声弟妹俩我带过来了,谢谢您。”

屋里又是半晌没声,白池听不到回答准备转身走开,方三姑又在一墙之隔内吩咐道:

“告诉你那俩拖油瓶,不要进我这屋子,没事情也不要到西屋底下来转悠。”

白池点头应着,转身带着弟妹俩走开了。

这天晚饭过后,方三姑竟然破天荒地让方卫东带着俩孩子出去散散步、捉捉萤火虫。她含笑地说道:“也好让你提前培养培养当爸爸的能力。”

虽说白池先是诧异不已,但还是为这无端的疼爱而感到开心,她在心底对自己甜甜地笑,她心里偷偷欢喜着准备跟方卫东三人一起出门。

方三姑在神龛前坐下,说:“白池,你去倒点热水,我今天想洗个热水脚。”

“好的,妈妈。”白池心里更欢乐了,这是婆婆首次向自己表示相互接触的意愿呀。

白池欢乐地目送着方卫东和弟妹俩出了门,欢乐地去灶台上打了热水,欢乐地把热水端到了婆婆面前,说道:“妈妈,您把脚放进来看看这个水合不合适,不行的话我再去添点热水。”

方三姑把脚放进了水盆里满意地点了点头,她指了指旁边的凳子示意白池在一旁坐下,如果没有看错的话,方三姑甚至朝坐定的白池笑了笑,白池心里甚至是兴奋了,她认真地坐着,心想愿意为这突如其来的和谐友好做任何事情。

“我把你单独留下,也不是为了让你来做么子事情,今天你把俩小孩带过来了,那有些事情我就必须跟你交代一下了。”方三姑宛如一尊菩萨端坐在佛堂之上,她就像菩萨端着玉净瓶一样端着自己的气度,她双眼如睡般闭着,暮霭沉沉地笑。

“妈,我听着,您交代就是。”白池看着方三姑的侧耳回答。

“你知道自己因么子能耐嫁到方家吗?”

“不知。”

白池认真地看着婆婆,表示愿闻其详,但她却注意到婆婆脸上的微笑慢慢收敛,好像收缩到针尖上的水滴成了一个亮点,继而从针尖坠入了大海,突然间无影无踪无处可寻了。

方三姑面无笑容地说道:“因为你没能耐,我不需要一个有能耐的媳妇,我们家不缺钱也不求什么,所以你要明白自己的身份,就像你这次偏要带俩孩子过来就有些不符合自己的身份。对于我,没什么值得你喜欢的,但是我最讨厌人威胁、跟我谈条件，你这次忤逆了我，我心里记下了，你不要再犯第二次。我和方卫东一起生活了二十四年，他的性子和本质我最清楚了，他生活上离不开我，我也不打算将他让给别人，尽管你是他的堂客，比起我们的情分来你可能算是个外人了。也许你要问我了，我怎么还要把你娶进我们家门呢？原因也很简单，方家还要传香火呀，我就选了你来给我们卫东当堂客，因为你屁股挺大好生养，明确告诉你，不管你生几个，必须给方家添男丁。对于卫东，你要讲究妇德，少管少问，我知道他也不是很喜欢你，是我特意安排你到他身边的，把你放在他身边总比他满腔心思地爱别人要好。虽说他一向很听从我的安排，但他能不能真在你身上花些心思，这就看你的造化了。”

白池听完了这一席话，心底一阵凉似一阵。这席话不仅处处伤人，而且暗含玄机，似乎每一句话的背后都有故事可说。更悲哀的是，白池看着婆婆的嘴脸，恍惚间以为是嫁到了封建社会王侯将相之家，处处提醒着女人卑微做人，可看看窗外屋舍俨然灯火明亮，这分明是一个开天辟地的新时代呀。

方三姑擦了脚接着说道：“我没什么好说的了，你回房里去吧。”

年轻的白池站起身来眼前一片漆黑，她感觉如坠深渊，连心脏也被冻结成了一块棱角锋利的坚冰，有条不紊地跳动着把胸腔撞得鲜血淋漓。

方三姑又补充道：“我今天说的话你都听明白了吗？”

白池轻轻地点点头，轻声回答道：“听明白了。”

方三姑对着木立的白池挥了挥手，示意她退下，白池转身凄凉地笑笑，她对自己说：“我全都明白了。”

从入夜时分起，白池就一直悲哀地坐在窗前，一语不发，纹丝未动。她不知道自己心里空落落的，忘了自己多难受，只以为自己是在等待着弟妹俩回来。

白果和白丹兄妹俩被方卫东刚领出家门没走多远，就看见另一个女人也在同一泥路上散步，她背后还跟着俩长得一模一样的男孩。兄妹俩惊讶极了，这两个男孩竟然像极了彼此的重影，让人晃眼。

白果刚想凑上前去，姐夫方卫东便朝着那个女人开了口：“‘野嫂嫂’，这么巧，你这是上哪里去咯？”

那女人颇有些巧笑倩兮的味道：“嗨，我当谁呢，卫东老弟呀，我正准备回家呢，刚在路边上捡了只鸟，翅膀不知怎么的断了，看来只好成为我们家的下饭菜了。”

“哟，你手里握住的是谁的鸟咯？”方卫东甩下两个孩子向“野嫂嫂”走去。

“你管他谁的呢？反正今晚上我要吃它就对了。”

方卫东凑到“野嫂嫂”耳旁，轻声说话：“嫂嫂，我这也有个鸟，你尝尝可好？”

随后，一男一女一会就将四个孩子甩开老远。

“野嫂嫂”留下的两个男孩照镜子似的互相看了一眼，又互相摇摇头，其中一个说道：“大概是去山里捉野味去了吧，妈妈说晚上野味多。”

另一个认同地点了点头：“嗯，山里野味多，野猪兔子锦鸡狐狸田鸡都有。”接着又紧张兮兮地补充道：“山上还有老虎呢，潭里还有落水鬼呢！”

说完，两个人像吓坏了似的一阵哆嗦。

四个小孩并不跟着往前走，站在马路两边朝对面望了望，又同时转头看看和自己并肩的小伙伴。

夏夜的风在田间地垄上耍闹，把苇草们、土豆们、芸豆们乐得嘻嘻作响，它们像害羞的小姑娘似的笑成了一团又一团。此时风才会从“姑娘堆”里钻出来，带来了蛙鼓、虫吟、娃娃啼，还有稻香、花氛、大粪味，顺带着几粒草籽、蝉壳、萤火虫。天上的繁星像是被熏着了似的，集体眨着眼睛。

白果和白丹看见俩一模一样的男孩互相看了一眼，又互相拨浪鼓似的摇摇头，兄妹俩乐坏了。那俩男孩又照镜子似的并肩走了过来，白果发现他们说话时并不像照镜子那样。

左边那个先开口说：“我们爸爸是‘张瓦匠’。”

右边那个问：“你们爸爸是谁？”

白果和白丹都难过地摇了摇头。

左边那个又问：“那你们是谁?！”

白果昂起下巴，反问：“那你们又是谁呀?！”

左右俩兄弟一起回答了：“我们是张一雷、张二雷，我们是双胞胎。”

白丹在一旁呵呵地笑，白果替他发出了疑问：“打雷的雷吗？还是雷公的雷？”

张一雷回答道：“不，张一雷的雷是雷锋的雷。”

张二雷接着说道：“因为我们出生那一年，毛主席说了向雷锋同志学习，我们爸爸从外面做瓦匠回来，听说了消息，就给我们取了这个名字，张一雷、张二雷。”

白丹仰着脸问道:“那雷锋是谁呀?”

张二雷痛心疾首地感慨道:“啧啧……叫你读书你不读呀,现在一点文化都没有。”

白丹不好意思地低下了头。

张一雷满意地点点头,说道:“谦虚还是好的,我告诉你们吧,你们可不要忘了哦,雷锋是一个教书的人。”

白丹认真地点了点头,表示记住了。

白果不甘心被人指点,挑战道:“你们怎么就知道雷锋是个教书的呢?你妈告诉了你们吗?”

张一雷说道:“我们妈妈没告诉。”

白果问:“那你们爸爸告诉了吗?”

张二雷答:“我们爸爸也没告诉。”

白果哼哼道:“那你们怎么知道是对的?!”

张一雷得意哈哈:“你读过雷锋的书吗?!”

张二雷接着说道:“我们现在三年级了,我爸爸一年级的时候就给我们带了两本书回来,说那是雷锋写的,要我们跟他好好学习。”

兄弟俩齐声反问道:“那我就要问你们了,雷锋不是个教书的,他还能是个么子?!”

张一雷见白果兄妹俩叹服地点了点头,满意地说道:“我叫张一雷,二雷他鼻子上有颗痣。”说完指了指身旁的弟弟。

白果看着那颗微小的痣,灰心地摇了摇头:“我还是觉得你们俩长得一模一样。”

张二雷对白果兄妹俩也十分好奇:“你们俩是卫东叔家里的吗?”

白丹点点头。

张一雷接着问道:“那你们是卫东叔生的吗?”

没等白家兄妹俩答话,张二雷便反驳一雷道:

“我觉得压根不可能!你看这俩细伢子都多大了咯?卫东叔能生出这么大的伢子吗?那他也太能干了吧?!”

张二雷说到“能干”二字时,张一雷便耸肩犹如筛糠般笑得嘿嘿有声了,紧接着二雷也筛糠般笑了。

白丹不解地看了哥哥一眼,白果也看了一眼妹妹,递了个眼色:“我们走!这是俩傻瓜！”

白果、白丹兄妹俩架势着扬长而去，张一雷、二雷俩兄弟又镜子般平行着跟来了。

“细伢子，你上哪里去?！”张二雷扒着白果的手问道。

“细伢子，你妈妈没跟你们说，晚上要在外面玩久一会吗？你不知道你妈在家有事情吗?！”张一雷气呼呼地问道。

“细伢子，你他妈哑巴了?！”张二雷气喘吁吁地问道。

白果兄妹俩没有回答张一雷、二雷的话，但他们确实听见了一雷、二雷的话，但这会他们想妈妈了。七岁的白果牵着四岁的白丹，往村边上那座坟山走去，张一雷、二雷紧跟在白家兄妹背后。

四个人在凹凸不平的黄泥马路上，高一脚低一脚地走着，犹如一群左右摇摆的鸭子在前行。走着走着，雷兄弟俩对白家兄妹的提问渐渐变成了兄弟俩之间的讨论，他们相互解答、相互质疑，又相互抨击彼此的理论，一路上骂骂咧咧，对白果、白丹兄妹俩是谁干出来的问题争论不休。

盘龙村的坟山是一座低矮的山丘，走到那座坟山之前还要经过一座平缓的小山丘，由于这座山丘上泥土湿滑，从来无人去开垦。于是，从很早以前开始，便有了大片大片白茅草在那里自由生长，一年四季长盛不衰，这些年更是像涨潮时的河水一样，越来越宽阔。起风的时候，在遥远的山上也能看见大片的茅草丛，像是海上的波浪一样翻滚起伏。

四个孩子走上那个小山丘时，月亮已经高居苍穹正中了，云彩丝丝片片和它擦肩而过，彩云追月。人间的清风阵阵已经不再飘着人味了，而是裹杂着野草迷离、古树肆意的鬼魅气息。一阵凉风吹过，雷兄弟俩停止了争论，空气中骤然寂静，邈远的天地间再无旁人，不远处是一座坟山。

张一雷打了个激灵，叫道：“那边是坟山了！”

白果斜睨着说道：“我们就是要去坟山！”

张二雷也吓得打了个激灵，哆嗦着问道：“去搞么子?！”

白果回答道：“去看我们的妈妈！”

张一雷、二雷俩惊得一跳：“你们妈妈是死人?！”

白果又斜睨了他们一眼，二话不说，拉着妹妹径直朝坟山那边走去。

雷兄弟俩赶紧追上去拉住白家兄妹俩的手，齐声道：“跟我们回去吧！”

白果瞪眼说道:“为么子?!”

张一雷低声说道:“你不知道呀?死人会变成鬼的,鬼会吃人的!”

张二雷也低声道:“我妈说前面那个地方就曾经闹过鬼。”说完雷兄弟俩就跟已经看见鬼一般浑身发抖了。

白果甩开雷兄弟俩的手,哼哼道:“哼!胆小鬼!”

白丹呵呵道:“呵呵,胆小鬼!”

突然,两个影子飘到了四人跟前,四个孩子头都不敢抬一下,只听得脑袋上空传来了一声:“啊?”

“啊!!!”

四个孩子吓得弹跳而起,呼啦一下转身就飞跑了,他们边跑边失声大叫:“啊!!! 鬼!!! 啊!!!”

突然,白果感觉背后有只手打在了自己肩膀上,转头一看身后的雷兄弟俩也定住了。有童声爆炸般响起:“救命呀!!!”

“哈哈。”女声。

“哈哈。”男声。

“救命呀!鬼呀!”童声四合奏!

“我是你们妈妈!”

“天哪,他们妈妈变鬼回来了!!!”雷兄弟俩哆嗦地喊。

“一雷!二雷!我是你们的妈妈,你们大半夜的跑到这来干么子?!”

雷兄弟俩哆哆嗦嗦地转过身去,在忽明忽暗的月光下,看见了他们妈妈熟悉的脸庞。雷兄弟们眨眼间瘫倒在地,放声大哭:

“我的妈妈呀!”

白果、白丹俩兄妹这才敢回过头去,在身后攀住他们肩膀的不是别人,也不是别鬼,正是之前跟“野嫂嫂”一起消失的姐夫方卫东。

“白果,你怎么把妹妹带到这来了?”方卫东和“野嫂嫂”带着各家的孩子们分别走在回家的路上,方卫东有些生气地问道。

白果和白丹都仰着头,抱歉地笑了笑。

“是你们姐姐让你们来这找我的?”方卫东紧张地问道。

兄妹俩一起摇了摇头。

“那是我妈妈让你们来找的?”

兄妹俩又是摇头。

方卫东有些急了："你们俩么子意思?！存心不说话是吧?！"

白果喏喏地说道："我俩是去坟山上看妈妈的。"

方卫东长舒了一口气，又想起了么子似的急忙问道："那你们到山上去了吗?！"

白丹也喃喃道："我们没去成，刚走到那就遇到你们了，吓我们一大跳。"

方卫东严肃地纠正道："么子叫我们?！是我一个人，'野嫂嫂'她是正好从家里出来。"

方卫东又从口袋里掏出一把东西来，继续说道：

"喏，给，我刚刚到田埂去给你们摘野莼了。"

两个孩子开心得弓成了一团，围着去看方卫东手里的红色果子，可惜这一把果子早已被压成了饼状。

方卫东轻手飘脚地走进东屋卧房的时候，白池仍坐在床沿边上，即将燃尽的煤油灯照着木直的她，着实把方卫东吓了一跳。

白池因为方卫东的一声惊吓，也被惊了一下，她轻声说道："哦，你回来了。"

"嗯，回来了，你弟弟妹妹也回来了，下屋里睡去了，还以为你睡了呢，下次就不要等我了，睡吧。"

白池轻轻点头，说："哦，睡吧。"

七

七月的骄阳肆意地洒在大地上，万物在阳光的暴晒下变得性情躁烈，水牛急喘、尘土飞扬、日复一日，田埂上的汉子着急上火、肌肉暴突，他们汗流浃背地骂骂咧咧、唾沫横飞道：

"真他妈的热！"

与常人不同，反常的天气下白果、白丹兄妹俩过得并不赖，甚至称得上如鱼得水。方卫东两口子住的东屋旁边连着下屋，那是一间"地处偏僻"的小房子，兄妹俩单独住着，连吃饭都是由姐姐端到下屋来，姐夫方卫东倒也还和气。只是方三姑常常对着兄妹俩视而不见、不闻不问。这样也好，落得两人的清闲自在，他们只需在房里自娱自乐打发半天，再等夕阳西下的时候出去放牛。

又是夏季的夜晚，炎烈的天气有了闷热的趋势，白果、白丹兄妹俩正恍惚着快要进入梦乡。在黑暗中，姐姐白池轻声进来了，又轻声躺在了兄妹俩中间，让俩孩子好一阵欢喜，在白家老屋他们就常常三个人挤一张床。白池刚睡下，屋里又闯进来一个人，方卫东来到了床前一把抓住了白池的手，低声吼道：

“你他妈的！跟我回去！”

白池甩开了方卫东的手，也低声回答：“我肚子里有孩子。”

方卫东的手指戳到了白丹的额头：“我最后说一遍，跟我回去！我说了，只你在上面就能行！”

白池仍是那句话：“我肚子里有孩子。”

方卫东二话没说，转头就走了。

方卫东走后，白池侧过身来摸了摸白丹的脸，又转过身去摸了摸白果的脸，微笑着说道：“睡吧！”

姐姐那样和美地笑，孩子俩便安心地睡了。但他们不知道接下来的夜里白池经历了怎样的心事重重、困苦重重、忧思重重。

方卫东是白池的初恋，在她心中是一定要让他开心如意的，生活中的一切也自然是以他为重。可是每每回想两口子之间的床笫之私，白池就有些痛苦压抑，就好比刚才他一定要强人所难，在她身怀有孕的情况下，一再尝试，让白池感觉到身心皆疼。而在怀孕之前，他们也几乎是夜夜颠鸾倒凤，在初为人妻的白池看来，这简直是震惊。她不明白是否世间男子都如此欲求旺盛？这是否也是爱的体现？

如果因为爱，那他为什么不顾忌她的感受？为什么平日感受不到他的一点关心？如果不是爱，那他又为什么对她如此渴望？爱是什么？性是什么？婚姻又是什么？生活何以继续？迎合他人的喜乐情绪？还是自己照顾自己的感受？

白池沉重地自省着、自艾着、自责着，她自己心疼自己，自己教育自己，自己开导自己，自己鼓励自己，自己环抱着自己。她想只要能换来男人的好，她愿意付出任何代价，她决心更顺从，对他更好。其实，天下所有女人对生活的要求很简单，无论苦苦相求，抑或惘然若失，都只因了一个字：爱。

夜静悄悄的，只有弟妹俩均匀的呼吸声，白池支起身子摸了摸身旁弟妹俩的脸蛋，又平躺着把手放在了肚子上，都是温热。就是那种传到指尖的感受，让白池心中渐渐沉淀出一片踏实厚重的土地，那是飘荡的浮尘一颗颗尘埃落定，让一颗种子得以在不知不觉中萌芽，在心底生机勃勃。

鸡鸣三遍过后，天空渐渐露出了鱼肚白，遥远的天际有红彤彤的云彩正在膨胀，像是孕妇胀鼓鼓的肚皮即将临盆，火红眼看着就要从氤氲中炸裂开来，云彩层层映得通红，顷刻间一道光芒从云层中射了出来，金条火线由此迸发万丈光芒！白池突然有一种热泪盈眶的感动，她湿了眸子，眼里阳光闪亮。红日一轮普照古今，天地不仁，以万物为刍狗。鸿蒙初辟，世间万物同受生老病死，先贤与今人共演悲欢离合，百转千回、万古长春，她欣然泪下。

一个年轻女人对生活的热情就这样自顾自地被唤醒，她似乎明白了一个生活教会她的道理：生活的全部意义只在于忍受并学会坚强，耐心地等待总会换来生活的阳光。

前一晚还看似雷霆暴怒的方卫东，第二天却有了一张和风细雨的脸，他说：“这天热得很，白池有身子的人要好好休息，我带白果、白丹出去溜达两圈。”两个孩子望着方卫东把头仰得像是阳光下的两朵向日葵。

大人和小孩互为前后走在傍晚的盘龙村，散落在马路边上的村户人家，倚在门框上嘻嘻哈哈打趣着，他们像足了父子三人。

一两个精瘦黝黑的庄稼汉冲着他哈哈：“卫东老弟呀，你功能不错呀，这么大的儿子都养出来了？还一生就是俩！哈哈！”

方卫东摆手谦虚道：“养不出，养不出。”

庄稼汉又道：“怎么？堂客不中用？还是你不中用？”

方卫东难为情道：“主要……主要是堂客的原因，我和我堂客还是生不出的，可要是当初和你堂客，那还是能行的，能行的。”

坐在门前的庄稼汉顿时一脸黑。

天越走越黑，云朵似乎正闷闷地往下沉，马路边茂盛的野草似乎都热出了一层汗，一摸一手湿，但这毫不影响俩孩子跟萤火虫撒欢，他们在马路上奔跑着自己给自己生风。可不知何时，“张瓦匠”家的雷兄弟俩竟加入了他们的队伍，一个玻璃瓶子里装上了四个人的“劳动果实”，待到瓶子里装满了亮堂堂的萤火虫，他们便开心地拿来照路，瓶子高高一举，孩子们这才发现领头的方卫东不见了。白果喊：

“姐夫，你在哪里？我们捉了萤火虫给你照路！”

四个孩子喊：“给你照路！”

“照路！”

“姐夫——”

见无人应答，四个孩子只好作罢。雷兄弟俩又把注意力转移到了白果手中的瓶子上。张一雷说:“欸!”白果和白丹走在前面没应答。张二雷帮着哥哥强调道:“欸?!”还是没应答。

雷兄弟俩这时才想起他们甚至都不知道那兄妹俩的名字,张一雷又来了耐心,凑上去问道:

“我还不知道你们叫么子名字呢,告诉我们吧!”

二雷附和道:“告诉我们吧!”

白果拍了拍一雷、二雷的肩膀:“我叫白果,果实的果。”

白丹跟着哥哥说道:“我叫白丹,牡丹的丹。”

“那你们是卫东叔叔生的吗?”张二雷问道。

张一雷朝二雷一声怒斥:“你他妈个蠢猪!他们都姓白了,能是方卫东生的吗?”

张二雷折服地点点头。

张一雷满意地点点头,又拿出耐心教导:“张二雷,那么你就应该问他们是谁生的?”

没等张二雷学舌,白果回答道:“我们的妈妈是张草,我们的姐姐是白池,我们现在跟着姐姐住。”

张一雷说:“那你们姐姐怎么能够住在方卫东家?”

白果说:“因为我们姐姐嫁给了他!”

张一雷、二雷不约而同地点了点头,兴高采烈地说道:“我们是邻居啦!”

白果、白丹不知道“邻居”二字对于雷兄弟俩来说多么可贵,倒不是“远亲不如近邻”的理,而是家庭境况所致:雷兄弟俩家里常年只有他俩和“野嫂嫂”,“野嫂嫂”对俩孩子实行的是“自由主义”教育,充分把主权交给了孩子们,吃喝拉撒由他们自己任意安排。自己则负责到山里野地打些野物、摘些野果野菜换钱过活。这就决定了雷兄弟俩的生活既孤单又无助,他们经常饥肠辘辘、邋里邋遢,像无头苍蝇一样游荡在盘龙村的马路上,只等着邻居们召唤他们来吃一碗热腾腾的饭。

而雷兄弟俩的父亲是个一丝不苟、严肃认真的瓦匠,他常常在清晨时就背上干粮,爬过盘龙山上曲折的小道,去山外给人干活,然后再过上一两个月,他又会在某个黄昏时出现在那条曲折的山路上。“张瓦匠”常年在那条山路上爬上爬下,不辞辛苦,十年如一日。“张瓦匠”却算不上一个负责任的父亲,一年到头孩子俩很难见到父亲一面,不过,见着了也反而是拘谨和陌生。“张瓦匠”不怎么身，那片高大的茅草丛里隐约走来了一个人，他似乎被风吹得有些轻飘荡漾，一个闪电在他的身后落下，那个人像踩了地雷似的弹跳而起，孩子们紧紧团在了一起。

直到那个人招着手慢慢走近，四个孩子才松下了一口气。方卫东走到孩子们跟前，生怕声音被风吹走似的，大声喊道：

“要下大雨了，我们回去吧！”

张一雷、二雷抬起头，他们想问我们妈妈呢，但似乎又觉着这和方卫东没关系，他们互相看了看对方，又互相摇了摇头，仰着头吞了吞口水，说道：

“卫东叔，我们跟你一起回家。”

方卫东点了点头，像一只领着一群小鸭的母鸭子一般，自动走在前面带路了。五个人一路无语，各怀心事。

八

一场雷电交加的暴雨过后，花残树倒，一切显得憔悴不堪。太阳也像经过了一夜的挣扎，湿漉漉地从盘龙山顶上爬出来，满脸涨红，气喘吁吁，疲惫不堪。

盘龙村村民们对这场雨渴望了好久，好不容易落了下来，它却像个调皮孩子似的，突如其来且把地上的蔬菜玩坏了大半，几个庄稼汉一大早便赶到了地里，拍着大腿仰天咆哮：

“你他妈的！刚结了两根黄瓜，你就给它打掉了，操！操你妈！”

“这几蔸好白菜呀，外面的叶子都打烂了！日你妈的雨！”

……

一大早方家砖屋门前的马路上就飞满了操呀日呀的声音。

方卫东和白果、白丹兄妹俩昨天也都没有淋到雨，但都出现了不同于以往的症状。方卫东一直睡到第二天中午，一觉醒来神采奕奕，高兴地把在灶台前做饭的白池拉进了东屋，放倒在了床上。白池立马直起身子来把头摇得像拨浪鼓，没想到方卫东不但没有生气，还嘻哈着捏起了白池的下巴逗趣一笑，又把她放倒在床上。他把耳朵贴在她微微隆起的小腹上，说道：

“白池，乖，让我听听，我那颗小精子在你那里长大了没有？”

自那场大雨过后，白果和白丹兄妹俩都歪在床上发了好几天烧，还一度在梦里哭闹：“好大的蚯蚓，要吃人的！要吃人的！快来救命呀！救命呀！”让白丹好一阵心焦，好一阵忙活，连日几天夜不能寐。好在穷人家的孩子不娇贵，没出一个星期弟妹俩又在下屋里嬉嬉闹闹了。好在这些时日方三姑对白池并无甚为难责怪,好在方卫东的态度越发温柔,也不曾强迫白池行过一次房事,白池心里便也欢喜。她温柔地给婆婆方三姑端茶递水,温柔地为弟妹俩熬汤煎药,温柔地替自家男人洗衣做饭,温柔地笑,温柔地说,温柔地一往情深。

夏去秋来,金风送爽,在这样温柔相待的相处中,白池也似乎看见了生活对她的怜爱和褒奖。不知不觉,时间已经过去了半年。半年里,弟妹俩似乎更加懂事情听话了,他们少了些呱呱吵闹,多了些点头倾听。方卫东也对她变得更加体贴和关心,不仅疼惜她的身怀有孕叮嘱她少出门,还主动给了她生活上的一些照顾,连婆婆方三姑也对她多了一些好脸色。白池是真感到幸福的,生活待她如此温柔,让白池感觉自己也开始慢慢融入了这个家,她在心底欢喜:原来我也有这种能量让环境变得和谐。

有一日方卫东甚至是搂着白池说道:

"堂客,村里有人笑话我们的弟妹俩没文化呢,还说是我不让他俩读书。我想这可不行,我们得送他们去读书咯,你说好吗?"

白池没有回答同意与否,她向方卫东感激道:"卫东,你真好。"

小时,家里过得下去的时候,白池也上过两三年学,家里过得艰难,很自然的白池就没有书念,但谁也不知道,从那时起,白池心中就偷偷藏着一个读书的愿望。弟弟妹妹如今能去读书,白池从心里感激着方卫东。

从那以后白果、白丹也加入了盘龙村"读书人"的队伍。村里的"读书人"其实就是一批小学生,这是因为村里只办了一个小学,山里的孩子要想读更多的书,那就得爬出这座山到外面去了,因为山路往返不便,真正下了狠心送孩子去外面读书的人家也少。为了不占用耕地和水田,村里的小学修在山脚下,小学修建的时候也是在山上取的木材。木房子用得久了就显出破旧来,顽皮的孩子们在上面跳动时,还能听见木房子摇晃得吱吱呀呀的声音,就像是他们父母屋里在夜晚时响动的架子床。

村里的小学里一共有六十多个孩子,六十多个孩子都在一个教室里,但是他们都只有一个老师。老师姓吴,是个头发花白的老头子,吴老师年纪很大了,人们都说他可能有七老八十了,可谁也不知道他到底多大了。人们记得,仿佛是从村里有这所小学开始他就在了,所以,吴老师看上去就像他所在的这所学校一般老了。吴老师确实是喜欢教书,他的脸看上去很衰老憔悴,他的声音却听上白池听得并不真切，这人是谁？她感觉自己像是躺在白家老屋旁边的那口池塘边，那声音从河底的淤泥里传来，伴着水草间的泡沫和鱼嘴里的潮腥味，而她正在一片软泥潮土中慢慢下陷，新生的劲草穿过她的身躯从上面长出芽来。

方三姑上前一把抓住了王产婆的手，急道：

“王婆，你快帮我看看，她刚摔在地上，不会有么子大事吧?！你在这帮我看着，我家方卫东跟别人打起来了，我得……”

“妈妈呀！别躺在这，别躺这，带我回去呀！带我走呀！”

她话还没说完，就听见白池呜呜咽咽地喊，方三姑心里一阵紧绷绷地震颤，她赶紧在西屋的地上摆起了神龛，在一升米上插了三根香，顶礼膜拜起来。

白池在潮腥中看到自己躺在池塘边的母亲，哀哀其鸣，像一条翻了肚皮躺在河岸上的鱼，湿漉漉地吐着唾沫星子。张草当年的号哭从白池嘴里喊出，她涕泪横飞地喊道：“我的儿呀，我的儿呀，你出来吧！你从娘肚子里爬出来吧！”

“加把油！加把油！你肚子里的细伢子也正想往外钻呢，母子齐心！母子齐心呀快！大腿张开，深呼吸，一二三！使劲咯！！！”王产婆激昂着，战火纷飞地喊。

白池像一根刚被扔进油锅的油条，潮湿笨重地扭动着自己的身子受煎熬，她油滴水亮地抬起了头，想看看自己的大腿间是否有孩子正从她的体内脱离，目光所及处，却只看见了王产婆一张变形的脸，她牛着腰、虎着脸、鸡着眼、狼着嘴，所有表情和肢体器官倾巢出动、气势如虹！

正月的风在窗外吹着，雪花仍纷纷扬扬地下，白池一如十九年前自己出生时那般竭力哭喊，黑夜在尖叫。

四个孩子被挡在了门外，又不敢往“张瓦匠”家去，他们哆哆嗦嗦地畏惧着风雪与骇人的声音，蹲在砖屋门外挤成了一团，像是一窝被野狼逼到了角落的兔子。

张二雷口齿不清、对象不明地问：“怎么不说话咯？”

张一雷也哆嗦：“你也不说话……呀！”

张二雷抱上了白果的胳膊，白果回应道：“冷……冷……别抱我。”

白丹哇的一声哭了：“姐姐在里面没声了呢，她会不会死了？”

“别哭！”三个男孩齐声阻止道，他们的意思是这里没大人，哭了也没用。

突然一下没有人言语了，雪花也渐渐不再落下，世界其他的声音似乎也被这雪地吸走了一般，黑夜变得格外寂静，只有远处偶尔传来“扑扑”的声音，那是风推落了山上堆的雪。四个孩子望着黑夜，像是风中吹破了的窗户纸一般，哆嗦打得扑扑直响。偶尔砖屋内响起一两声激动的喊叫，像是某个渔夫在捕捉一条大鱼时喊的号子，四个孩子便支起耳朵全神贯注听着，直到那号子在愈趋嘶哑中偃旗息鼓。仿佛黑洞般的雪夜中，只有那助产的“号子”声在不时响起，孩子们的身体也随着这声音一会激灵，一会疲软。

时间一点一滴从他们身上淌过，偶尔有一阵寒风吹过，夜更加寂静了。蹲在最前面的张一雷弓着身子往后面的张二雷身后钻，插在了张二雷和白果中间。张二雷猛然被暴露在前面，打了一个寒战，钻到了最后面的白丹身后。张一雷又到了前面，张一雷又钻到了最后面，白果到了最前面……四个人就这样睡眼蒙眬地做着圆周运动，像一群误了时辰的鼹鼠，一个个钻进了冬天的冻土里，奢求着一场踏实可靠的冬眠。

原本朦胧的黑夜像是泼上了漆，黑得伸手不见五指。四个孩子不确定自己是否睁着眼睛，睡着和醒着变得没有视觉区别。突然，雪夜中响起了一声凄厉的叫喊，那声音像是割破了胸膛迸出来似的，四个孩子吓得一跃而起，落在地上时又抱得更紧了。为了辨别那是否为一场噩梦，孩子们互相询问自己听到的声音，张一雷说那样的声音像是一头猪挨了刀，张二雷说这会儿像是猪在哭了，张一雷又战战兢兢地补充道也许是山里的野狼在呼啸，白果猜姐姐生了小孩，白丹说可能是姐姐生的小孩被打哭了……

于是四个人支起脑袋，把耳朵贴在门上，那声音却从头顶上空传来，像是远处的大山在发声，音浪一波强过一波，越发惨烈与悲哀。那声音实在是太可怖了，鬼哭狼嚎，随风飘荡，砸在雪地上冰碴四溅，落在人耳朵里随之发颤。听到这声，四个孩子抖得像四台发动机了，他们咬着嘴巴、封起耳朵严阵以待，直到那声音在大山中巡游似的回响了几声，才像空气中消散的烟一般，渐渐消失在人们耳际，四个孩子像泄了气的皮球似的瘫倒在门外了。眼前的夜，还是如泼过漆一般黑着。

不知何时，砖屋里响起了一声婴孩的啼哭，宛如一串爆竹噼啪迸裂，黑夜里顷刻间充满了人味，四个孩子在黑暗中感到一种脚踏实地的温暖。心障心魔、百鬼众魅一起消逝在这一声如晨光破晓般的婴孩初啼中，重归六道轮回。

九

翌日，盘龙村山顶上没有升起太阳，雪还像昨夜那般堆着，山里却兀自亮了起来，百鸟和百兽都没有鸣叫。方家砖屋响起的第一声婴孩的啼哭，在村庄里显得格外嘹亮。

那时候，白果、白丹、张一雷、张二雷四个孩子，在门外又复活般支起耳朵，只听到里边的婴儿如鸡鸣破晓般啼哭了两声，紧接着又像被掐住了脖子似的一口气始终吐不出来，让人好不容易放下的心又提到了嗓子眼。四个孩子几乎要把耳朵伸进门里去了，听见里边一个喘着粗气的声音道：

“娃娃在里面待得久，嗓子眼堵了血，让我给他拍出来。拍！出！来！”随后便是一阵肉巴掌打在身上的啪啪声响，刚被拍了几下，那婴儿的啼哭声便猛然爆发了，伤心不已地哇哇叫哭。

门外的四个孩子在稀薄的光亮中露出了笑颜，他们彼此吐着舌头弯了眼睛，最后是白丹说她仿佛听见了一声叹息，其他三个孩子大眼瞪小眼发出了疑问，是谁在叹息着什么？

白丹用悲伤的语气模仿着屋里传来的声音：“唉，是个妹子。”

四个孩子又支起耳朵去听，突然那门被砰的一声打开了，方三姑脚下生风般冲了出来，这个精明的老太太在那时候看起来，颓得像刚跟人干了一场恶仗。四个孩子吓得像撒落在地上的珠子，扑倒在四面八方。

方三姑走出门来时，眼中空无一人，头也不回地朝“张瓦匠”家跑去。四个孩子张着嘴巴，看见方三姑穿着笨重的棉衣奔跑在雪地中，像一只发怒的黑熊似的步伐凌乱而狂躁，不一会儿便消失在了初醒的天光中。张一雷、张二雷相互看了看，又相互鼓劲似的点了点头，一齐向家的方向狂奔而去。

白果、白丹兄妹俩走进东屋之后，意识蒙眬的梦被吓得踪影全无，他们如坠冰渊般彻底清醒了。白池面如死灰地躺在床上，遭人丢弃了似的四仰八叉，只有腹部还像留有残骸那样鼓着，血和汗在这个躯体上不易察觉地流动着。白池像被人吐出的一口血痰，湿漉漉黏糊糊软成一摊。一张刚换上的床单覆盖着她赤裸的身体，鲜血像从土地中冒出的春芽那样，在床单上星星点点地生长出来，每生出一个点便像水中涟漪那般扩散开去，仿佛临死的人最后一点点散尽元气，不一会儿床单上便渲染出了无数朵红花，含苞待放、怦然怒放、百花齐放，彰显着死神的生机勃勃。

两个孩子再也止不住哭声，头脑中充满了即将被遗弃的恐惧，他们大声哭喊道：“姐姐死了。”泪水还没来得及决堤，一股热血早已直冲头顶，兄妹俩眼前一片漆黑，提起气来猛然呼吸，血腥味冲刷着气管。

“哭么子呢?！嚷么子呢?！嫌不嫌晦气咯?！快回自己房里去，别在这添乱！”

王产婆抱着新生的婴儿，很满意新生儿的号啕大哭，她用沾满鲜血的手指了指门外，示意他们回自己的房间去。

“可是，姐姐死了。”白果扑通一声跪了下来，白丹也跟着眼泪簌簌地下。

“你们姐姐只是昏迷了，再过一会儿自然会醒，我会给她用药的，在我手上死不了人。你们快回自己屋里去，女人生养小孩是见不得的！”王产婆说道，像一位战胜的将军指挥着军队撤退，容光满面且不容反抗。

两个孩子仿佛看见了活佛在世一样，满眼闪着信赖敬仰的光，他们看了看面容灰白的姐姐，觉得她很快就会死而复生了，于是擦着眼泪，一步三回头地走出了东屋。

天际透着青白，雪花不再下，可老天还是像得了痨咳一样，灰白灰白的一张脸，却刮着呼啸嘶哑的风，好像随时都可能黑下来一命呜呼。两个孩子并没有回下屋睡觉，他们提心吊胆地坐在东屋门外，守候着屋里一丝煤油光亮。

兄妹俩靠在东屋门外，听见新生的婴孩在热闹地哇哇大啼，他们第一次觉得人哭泣的声音还可以这么悦耳。兄妹俩通过木门上的一条细缝朝屋内看去，王产婆正疲惫地抱着婴儿往床边走去，她走到白池身旁把孩子放下。突然，两个孩子看见王产婆的背影，一阵被雷击中了似的猛烈震颤。

“我的送子娘娘我的天呀！你怎么开这么大玩笑咯，这可是要死人的呀！要死人的呀！——”王产婆弯着背脊，连拍大腿，嘶声喊叫。

门外两个孩子连忙将目光向白池投去，一线狭窄的门缝将屋内的一切横切，人和物都只能看见上面半截，像是海平面上浮着的海岛，大部分却被掩藏在了海平面之下。白池躺着的身躯只露出一点起伏的曲线，她的额头、鼻梁、胸脯都像僵硬了一般纹丝不动，只有王产婆的背影在白池的腹部，如农人耕地般动作着，虽不见烈日炎炎，但夏日如火的情景就在白果的眼前：白果、白丹兄妹俩的视线扁成了一条线，王产婆的背脊和臀部轮番出现在这一细线里，她不时抬起双手在额头上火急火燎地擦拭着，仿佛热火朝天、挥汗如雨，她像扬鞭似的甩了甩自己的手，空中便有了无数颗飞动的血滴，活生生一个屠宰现场，两个孩子看了毛骨悚然。

白果、白丹兄妹俩耸着肩膀像两只刺根倒竖的刺猬，他们在那一线天地之外含着热泪，双眼瞪得老大生怕漏掉王产婆的任何一个动作，而在眨眼之间错过了姐姐醒来的那一刻，或者没守住而在刹那间永远失去了他们唯一的姐姐。可积蓄的眼泪却拥有更大的力量，从他们的眼眶里如泻闸的洪水一般决堤而吧，送他去一个好地方，让他下辈子投个好胎。”

那是一个盘龙村祖祖辈辈都谙熟的规矩，刚出生就死掉了或者出生不久死掉的孩子，会被家人裹了稻草扔到尽量高远的山上去，据说那样孩子的魂魄就能飞到天上，在下辈子投个好胎。而实际上，人们都知道被扔到山上孩子的尸体大多变成了野兽嘴下的食物。

方三姑将王产婆送出屋时，砖屋大门外早已站着一堵黑压压的人墙，人墙上嘟嘟囔囔、骂骂咧咧、咋咋呼呼张着无数张嘴，那是盘龙村的无数男女老少，他们肩并着肩，手挽着手，神情凄楚朝方三姑走来，好像来集体奔丧似的。

显然，人们并不是来给方三姑道喜的，他们看见王产婆走出门时，也看到了她手中提着一个滴血的布袋子，然而，并没有一人过问也没有谁投去过多的目光。人们给王产婆让出了一条路，眼睛却集体望着站在门口的方三姑。

有一个面容慈祥的老年女人从队伍中缓缓走出，面露愁容地说道：

“哎，三姑，我们这里有一件事情不得不问问你，按理来说你们家是外面来的，也不一定得按照我们的规矩来办事的，但是你们也在村里住了二三十年了，我们大家伙早已经把你们当做自己人了，何况村里传的那些风言风语对你们家影响也不好，我们大家伙一想也是，不如干脆来找你把误会澄清了，也好堵住那些乱嚼舌根人的嘴！我们这都是出于好意为你们家着想啊。你也是家里的老人了，要是有些事情没有精神处理，就交给你儿子来处理，方卫东呢？你把他交出来吧！”

那年长女人的说话也确实在情在理，一张脸上显示出无限的宽容和气、感同身受、恻隐之心，见者无不动容。可她的身后却站着一堵水泄不通的人墙，他们的眼睛正眉头紧锁、步步紧逼似的看着方三姑。

方三姑在那时候表现出的冷漠是与当时盘龙村的气氛风俗格格不入的，这使得盘龙村村民们十分气恼。方三姑从年长的女人面前走过，对堵在砖屋门口的那堵人墙说道：

“我们家的事自然由我来处理，不用你们过分地热心和盘问，我也不想作任何解释，我家里现在一切都很好，也没做什么见不得人的事，我儿子也不会出来，他堂客刚刚生养了孩子，他没空来跟你们处理什么事情。”

话音刚落，那精瘦女人便退回到了人群之中，如砖块般垒起的人墙瞬间崩塌，他们像是一个蜂巢里飞出来的蜜蜂一般，纷纷站到了人前，开始发表质问和指责。

“方三姑，你这么说就是墙上挂狗皮——不像话了呀，你说自己家里没事，我倒要问问了，没事你家门前的血哪里来的？昨儿个晚上是谁在村里作鬼叫？”

“三姑你可是盘龙的外姓人，咱村里的好风俗可不允许你这样破坏！”

“三姑，你不要越老越糊涂，为了护着你那没用的儿子就像疯狗似的咬人啊！”

……

一群乡里老少你一言我一语，拿出公序良俗、天理人情、风俗习惯来理直气壮、先声夺人、吵吵嚷嚷得不可开交。

一个年轻的堂客从人群中冲了出来，大声嚷道：

“甭问了！她家做了丑事情还有脸说？方卫东已经跟‘张瓦匠’家的‘野嫂嫂’苟合了好几年了！方三姑怕丑事情传出去，就给方卫东娶了现今这个堂客，谁知道方卫东是个不争气的种，自家吃得不香非得偷！偷个十天半月没人知道，三年五载还瞒得住人？他们昨天晚上肯定是给‘张瓦匠’回来撞见了！人还说是要革了他那王八蛋的命！掀了他那王八蛋的屌呢！方卫东这么大了还吃着他妈的奶呢，件件样样的事都离不开他妈！这回看他怎么办？”

听到有人这样说自己的儿子，站如松柏的方三姑，突然暴躁得如一只受惊脱缰的野马，她冲到屋里提来了一桶滚水，瓢泼着洒向人群，人墙中的男人们如见大火朝天逃窜不及，女人们好似遇见农人泼粪叫嚷着跳手跳脚，老人和孩子被冲乱了阵脚，站在原地号啕又号啕。一时间孩子哭女人叫，人群中一片眼花缭乱，杂声喧闹。人墙土崩瓦解。方三姑在人群中开出一条路来，却不向人们凶神恶煞了。她拎着开水桶，拿着瓢以汤沃雪，她弓腰狂洒之间，门前现出了一片冰消雪融、血迹全无的干净地带来。

天地间一片灰暗，天寒地冻，云层中有光落在盘龙村土地上，照着哀号尖叫的人们，显出一抹悲剧色彩来。但在这一面悲哀的背景墙前面，却是方三姑稳如磐石的身影，她像一个老英雄般慢慢转过身来，悲剧徒然变得壮烈。

方三姑嘴边带着笑，眼里透着刀刃般寒冷的光说道：

“现我方家门前洁白无染！请你们也管好自己的嘴！天寒地冻，请你们各扫门前雪！”方三姑说最后一句话时用的是标准的北京语调，一派凛然不可侵犯之势。

人群中不知是谁第一个叹了口气便悻悻地走了，这一声叹息传染给了其他人，男女老少们便也默默、冷冷、愤愤地接着走了，他们使着眼色、甩着脸子、啐着嘴巴轮番让方三姑难堪，但她什么也看不见，她睁着眸子，眼中空无一物。

白池睁着眼睛，把屋外的争执听得一清二楚，她没有哭，大脑在那一刻异常清醒。自家男人偷人遭毒打，生产劫难死里逃生，肚中一子胎死腹中，悲痛的事情一件件、一桩桩，像鱼死浮尸般一一险恶地摆在眼前，连同真相浮出水面。她没有掉下一滴泪。现实和真相如荆棘般刺痛她的心，在白池完成了生产的那张床上，与母亲张草的元气散尽截然相反的是：年轻的爱情已经在白池心中彻底死去，她变成了一个母亲，很快完成了自己的重生，她把穿透心脏的荆棘在体内焚为灰烬、碾为尘土，一丝一缕都化作茁壮身心的养料。

方家两个女人在屋内外不约而同地瞪着眼睛，眼里空无一物，她们在那一刻有着极其相似的决绝和坚韧，女人似水的心不知何时成了海，纳百川浩然之气，平静之下波涛汹涌。

白池从床上坐起身来，给红紫的女儿和青肿的男人盖好被子，径直走向厨房。白果和白丹正在灶台旁烧火，他们看见白池蹒跚走来，不知道白池的双腿何时长成了一个桥洞般的模样，那个桥洞壁上还绽放着大朵大朵牡丹似的血红，裤子沉甸甸、湿漉漉地挂在白池身上，好像那两根裤腿里装的不是她的一双大腿，而是满裤腿的水。白果惶恐不已地看着他的姐姐，不禁想起了在村头见过的屁股里鲜血直流的母狗。

白池的面容憔悴不堪，好像一张即将化为灰烬的纸，只等风一吹便会灰飞烟灭。但她的脸上竟然还挂得住笑，那可是沉甸甸的笑她笑着对两个弟弟妹妹说道：

“白果、白丹，你们起开，去休息休息，我来做饭。”

看到白池那副憔悴的神情，白果、白丹兄妹俩以为彼此之间是要相对而哭的，就像他们的妈妈张草在一年前死去时那样，这是多值得大哭一场的时刻。出乎意料的是，姐姐不但没有哭，反而还露出了笑，兄妹俩惊骇了，不知道作何反应，便沉默地走到了一旁。他们看见白池拿来了大米、红薯、南瓜、豆腐洗得光溜水滑，一股脑地全扔进了锅里，又拿起蒲扇对着灶台下一阵猛扇，火苗蹿起。当白池最后盖上锅盖的时候，她的右手使劲地撑在灶台上，满脸挂汗。弟妹俩看着他们热火朝天的姐姐，犹如坠入了十里云雾。

立春那天，方家的第一顿饭开在了灶台上，白池从锅里盛出了一盆吃食，在灶台上摆开了碗筷，又从墙角拖来一捆干柴坐在了上面，她朝弟妹俩说了一声："来！快吃！"白果和白丹兄妹俩便坐到了白池身旁，惶惑地吃起饭来，他们认真地支着耳朵想听姐姐说些什么，可白池却陷入了沉默，长久的沉默。当白果终于忍不住向妹妹摇头时，白丹突然想起了什么似的，径直朝东屋跑去，很快便悻悻地回来了，她悻悻地说道：

"姐夫和方家婆婆都不在，不知道他们去哪里了。"

白丹把这话说给了白果，专心致志地等待着白池的回应，白池没有说话，也没有抬头，更大口更快速地扒着碗中的饭，好像经过了许多天的饥饿。

这一天方家砖屋显得格外安静，偶尔有几声婴孩的啼哭飘扬，旋即就被呼啸的北风淹没。时间无声无息地行至夜晚，方三姑从西屋里走了出来，拖着沉郁的身影在砖屋内外踱了好几圈，仔细一看才发现她已经在砖屋周围撒上了一层密实的石灰。最后，她把踱着的脚步迈进了东屋里，白池正半坐在床上给婴儿喂奶，婆媳俩的目光相遇。方三姑眼里是怨尤和冷漠，白池却是不卑不亢地笑，她对着怀里的女儿耍逗道："乖，别馋了，快睡哦。"

方三姑的身体拂袖而去，脑袋却回过头来朝白池说道："你男人在我房里，这一个月你负责喂饱这个孩子就行了。"

白池仍在耍逗怀里的孩子，婆婆的话落空在地上，无人应接。

一个月很快便从春天里走过，那段时间里，刚成为母亲的白池变得更加沉默，一般妇道人家本应花在嘴上的工夫全被她用到了手上，白池以异乎常理的旺盛精力和沉默寡言把生活打理得面面俱到。她沉默地给孩子们做了棉衣布衣毛线衣，又沉默地给孩子们煮了白菜青菜紫菜豆芽菜，鸡蛋鸭蛋鸟蛋王八蛋也是桌上的珍馐。很多个视线模糊的夜晚，白果白丹兄妹俩都能看见白池坐在床上，她的背影有一阵阵轻微的颤动，像是一片在风中瑟瑟发抖的叶子，兄妹俩走近一看，白池却在给她怀中的婴儿喂食了，她端着一碗温热的菜汤，嘴对嘴地给怀中的孩子喂下，孩子也像吮吸母乳一般食之甘甜，温饱的生活让这个婴儿渐渐变得面色活泛，甚至有了无端而甜美的笑。白池生产后的那段日子是白果、白丹兄妹俩的幸福时光，他们和新生儿穿着一样质地的毛线衣，也吃着和新生儿一样的温热汤菜，几乎要误认为这个家是白家三口的专属，天宽地宽都是他们的天堂，他们手舞足蹈地在方家砖屋里进进出出，打完了雪仗又迎来了春光。

当春天的第一缕阳光洒在方家砖屋的时候，方三姑终于敞开了西屋的房门，屋里传来了方卫东一阵疲惫的咳嗽。白池坐在东屋底下搓洗衣裳，抬头看见从西屋里走出来的方三姑，她惊奇地看到婆婆的头上不知何时长出了第一缕白发。

“妈。”白池轻声叫道。

方三姑朝白池点点头，初春的阳光洒在她脸上，使她看上去面色柔和。

白池望着方三姑问道：“妈……他好些了吗？”

方三姑仰头望着天，如释重负般说道：“是好多了。”她又想起什么似的，回头看着白池，提醒道：“但是，你现在还不能去看他。”

白池望着方三姑的眼睛，只是一笑，便径直向东屋走去。

方三姑大声呵斥道：“放肆！我说的话你听不见是吧？快给我滚回……”

婆婆的呵斥声还没有止住，白池便止住了前行的脚步，她哀叹一声，转身往东屋走去，她感觉婆婆方三姑站在原地有那么一瞬间的低头，和着轻声的叹息。这从未有过的叹息也震惊了趴在东屋窗台上的白果、白丹兄妹俩，他们目瞪口呆地看着方三姑面容悲哀地转回了西屋。可他们谁也不知道，白池止步并不是畏于婆婆方三姑的威严，而是因为她在西屋底下听见了方卫东一句分不清是梦呓还是低吟的话，他说：“‘野嫂嫂’，你快到我跟前来吧。”

白果和白丹兄妹俩趴在床上守候着熟睡的女儿，看见姐姐白池笑容满面地走了进来，又笑容满面地在床边坐下，她笑容满面地抱起熟睡的女儿说道：“女儿，妈今天真高兴，是真高兴呀！”

白果、白丹兄妹俩不知道他们的姐姐为何这么开心，但一看到姐姐如此笑容可掬，立马就感觉阳光灿烂了，他们开心地从床沿上滑下，大功告成似的把乖巧的婴儿交给了他们的姐姐，兄妹俩手舞足蹈地向屋外跑去，到门口时还不忘回头看一眼他们的姐姐，姐姐抱起了她的孩子把头埋进了孩子的棉衣，正在剧烈无声地抖动着肩膀呢，像是一片被风吹逗得浑身乱颤的树叶，他们觉得姐姐简直是开心到极点了，于是，兄妹俩便更加雀跃地跑开了。

白果、白丹兄妹俩跑出方家没几步，老远就看见俩女人扭曲纠缠横在马路上，看上去像是两只打架的螃蟹，又像是两条缠绵相傍的蛇，让人看不明白她们是想横了往路边的池塘里钻，还是朝着前方蛇行。为了一探究竟，白果、白丹兄妹俩向她们俩走去，女人歇斯底里的叫骂声迎面而来。兄妹俩蹑手蹑脚、神情紧张地冒着叫骂声前行，像是走近一个充满刺激的新生狗崽的狗窝，一面担心着会有母狗突然袭击，一面又死不甘心地想逗逗未睁眼的狗崽。他们蹑手蹑脚地前行着，一面害怕着暴跳如雷的女人会将怒火转移到他们身上，无辜受害，一面又期待着俩女人能在马路上上演么子惊心动魄的好戏。

“老太婆，你不要欺人太甚！”

“老太婆，越老越不要脸是吧?!你他妈自己生的儿子不管，来管起我来了。”

“放开老娘！”

白果、白丹兄妹俩这才看清扭在马路上的俩女人不是别人，正是方三姑手抓着久未露面的“野嫂嫂”。白果、白丹兄妹俩一阵心惊，接下来的所见更是让他们心惊肉跳了。“野嫂嫂”最后一句“放开”还没说出口，方三姑的巴掌已经到了她左脸上，“野嫂嫂”惊得一甩头，方三姑的巴掌又到了她的右脸上。兄妹俩目瞪口呆了，大张着嘴看见方三姑抓着“野嫂嫂”的手，“野嫂嫂”捂着自己的脸从他们眼前走过。很长一段时间，兄妹俩都只得站在原地张口结舌，他们不知道这个五十岁的老太太哪儿来的这么大的力气，更不知道她哪儿来的这么大的脾气，那时候，两个孩子不由得感慨大人世界的不可思议，特别是女人的世界不可思议。

待到白果、白丹兄妹俩缓过神来，回到方家砖屋的时候，一场不可思议的僵局正在上演：白池正对着大门站着，满脸绯红，“野嫂嫂”站在她的对面像一只战败的斗鸡公，而方三姑正斗气昂扬、盛气凌人指着“野嫂嫂”的脸戳戳点点。

“这山里别的没有，树倒是有成千上万，你应该懂一个道理吧？树活一张皮，人活一张脸。今天不是我要撕破你的脸皮，是你自己不要脸，我到你跟前还没说么子呢，你就大嚷大叫了，跟男人睡觉，跟女人耍泼，全天下的贱女人都只有这点伎俩。我劝告你，腿脚别往男人身上爬，口水别忘女人身上吐，做人要知分寸，婊子丢了身子还要脸呢！”

“野嫂嫂”低着头浑身乱颤，站在她对面的白池能听见她上齿和下齿互相摩擦的声音，让人感觉她能随时冲上前去像疯狗一样咬人。白池绷着一张脸，心里翻江倒海、战鼓擂动。

方三姑叹了口气继续说道：“你记住了，世上有些事情永远不要做，特别是不要再犯。礼义廉耻，世人心中早有定论，这山里的人虽然没几个读书的，但还是很讲对错、知廉耻的，你跟我儿子的事，千般情万般好你占理都没用，我今天把话给你说明了，你别给脸不要脸。因为你，今天方卫东躺在床上，你要是脑子不长记性，还像骚狐狸精似的来勾引男人，明天我就来削了你这脑袋。”

终于，“野嫂嫂”抬起了头，她喷着火的双眼流出了泪，嘟哝着说道：“是方卫东先找上我的……”

方三姑一听对儿子的诋毁，瞬间勃然大怒，抄起手来又给了“野嫂嫂”一耳光，她厉声道：

“这一耳光是替方卫东打的，他说想上你就给他上，贱女人！”

“野嫂嫂”也暴怒了，她像一条反扑的狗像方三姑扑去，方三姑一脚将“野嫂嫂”踹倒在地，她对“野嫂嫂”喊道：

“这一脚是替白池给的，你偷人偷到方家头上来了！别以为做了没人知道，若想人不知，除非己莫为！我心里亮堂着呢！”

“来人啦！方家婆媳杀人啦！快来救命呀！她们杀死人啦！”“野嫂嫂”被踹到地上，就地打起滚来，她努力翻腾着自己，像是一条在河岸上打挺的鲤鱼。

白池慌张着神色，刚准备着去关上大门，从方三姑的西屋里窜出来一个身影即刻就到了眼前，方卫东扑到了“野嫂嫂”身上一声号啕：“妈呀！你不要打她了，是儿子的错呀，儿子错了！”

“方卫东……”方三姑闭上眼睛仰天垂立，发出一声哀叹。

“来，起来……”方卫东搀起还在地上打滚的“野嫂嫂”，将她扶到了凳子上。

立定之后的方卫东像胆怯的孩子一般，低低地抬起了目光，只是那么一眼他就沉重地低下了头，但他这羞愧和歉意不是给白池的，他的目光不曾在白池身上停留过，只有那么一瞬间他看向了仰天长叹的方三姑，立马就像被火烫着了似的迅速缩了回来，这个年轻男人的面孔也像被烫了似的红到了耳根。

白池一声不响地回过头，她仍缓缓地走去关那扇大门，白果和白丹兄妹俩站在大门口脸色苍白，一阵阵地打着哆嗦，他们听到姐姐缓缓关上了大门，又感觉到姐姐搂着他们的肩膀朝东屋走去。白丹看着自己的一双手，不知道它们为何抖得如此厉害，白果看着自己的双腿，看见它们抖成了筛糠。兄妹俩疑惑地看向他们的姐姐，她的手搭在他们肩上，正呼呼啦啦地抖着，而她的身子正发疯般战栗，好像一张在狂风中被吹破了的窗户纸，她的胸腔里正发出纸被吹破了的扑扑声，沉闷地响着。兄妹俩感觉姐姐身体的重量越来越多地压到了他们身上，白丹感觉到脚底发软，姐姐白池先一步倒在了他们跟前。

白果和白丹兄妹俩惊慌极了，以为他们的姐姐就像他们母亲一般一声不哼地死去，他们扑到了姐姐身上，号啕大哭起来。

“我们姐姐死了！救命呀！”

白池醒来的时候已是后半夜，她在黑暗里睁开眼，像刚下地的狗崽寻找母亲的乳头一样，这个年轻的妈妈也动了动胳膊，凭着本能去感觉自己的孩子，女儿正躺在她的胳膊弯里，嘴里发出没有含着乳头的吸奶声，白池慌忙支起身来，就着昏暗的煤油灯光看见女儿口中含了一根红薯干条子，她不由得擦了擦眼睛，不明白女儿哪里来的这根“假奶子”。突然，白池身后响起了“扑哧”一声笑。

“啊！姐姐，你总算又活了！”

白果从床边的地上一跃而起，自己把自己未醒的梦吓得踪影全无。

为了白果这快乐的欢呼，白池一声苦笑。

白丹睡眼惺忪地从地上爬起来，打了一个趔趄，她指了指婴儿口中的红薯干说道：

“姐姐，你知道吗？小妹子她可会吃了，白天的时候我们让她趴在你身上喝了奶，晚上的时候我们给她红薯干也被她当成了奶呢！”

白池怜爱地抱起女儿，嘴角往下一撇，眉毛拧成一团，脸上出现痛苦的神情，她对白果、白丹兄妹俩说道：

“你们回房去睡吧！”

白果、白丹兄妹俩回到下屋以后，窗外飘起了清寒的细雨，风从窗外缓缓侵入，兄妹俩赶紧钻到了厚实的棉被之下，周身立刻产生了一种被包裹的温暖。可姐姐的东屋却像灌进了大北风似的，呜呼沙哑的声音似有似无地响着，支起耳朵仔细去听，那模棱两可的声音又消失了。待到睡眼蒙眬之时，那声音又像死而复生般压抑地响起，刚提起神，那风声无声无息了，让人联想到风可能突然扎入了某口枯井。就这样，在似醒非醒之间，如梦如幻之中，白果做了一个疲惫的梦：他作为一个牧童走在风雨飘摇之中，一头重病的老水牛跟在他身后寸步难移，他费尽了全身力气也不能撼动它半分，几经周折他终于弃牛而去，可每走到一处他都能看见一头老水牛被稻草封住了嘴巴，眼含泪水发出沉闷沙哑的悲鸣……

十一

白池的悲伤是旷日持久的，她生养完之后在屋里待了两个月，两个月后，白池站在砖屋大门外，在黄泥马路上行走的人们都看见了她一双肿如红桃的眼睛，隔着暮春朦胧的雨幕，有不明就里的人向她打着哈哈：

“卫东嫂嫂，你们两口子晚上也别太熬灯油了，悠着点，隔三岔五尝个鲜就行了，别弄得个夜夜不知足。”

白池红肿的眼睛扁成了一条缝，分不清是在远眺还是含着笑意，她咧了咧嘴，脸上出现了麻木的笑容，远处天空上毛茸茸的乌云在她眼里化成一摊污水。婆婆方三姑适时出现在了大门口，她对打哈哈的过路女人说道：

“哟?！怎么说话的呢！哪个有崽的堂客能睡上一晚好觉咯?！”

过路女人的笑容僵在了脸上，她僵着脸皮说道：

“三姑，卫东嫂嫂，那我就先走了，今天清明赶着去看老祖宗呢！”

方三姑不置可否地笑了笑，转身目不斜视地进了西屋。

白池的视线落在黄泥马路上，她缓缓地点了点头，像是回复那女人的告辞，又像是对自己在应承。

方三姑在那个清晨再次站到砖屋门口时，屋里只剩下了她和儿子方卫东两个人。她站在门口远眺，看见灰蒙蒙的天际下，白池的背影撑着雨伞，她身后跟着一对弟妹的背影。方三姑轻蔑地笑笑，白家三姐弟在她眼中已经缩小成老鼠般的模样。

清明时节雨纷纷，路上行人众多，白池撑一把雨伞，抱着孩子，八岁的白果和五岁的白丹尾随其后，她们一路向盘龙村的坟山走去。坟山是盘龙山众多山脉中的最矮的一个分支，也是靠盘龙村最近的一座山丘。坟山上，新翻的黄土坟包七零八落地杵着，像人身上一个个突出的硬疣，连日的雨水和着稀泥在山坡上沟壑纵横地流淌着，春天毛茸茸的草皮斑驳地躺在各处，像人身上的狗皮癞子。灰暗的雨幕下，坟山像是一块伤口溃烂、长满脓包、流着脓汁的烂肉。前来扫墓的人们在那块烂肉上星星点点地爬着，山顶山腰山脚有人群攒动，他们像下地干活一样肩扛锄头、手持镰刀向着老祖宗走去，他们像去逛集市一样三五成群、手挎竹篮漫步而行，他们像春天一样漫不经心，像雨幕一样黯然，像见鬼一样失魂落魄。

马路边的田埂上正走着两个失魂落魄的人，他们有一模一样的背影，正一前一后地走着。白果立马认出了他们，他大声地喊道：

“张一雷！张二雷！你们去哪里？”

一雷和二雷回过头来，脸色蜡黄，他们步调一致地回答道：“我们去地里找土豆！”说着便一前一后地向白家三姐弟跑来。

白果也亦步亦趋地向他们走去，他接着问道：“谁让你们挖土豆的？你们这些天去哪里了？”

张一雷率先跑到了白果跟前，他突然变得伤心欲绝：

“我们快饿死了，我们每天要费很长时间才能找到一两颗土豆。”

白丹也凑到了他们跟前，她重复着白果的话问道：

“你们这些天去哪里了？”

张二雷回答道：“自从上次卫东叔叔和我爸爸打架以后，我们和妈妈就被爸爸关在了屋里，门上了很大的锁，窗户也给钉了，我们开始的时候只能从门缝里看到雪、看到冰、看到雨，最后看到了太阳，看到太阳的时候，我妈妈把大门给锯了。”

白果和白丹兄妹俩不约而同地张大了嘴，兄妹俩十分惊讶地问道：“那你们爸爸呢？在门外守着你们吗？”

张一雷垂下了头，也垂下了泪，他用咕哝咕哝的声音，含糊不清地表达了他冗长的哀伤，大意是这样：新的一年刚开始的时候，“张瓦匠”把自己的堂客和孩子锁了起来，自己则从盘龙村的大山里走了出去。半个月以前，他又在一个下雨的黄昏走回了自家门口，看见倒了的大门和在门外溜达的“野嫂嫂”，“张瓦匠”愤怒得头发都倒竖起来了，他以导弹发射之势一脚把“野嫂嫂”踩在了地上，“野嫂嫂”被突如其来却重如泰山的一脚激得破口大骂，她因此挨上了如雨点般的拳头。伴着父亲铿锵有力、节奏鲜明的拳头声，张一雷和张二雷长时间地站在屋里，泪流满面地看见他们的妈妈脸都变形了，鼻子都歪了，嘴都豁了，大腿都流血了，黑色的血顺着“野嫂嫂”的小腹、大腿、小腿哗啦哗啦地流淌，“张瓦匠”终于住手了，他咬牙切齿地喊道：

“你这个婊子贱货下三烂！被操出野种来了！”

说完这句话，“张瓦匠”抓起了“野嫂嫂”的头发，沿着他回来时走的路，一路将“野嫂嫂”向山上拖去。这使得走在路上的盘龙村村民们，纷纷停下来驻足观看，他们像一只只被腐肉气息所吸引的狼，渐渐朝张瓦匠两口子靠拢。人们先是被这个场面吓了一跳，紧接着就像议论自家的事一样，对“张瓦匠”的行为提出了自己的见解，在这些见解中又能分出两种主要观点，有人劝诫“张瓦匠”要适可而止，不要对这个女人下手太重。也有人说这种女人不守妇道，就该落得这个下场。他们为着自己的观点在“张瓦匠”耳边叽叽喳喳说个不停，只有“张瓦匠”和“野嫂嫂”的儿子们，跟在人群后面泪流不止。他们边哭边走，边走边哭，直到叽叽喳喳的人群将他们挤出了队伍，他们才哭着向远去的父亲喊道：

“爸爸，求你不要把妈妈拖到山上去扔了！求你把她送到山外的医院去！”

“我们不知道他送妈妈去了医院没有，已经十多天了，他们都没有回来，我们很饿。”张一雷最后如此说道。

白果和白丹听着张一雷的诉说，早已变成了湿答答的泪人。白池抚了抚白果和白丹的头，又摸了摸张一雷、二雷的头，最后从随身挎着的篮子里拿出了祭奠的食物，张一雷、二雷目不转睛地看着白池从篮子中拿出的手，像是两条饥肠辘辘的狗看着一块在空中飞舞的肉骨头。在兄弟俩的注视下，白池把两个馒头和一块水煮肉放到了他们手里。

张一雷、二雷接过食物迫不及待地往嘴里塞了，他们大口吞着馒头，抬起头来热泪盈眶地看着白池，二雷无限感激地告诉白池：

“那天锯门的锯子是卫东叔叔送来的，他在前一天晚上掀了房顶的瓦，给我们扔进来的。”

张一雷又关切地问道：“前几天他也知道了我们妈妈的事情，在我们家哭得很伤心，他现在没事了吧？”

白丹和白果来不及抬头看白池的表情，她已经转身走了，兄妹俩赶紧跟上。细雨蒙蒙中，白池仍像所有赶路的人一样沉默，她无声地走在泥泞的山路上，偶尔有下山的人看见她遮在伞下的脸，十分诧异她为何撑了伞还满脸水花。水花在白池的脸上纵横，不一会便连串地落在了她怀中的婴儿脸上，婴儿尝到了苦头，哇的一声啼哭。

“姐姐，我想妈妈了。”远远看着母亲张草的坟墓就在前头，白果嘟哝着哭了起来。

“姐姐，妈妈是不是在那等着我们来看她呀？”白丹也受了感染伤起心来，她说这话的时候，手指准确无误地指向了张草的坟茔。

“姐姐，我们很久没看见妈妈了，她一个人在这会不会经常想我们？”白果说着，眼泪大颗大颗地落下，再次感受到这个世界的生离死别时，他的疑惑和委屈一齐涌上心头。

“姐姐……”

弟妹俩的疑问像铁锤一样重重砸在了白池的心头，他们的每一次发问都让白池的身体触电般颤抖一次。突然，她发出一声凄厉的号啕，像一头发了疯的水牛般向母亲张草的坟茔跑去。母亲就在眼前，而她有太多的沉痛和悲哀挤压在心底，让她怎能不像委屈的孩童般一样寻求安慰呢？

山上的人们都不禁回过头来，他们的身体被那突然爆发的哭喊吓得猛然一颤，他们瞪圆了的眼睛里印着白池如疯牛般奔驰的身影。为此，他们满脸疑惑、满腹怨尤，他们不知道有什么事情值得她这样大喊大叫的，总觉得要是在她前面排上一队抬棺材的人马才像话，而且这棺材里必定躺着她新婚的男人，她的男人必定只给她留下了一个刚出生的孩子，而她就是那个眼泪飞飚、怀抱孩子、对着棺材穷追不舍的新寡妇。

白池却是真的悲伤，她抱着孩子扑通一声跪倒在了母亲的坟前，她怀里的婴儿也不知所措地哇哇大哭，白果白丹兄妹俩脚踩黄泥摔倒在地，在不远处便双手爬行来到坟前，他们朝天仰着脑袋，细雨纷纷落进了他们的嘴里，又随着失控的口水一起流出，汩汩浇入春天的草地。白池的泪水如泉水般涌出，她嘴里发出凄厉哀绝的哭喊，听者无不发出阵阵战栗。

扫墓的人在正午时分陆续下山，雨水浇熄了纸钱燃烧的火焰，散发出缕缕比雨幕更晦暗的湿烟。白池哭到无声时才抬起头，她呆呆地望着天边黛青色的远山，往事幕幕在眼前重现，像日出一般清晰。母亲已经永久地埋在了地底，而她的三个儿女却在世上受了百般委屈。生活在白池身上发生的点点滴滴，她却日复一日假装刚强，打碎了牙和血吞下，死也不在人前哭出一滴泪来，她努力抑制着自己，以为堵住了咽喉就发不出哭声，假装麻木就再不会伤心，可一切比她想象得难，无助的日子比贫困的日子难熬。

清明那天晚上方卫东从方三姑的房间里搬了出来，方三姑仍把自己关在西屋里半步未出，且从那天开始，方三姑将自己的房门再次紧闭。

那时白池刚带着孩子和弟妹俩回到家，方卫东躺在东屋的床上空望着房梁。

白果率先惊喜地叫了一声："姐夫！"

方卫东从床上直起身来，现出一张长胖的苍白的脸，他神情恍惚地对白果笑笑，便把目光投向了白池，两人目光对峙，白池心底感觉比秋天还荒凉，她用力看着这个男人，似乎想透过皮肉看见筋骨形骸。

方卫东羞愧似的低下头来，嘟哝着说："白池，我想看看孩子。"

白池抱着孩子，站在原地不动，她看见方卫东抬起的眼睛里有些许哀求的神色。白池厌恶地说了一声："你不配做她爸！"便把孩子放到了床上。

方卫东抱起孩子，孩子在睡梦中露出好看的笑容。方卫东脸上的表情却变得十分痛苦，他眼睛都红了，嘴角都弯了，面容都抽搐了，他像被压断了背脊似的一声痛苦地低吼，眼泪哗哗落下。孩子在他怀里被突然惊醒，嘤嘤哭泣。

白池一把夺过了孩子,口中啐道:

“我的祖宗爷呀!你害了我还嫌不够吗?这么小的孩子也不放过?!要命的鬼!”说完便掏出一个奶子塞到了孩子大张着哇哇大哭的嘴里。

在男人的恸哭声中,在女人的斥骂声中,白果、白丹兄妹俩战战兢兢地离去。

待到两口子完全平静下来,窗外已是漆黑,白池的脸上没了怒容,她抱着孩子麻木地上了床,而方卫东正面朝墙壁侧卧着,两口子在一张床上选择了最远的两端侧卧着。黑夜给人静谧的力量,白池闭上眼睛感觉自己和孩子的呼吸声越来越沉、越来越缓。

“白池,我想……”方卫东的声音像是在梦境中响起。

白池没有回答,方卫东继续说道:“白池,我想……要你……”

话音刚落,一种恶心的感觉涌上白池的心头,她想起了“野嫂嫂”,也许这句话,那个女人听过很多次,她也曾很多次恬不知耻地和这个男人苟合,方卫东的身体因此而变得十分肮脏。白池仿佛闻到了“野嫂嫂”身上令人作呕的下体的味道,仿佛看见了方卫东在她身上蠕动的样子。白池把枕头隔在了两人中间,对方卫东恶心到无以复加的地步。

彼此沉默了很久,在白池看来非这样僵持不可,她在心底筑起了一道高高的铜墙铁壁,自以为刀枪不入、百毒不侵,再也不会向方卫东敞开。可一个情感细腻的女人,连男人一句略带哀怜的恳求都承受不起。

方卫东悲哀地说道:“白池,我只想跟你和好。”

就只这一句话,筑在白池心间的铜墙铁壁即刻化为绕指柔。黑暗中,方卫东把孩子抱到了床上靠墙的一边,白池感觉到男人湿热的呼吸已经到了耳边……

白池抱着方卫东的臂膀,意外地触及到了很多或大或小的伤疤,它们坚硬突兀地生长在方卫东的身体上,好像树木被刀削斧砍后长出的疙瘩。触摸着这些伤疤的时候,白池惊讶地发现自己的心并不像自己所理解的那样,她知道方卫东身上的伤疤因何而起,于是她的手指带着怒气冲冲的气势摁向这些伤疤,可伤痕的凹凸起伏刚传到指尖,她的心却变得无比疼惜,她像一个慈爱无能的母亲迫不及待地原谅了她因作乱而受伤的孩子。

白池迫不及待地应和着方卫东的身体和语言,而她亲爱的男人正是从那晚开始溃败的。方卫东像害了热病一样浑身火热、颤抖不已,却是疲软无力。他满头大汗地动作着，却是不断地失败，又反复地尝试，他难以自持又仿佛不能自信般反复地询问白池，方卫东问：“还好吗？”

因为失败，他反复地尝试。方卫东一而再地作着努力，同时不断发问。方卫东问：“你还好吗？”

方卫东问：“我还好吗？”

方卫东问：“好不好？”

……

白池像母亲一般拍打着方卫东的背部，希望给予他安慰和冷静，她温柔地说：“好。”心中却明白了什么叫空无一物。

被叫好的方卫东最终是十分灰心、绝望的，他一无所成地从白池身上下来，悲凉地说道：“我他妈的残了，再也不行了……”

十二

母亲张草一生苦楚，苦于她暴戾的男人。白池遗传了母亲大山般隐忍无言的性格，也有着大海一般的宽容，命运流转，白池面对的却是一个截然不同的男人，二十五岁以后的方卫东变得越来越孱弱。

白池生产那天，方卫东与“野嫂嫂”的偷情被“张瓦匠”撞了个正着，在“张瓦匠”暴跳如雷的狂躁中，方卫东被打得像一条挨了火铳的狗，也永久地萎靡了他作为一个男人的根。从那时起，方卫东陷入了长久的哀愁。他像被暴晒了数日的水鸭一样，四肢无力、双目无光地晃荡在这个小山村里。无论春草繁茂还是冬雪飘零的季节里，他都日复一日地枯坐在砖屋门槛上，年轻的双眸犹如盘龙山黄昏的山顶一般暮霭沉沉。白池的眼睛却藏在东屋的窗户下，方卫东背影里的哀愁被她无限放大，那时候她会低下头来，对怀中的孩子疑问道：

“崽崽，你说爸爸这是怎么了？爸爸好像是生病了，但就算是生病，我们也要让他快快好起来。”

在白池看来，方卫东也许是得了某种病，一个男人的夜晚决定了他的白天。

无数个夜晚，月光如水。方卫东躺在床上满脸疲惫地睡去。白池哄完孩子没有睡意，她用胳膊支起脑袋，侧卧着身体。方卫东就睡在白池俯看的目光之下。目光从窗枢的方格中投下，照在方卫东的脸上，一寸寸地切割着他的脸。白池抬起手来触摸方卫东的脸，她颤抖着如同触着一块刚成形的水豆腐。

方卫东敏感地睁开眼，他茫然地看着白池，他看见白池面色嫣红，眼里含着柔情。白池用手指沿着月影斑驳的痕迹，一寸一寸往下滑动，在男人的曲线上像春风一样起伏。

方卫东的身体激动不已，悸动的心跳冲击他，渗出的体液湿润他，呼吸炙热他脸红他，汗水流他手颤他。最终，四肢软他心冷他，鼻子酸他牙咬他……他一无所获，十分悲哀，万般无奈地停止了一切动作。良久过后，他像个伤心极了的孩子一般，开始嘟嘟哝哝地说话：

“白池，你跟错人了，猪能配种，马能杂交，狗能撒尿，我能干么子？作为一个男人，我可以做么子……”

白池支着耳朵仍听不十分清楚，她瞪大眼睛，听到方卫东从胸腔里发出一声低吼：

“我他妈的成了个废物！没卵用的废物！”

在方卫东对自己的咒骂声中，时间过去了半年。夏末秋初的日子盘龙村澄澈如洗，瓦蓝的天空上飘浮着棉花般的云朵，一丝棉花从棉花团里像弱蚕吐丝一样抽离出来，行踪不定地穿梭在天空，从云朵里拱出雪白的浪花片片，一片浪花掉在了树梢上，嫩绿翠绿墨绿的树木在阳光下闪闪发亮，树荫下有头发毛茸茸的孩子和末梢毛茸茸的草地，他们以同样柔软的肢体在风中嬉戏。方家砖屋门前有这么一片明晃晃的视野，白池心里却像发了霉似的，苦水翻腾，气味酸腐。

白池愁苦地看着方卫东，轻声跟他说话，却不再涉及她心中真正的愁苦和疑惑，她不问爱情也不追究背叛，只是轻声地说：

“你还好吧？妹子嘟着嘴让你抱呢！”方卫东便接过半岁的女儿。

安排的口吻不能勾起方卫东的丝毫生气，白池的语气便转向了询问：

“今天灶台边已经没柴了，你去山上背还是让白果、白丹兄妹俩捡些来？你要是让他们去，我待会就告诉他们明天别上学了。”

方卫东便用手指了指自己，径直走出了门。白池看着方卫东默默离家的背影，心中涌起了深深的无奈，她感慨自己已经是多么的悲悯和宽容，可她亲爱的男人呀，怎么一夜之间变成了这般模样？到底是谁无能为力毫无尊严？

直到夜深人静的时候，白池也曾问过一些无关痛痒的问题：“天太热了，妈妈的屋子是不是很闷咯？”——其实她一直很好奇婆婆方三姑的屋子是么子样？为么子不让人进去？为么子偏偏只让方卫东进去？方卫东被人殴打过后为何住进了西屋里？那是怎样的故事和隐情？——白池睡不着了，她郑重其事了，思维跳跃了，她如“曲线救国”般问了一个相去甚远的问题：

“妈妈需不需要人陪咯？等妹子大了是不是可以放到她屋里去睡？”

方卫东突然急了，他咬牙切齿道：

“放到她屋里睡？我们俩单独睡？你想做什么？你以为我可以做什么?！”

白池一句话答不上来，瞠目结舌了。她立刻感触到原来自家男人一直沉浸在另一个世界，那是重又在她脑海中鲜活的世界呀。白池再一次像少女时期般转过身去，她在黑暗中凌乱地抠起了自己的指甲，她的思绪凌乱了，凌乱的失眠做了凌乱不堪的梦。

第二天一早，白池的听觉比她的视觉率先醒来，女儿已经晨练般咿咿呀呀地哭了，白池像挨了这哭声一招打似的猛然惊醒，她搂开衣服将奶头喂进了女儿嘴里。没想到这一天婆婆方三姑比自己还起得早，她从东屋里推门而入，较以往高昂头颅的孤傲样子，今天方三姑的神态有些像只神情呆滞的大白鹅。直到方三姑从床上抱起啼哭的孩子，白池才从方三姑下垂的三角眼里看见生动的光芒，好像是暴雨过后的沉重乌云里终于透出明亮的天光。

方三姑抱着她的孙女，像是有备而来又仿佛一时兴起，她说道：

“孩子已经半岁了，还没给她起名字吧？我刚想了一个，挺好的，就叫方芳吧，芳草萋萋的芳。等明后年生了男孩就叫郑正吧，正道沧桑的正。你们不要问太多，尽心去生养一个大胖儿子，就算了却了我的心愿了。”

那时候，方三姑第一次向方卫东夫妇明确地提出，他们需要给方家再添一个孙子。在往后的时光里，方三姑更是为了这个目标付出了不懈的努力。

生下第一个孩子半年之后，白池听到自己的婆婆如此交代，她心头为之一震，为什么一定要生男孩？为什么她方家生的男孩要姓郑？而更为复杂的感受随之被唤醒，白池不明白自己是为女儿庆幸还是替自己哀怜，她想起二十年前自己被取名为“白池”的缘由，生命在女儿身上延续，却没有相同的悲剧上演。她甚至从心底感谢方三姑，尽管婆婆那么期待、渴慕一个男孩的出现，她也不曾像普通的庄户人家一样把头生女儿取名为招弟或者来弟之类。

这么想着，白池便不禁把目光深深地望向了婆婆方三姑，她看见方三姑的目光停在了孩子的眉眼间，她的眼里却没有了孩子，像是让思绪纷飞了，陷入了某种回忆或思虑。白池感觉方三姑还有话要说，那话就在她嘴里，只要等她从思绪中醒来，也许就有一个从未向人说起的秘密要启开了。白池等待着，方三姑清醒般摇摇头，她笑意盈盈地向白池说道：

“白池，我看着你的身体也差不多养好了，适合生产了，你准备着，无论如何，务必再给我们家添个儿子。”

白池避开了方三姑殷切的目光，低下头挑拣起了女儿床上的衣服，慌乱中不小心触碰到了方卫东沉睡的眼睛，他没有醒，朝里翻了个身，睡得更香了。

……

从那天开始，睡觉便成了方卫东的最大爱好，他像是生了大病一般虚弱，每每从一声虚弱的叹息为起点便开始长久的睡眠，睡醒之后又像挖了三天三夜的田土似的，满脸都是疲惫不堪。白池很多次都下定决心要跟方卫东深谈，可是从那以后她才明白：最费力的不是叫醒一个沉睡的人，而是假装睡眠的人，装睡的人是永远叫不醒的……

十三

无数个日夜里，天空中的太阳、山顶的月亮都在这个小村庄里无声地照过，时间在其间悄悄地逝去，住在这个小村庄的人们，都看不见彼此的脸上有痕迹在悄悄变老。但大山里的树木，却在年轮上铭刻下，时间已经过去了五年。

五年的时光里，方卫东在沉睡，白池也试着让自己的心长久地冬眠。经过一次次徒劳的努力，两口子心知肚明再也不可能完成方三姑的叮嘱了，问题的根本就在于方卫东已经是一个一蹶不振的男人。

曾经青春情欲勃发的见证——他们唯一的女儿方芳，春光灿烂地成长着，从一个牙牙学语的婴儿长到了童年。看着白池依旧平坦的小腹，年近花甲的方三姑已经表现出相当的焦急和烦躁。五年的时光里，她交代儿子和儿媳生养儿子的催促声，就像盘龙村山上时常飘荡的山歌一样，洪亮且持久地回响在方家砖屋里。

这五年的时光终究是徒劳无果的，但年轻的白池和方卫东仍处在适宜生育的年龄，这就使得方三姑心中的希望像寺庙里的香火一样，可以永不熄灭。第五年，方卫东到了而立之年，方三姑催促的口吻在那时变成了命令和要求，她心心念念地把那个连受精卵都没有变成的男婴叫做“郑正”，她每天郑正长、郑正短地喊着，仿佛那是一个打开她家大门就能接进来的男孩。为了这个名叫“郑正”的男孩，方三姑最终是煞费苦心的，在这场艰苦卓绝的企图中，她不辞辛苦地费去了许多思虑和周折。当生活的变故和难堪，一次又一次变幻莫测般涌现，她终于丢逝了自己满头长发的乌黑，不舍昼夜地匆匆老去。

五年之后，当方三姑和往常无数个处心积虑的夜晚一样，她再一次不厌其烦地走进方卫东夫妇所住的东屋。在那之前，方三姑像变戏法的魔术师一样，已经为白池的生育层出不穷、机关算尽地费去了许多心思。由于目标得不到实现所产生的焦急，方三姑在夜晚走进东屋的时间一次比一次早，这一次，盘龙山里的太阳还在山顶上露着半个脑袋，方三姑走进东屋里，牵走了她五岁多的孙女方芳。方芳偏着脑袋问她的奶奶：

“奶奶，你说郑正弟弟还不从妈妈的肚子里出来啊？都好久好久了，弟弟是不是不愿意到我们家来？”

方三姑伸出一根手指，放在了自己的嘴唇边，她紧张地向自己的孙女悄声说道：“可不能瞎说，弟弟怎么会不愿意到我们家来呢？我们全家人都眼巴巴地等着弟弟睡醒了，出来跟我们玩呢。”

方三姑边说边往外走，方卫东从屋里追了出来，他站在方三姑面前，好像又变成了一个围着妈妈转的孩子，用近乎讨好的口吻说道：

“妈妈，你看今天天色还这么早，我也在家闲待了这么久了，身上都要长出草来了，芳儿长这么大，我还没有好好带她出去玩过呢，今天的任务我晚点完成，我先出去休息一会儿啦！”

说完，不等方三姑回答就牵着女儿走了，他在大门时还不忘了叫上白池的两个弟弟妹妹：

“走，白果、白丹，你们也出去走走，陪芳儿出去玩玩。”

那时候，哥哥白果刚从童年的岁月里跨出来，变成了一个十三岁的少年，妹妹白丹仍处在十岁的童年时光。他们刚刚从村里的小学毕业，和许多的同龄的孩子一样，他们即将被打磨、被定型，一往无前地成为他们父辈以及祖祖辈辈那样的山里人。

兄妹俩应了一声好，就顺从地从屋里走了出来，由于寄人篱下，开始懂事的兄妹俩像是被人驯服的山羊一样，越长大就越乖巧。

这一天傍晚，方卫东走在盘龙村的黄泥马路上，那时山里的模样和五年前没有任何区别，山里的人也和五年前一样几乎没有变化。村民们像以往无数个夜晚一样，无所事事地站在屋门外面闲聊，出现在他们眼前的方卫东，就是五年来他们时常用到的聊天材料之一。那时候，方家在盘龙村也显现出他们外来人的孤立来，从方三姑跟村里人大闹了一场之后，本是一家的盘龙村村民们就有了一致的愤怒和感慨，在一次次带有煽动色彩的集体讨论中，方家变成了盘龙村村民们的同仇敌忾。五年下来，他们一边谈论也一边遗忘，可方家似乎总有新的事情在他们眼皮子底下开端。于是，随着时间的推移，盘龙村村民们谈论起方卫东的时候，就像蟒蛇换上了一层新的蛇皮，他们也变换了讨论的主题。在这样长盛不衰、推陈出新的讨论中，方卫东作为一个笑话的形象在人们心中越发清晰。

方卫东不知道那个时候，他再也不能生育的消息已经在盘龙村里不胫而走，这对于一向粗野蛮壮的盘龙村村民们来说简直是个天大的笑话，是所有男人共以为耻的事情。盘龙村里有守寡的，有一辈子光棍的，也有瞎眼的，有口吃的、智障的、缺胳膊少腿各种残疾的，可村里没有一个人惊奇或者讥讽过他们的缺陷。倒是方卫东，一个原本健全而性欲蓬勃的人，突然确切无疑地失去了生育能力，也许还丢失了他作为男人的一项重要能力，这让盘龙村村民们不禁联想到自家阉割了的猪、狗和公鸡，从而又忍不住去推测，五年前“张瓦匠”怒火中烧的那个晚上，除了殴打了方卫东之外，还在他身上动了怎样泄愤的恶毒手脚。

方卫东重新走上盘龙村的黄泥马路上时，他在人们的口中几乎已经被传唱成了一只阉掉的公鸡，所有人都对此感到十分鄙视。于是，当方卫东再次从人们面前走过时，他们惊奇而嘲笑的目光，好像是看见了一头刚从马肚子里掉出来的血淋淋的骡子一般，上下打量着方卫东；接着他们又仿佛闻到了杂种的味道，听到了杂种的声音似的，一个个交头接耳、窃窃私语，在方卫东背后指指点点，嘴角还挂着神秘莫测的笑。

方卫东看到这个场景时，像是被人当场泼了一脸的开水一般面红耳赤。他忽然显得慌张无比，虽然不知道人们具体在议论什么，但当他看到人们的眼神，就像是做了贼似的变得十分心虚了。但他的心虚和慌张不是拔腿就跑，而是放慢了脚步，做出一副闲庭信步、欣赏风景似的样子。白果和白丹在方卫东背后的表情显得十分疑惑，而幼小的方芳则扯着她父亲的衣角，走路的样子显得十分踉跄……

当方卫东拖着一串小孩终于走出了人们的视野，白果和白丹兄妹俩看见他们的姐夫猛然暴走起来，像是一台突然加足了马力的发动机，一路从暴走奔向了冲刺。在那个秋天凉爽的傍晚，这个已过而立之年的男人像冻坏了一般抱着自己的肩膀，他的女儿就在他胸膛和臂膀的夹缝里，看上去多么相依为命，幼小的方芳却在她父亲怀里烦躁无比地哇哇大哭。

看着方卫东马达般发动的背影，白果、白丹兄妹俩首先是不明就里地一顿狂追，不下数百米就偃旗息鼓了，因为他们早已对速度惊人的方卫东望尘莫及。终于喘匀了气的白果脸上出现了十分复杂的表情，他望着方卫东的背影时是愕然，转头看向白丹时又满脸茫然，最后他愤然地说道：

"姐夫这是怎么了？喊也喊不应了，他不是又要跑到茅草丛里去吧?！"

白丹抬起头看着哥哥，轻声嘟哝道："张一雷他妈妈都不在村里了，姐夫去那儿干吗？再说他还抱着芳儿呢。"不知为何，在孩子们心中，方卫东出现在茅草丛中的形象已经和"野嫂嫂"紧紧联系在一起。紧接着，白丹又作出了另外的猜想，她说道："他会不会是突然发作什么病了？"

白果拧着眉头，紧张地回答道："这也有可能，姐夫像瘟鸡一样病恹恹的都有好些日子了！不过，为了姐姐，以防万一，我们还是得到茅草丛里去看看。"

兄妹俩自作多情地寻找并没有取得成功，他们到达山下时旷野中空无一人，只有秋夜的风推动着一大片白茅草像波浪似的涌动，知了和虫子的鸣叫像是飞扬的蜜蜂一样，在草丛上方高低起伏。他们也没在路上看见方卫东落荒而逃的身影，却在即将行至方家的路口看见了一对熟悉的背影，夜色四合，他们像是生长在污水里的两根水草，形影模糊地互相推搡着，彼此趔趄着。白果、白丹兄妹俩心中想起了却不敢确定是谁，直到前面两兄弟干架的声音传到了兄妹俩的耳朵里，他们才确定这是雷兄弟俩。

张一雷呼哧呼哧地嚷道："我操你妈！"

张二雷也不甘示弱："操我妈就是操你妈！"

张一雷接着骂道："我操你祖宗！"张一雷接着骂道。

张二雷再一次堵住命门和要害："操我祖宗就是操你祖宗！"

张一雷爆发了："我操你堂客！"

张二雷甚至有些得意了，他轻松活脱地解释道："一雷，你知道的，我还没有堂客。"

……

当白果、白丹兄妹俩站在了一雷、二雷面前时，兄弟俩才结束了这场毫不解气的吵架。白果站在雷兄弟俩面前，不知道从什么时候开始他们已经高出了自己大半截，下巴和嘴巴上面还长出了一圈毛茸茸的胡子。五年前一起玩耍时，他们的个头分明是相差无几的呀。五年之后再相见，白果像是不认识雷兄弟俩了似的，说出的第一句话显示出了他巨大的疑惑和惊讶：

“一雷、二雷，你们俩多大了？”

雷兄弟俩互相看了看，眉飞色舞地回答道：“我们满了十六了，快十七了，你呢？”五年后再相见，雷兄弟俩显然很高兴。

白果伤心地嘟哝道：“可我也有十三岁了呀！”

白丹插嘴道：“你们俩为么子要打架啊？”

张一雷解释这个问题时，已经有了十足的大人的模样，他说道：“张二雷注定是一辈子没出息了，一心只想在这山里待着，我说让他明天跟我一起出去，他死活都不肯，我是不想理他了！”

张二雷显然是一副不想搭理他哥哥的样子，他向白果驴唇不对马嘴地问道：“张一雷是一个自以为是的人，我待在这里是为了等人，我懒得跟他说话了，对了，你们怎么不和你们姐夫一起回去啊？”

白果看看白丹，白丹看看白果，他们几乎是异口同声地说：“你们刚刚看见我姐夫了？”

雷兄弟俩异口同声地回答道：“是呀！”

“么子时候？”

“就刚刚呀！”

“刚刚？”白果和白丹兄妹俩放目四望，不见方卫东的踪迹。

“哦——有一会儿了，我们之前正打着架呢，他就来了，来的时候眼泪汪汪的，跟我们说了几句话，又眼泪汪汪地走了，他不会有什么事吧？”张一雷关心道。

“哦，那我们得赶紧回去看看。”白果告别道。

张一雷张开了手臂，拦住了两人的去路，他说：“搞么子咯?！还没说上几句话你们就要走了，这山里边无聊死了，你们跟我们玩一会儿吧！”

说完，张一雷、张二雷拿出了土匪帮老大的气势，一把勾搭住了白果、白丹兄妹俩的肩膀，四个人勾成了一条群山般起伏的波浪线，他们声势浩大地并肩向前走去。张一雷像阅兵式的领队般发号施令：

“立正！稍息！再立正！听口号！齐步走！”

浩浩荡荡的一队人马齐步走不到百米远，就到了雷兄弟俩的家门口，荒废了五年的木房子大门黑黢黢地敞开着，准确来说是空着，没有了大门的门框像委顿了一般斑驳枯朽地秃着，秋天夜晚的穿堂风过呼呼作响，老房子的木门像是一个老太太的豁嘴，牙床委顿，口齿不清地喘着粗气。

张一雷有礼貌地向白果招呼道：

“兄台，有幸得您厚爱光临寒舍，进门小叙如何？”

同时又将目光转向了白丹，亲切地招呼道：

“妹台呢？意下如何？”

盘龙村小学里有一个唯一的老师姓吴，在学生们的印象里，他们的吴老师几乎跟他们学校的木房子一样老。如今老到一定岁数，吴老师越发有旧社会的习气了，爱文绉绉地，像老秀才那么说话。而张一雷现在像是被他附了体，说话时满口老校长的强调，满脸老秀才的表情。

白果和白丹兄妹俩惊得一跳，十岁的白丹吓坏了似的张开嘴久久未曾合上，白果则蹦到了半米开外上下打量着张一雷，像是突然不认识了，良久过后才啧啧赞叹道：

“哎呀，你这是打哪里学的呀？吓坏我了！”

白丹也予以附加说明：“我觉得你太像我们吴老师了。”

张一雷很满意白丹的类比，突然就觉得自己像吴老师一样有地位有文化了，很长时间他都沉浸在一种怡然自得的心境中难以自拔。他看着自己老太太豁嘴般敞开的大门，眉开眼笑。

张二雷显然要清醒得多，他向白果、白丹兄妹俩解释道吴老师和张一雷之间的关系，以及张一雷脸上如此、腔调如此的由来，他略带喟叹地说道：

“说起张一雷为么子和吴老师这么像，是有很深的原因的。”说到“很深”二字时，张二雷拿出了自己的食指直往下指，让白果、白丹兄妹俩的目光直跟着他的方向钻到了地底，好像能从土壤中挖出一条蚯蚓似的。

白果猛然抬起头来问道：“难道张一雷是老校长生的？”

三个人顿时脸都黑了，面面相觑。张家大门里吹来黑黢黢的风，三个人像孤魂野鬼似的茫然。

张一雷在一旁幡然醒悟了，他惊讶道：“我怎么不知道?!”

三个人一齐回过头看向张一雷，在黑暗中眼睛都直了。

张一雷明显感觉气氛不对，他抓了抓后脑勺，不好意思地解释道：“我的意思是，不知道你们在说些么子。”

待到白果、白丹兄妹俩将情况说明、逻辑理清之时，张一雷开始了自己的解说，配合上张二雷的旁白，兄弟俩五年来的生活境况终于被呈现了出来。

五年前，在那个仲春时节下雨的黄昏，雷兄弟俩的父亲将他们的母亲打得奄奄一息，在众目睽睽之下，像扔破烂拖把一样把他们的母亲拖出了盘龙村，从此便音信全无地消失了。而这个“惊天地泣鬼神”的悲剧的遗留产物——雷兄弟俩却没有持续很久的凄凉。张一雷、张二雷作为孤儿般的存在，很快就引起了张姓家族长辈们的重视，张家人和村里的别的人家又不一样，他们有些还住在山里，有些却散落在山外，张家人从山里山外聚集到了一起，在一阵七嘴八舌、七颠八倒的讨论后终于各回各家了，唯独一个叫张静姝的女人默默留下了雷兄弟俩家的地址，算起来这个女人是雷兄弟俩三代以内的表姨。

张静姝出现在雷兄弟俩面前时惊若天人，用张一雷的话来说就是“美得跟锅里洁白的荷包蛋似的”。这个“荷包蛋”似的女人有着一副异常温柔的嗓音，她说：“我是你们的表姨，你们的爸爸是我的表哥，我叫张静姝，静姝姨带你们回我家去好不好？我小时候也跟我外婆在盘龙村住过的，可是现在我住在山外面的一个小镇上，我住的那个小镇叫河滩镇，跨过盘龙山到另一边的山脚下就是河滩镇了，今天，我来接你们出去，所以你们要多收拾点东西跟我走才行。”就这样雷兄弟俩开心地跟去了河滩镇，一路上像喝醉了酒一般摇摇晃晃，美得没边了。

不仅雷兄弟俩，见过张静姝的人们都折服于她的美丽，人们都说她三十岁出头的人了，却永远长着一张十八岁的面孔。和她精致的面孔一样，张静姝还有一个同样雅致的爱好：写诗。她特别喜欢写诗，她写过现实主义、唯美主义、浪漫主义、意象主义、具体主义、表现主义各种诗。雷兄弟俩看过张静姝写的诗，他们不知道这诗的意思，但纸上的一笔一画都像春天的柳枝条一样优雅地舒展着，只是偶尔在第二天清楚的时候，张静姝写的诗总会有那么几个字虚肿而乏力地浮在纸上，像是刚从水里捞上来似的酥软而潮湿。当最后一次，这种潮湿终于蔓延到整张纸上的时候，张静姝五年以来，终于第一次向雷兄弟俩表示了疲惫，她说自己像是感冒了，建议雷兄弟俩先回自己家，过几天她来盘龙村接他们。

“一入侯门深似海，一写就是二十年。”

张一雷扶着自己的脑袋，无限伤感地模仿道。他那凄楚的深情，好似一个孱弱的、病体纤纤的女子。

“我表姨她总是说一些这样的话，她还有一些又瘦又白的朋友，他们也是这么说话的，我之前那句话就是从她北京来的朋友那里学的，他年纪大但是对静姝姨很好。”

张一雷不无骄傲地说道。这时白果兄妹俩才明白，张一雷满嘴的吴老师腔调、满脸的吴老师表情并不是遗传于老校长，而是来自于一个同样文绉绉的男人的影响。

在接下来宁静的秋夜里，张一雷像星星闪烁一样，双眼放光地说了很多话，他说起了山外繁华的街道，那冰糖葫芦一般鲜亮的灯光，他说起了张静姝的美丽和她细腻而温和的朋友们，他们的眉目神情就像是一碗刚出锅的白木耳甜粥，温暖而高贵。

“总之，那里的东西是盘龙村从来就没有过的。”张一雷总结道。

黑暗中，旁听的三个孩子听见了说话者吸进口水的“嗞啦”一声，张一雷被自己美妙的想象馋得口水直流。

白果、白丹兄妹俩发出了“嘿嘿”的嬉笑，相比张一雷夸张外放的性格，同胞兄弟张二雷则腼腆得多，他低下头也“扑哧”一声笑了。张一雷更加兴高采烈了，他自鸣得意地说道：“你们不知道，我静姝姨她还有一个好听的称呼，她的邻居们单独跟我说话时，都喜欢笑着这么称呼她。”

白果、白丹兄妹俩简直要认为张静姝是一个人见人爱的仙女了，他们向张一雷投去了好奇又赞赏的眼神。

张一雷和张二雷异口同声地说道：“他们都称呼静姝姨为——老——处——女。”

十四

相对于雷兄弟俩对“老处女”的盲目曲解，第二天，方家也陷入了前所未有的迷惘和焦虑。

那是中秋节的前一个晚上，盘龙村到处都飘散着稻子抽浆香甜而青涩的味道，搅动着村民们的饥肠辘辘。他们像梦游似的来到了盘龙村的大街小径上，贪婪地扇动着鼻翼，他们集体抬起头来看着天上蛋黄似的月亮，不住地咽着口水，恨不能把天上的月亮摘下来吃了。

蛋黄似的月亮流淌出蛋清似的月光，它们缓缓地流淌进千家万户，却在方家砖屋的大门前吃了闭门羹，于是它们偷偷攀上了砖屋的窗枢，看见人间一种微妙的情境在上演：

方三姑坐在方卫东夫妻俩的卧房里，她显然是刚作完某些交代，方卫东低着头像做错了事情的孩子，白池也是低头，抠指甲。方三姑牵起方芳的手，走出东屋之前还慈爱地在方卫东脑袋上拍了拍，随后，她像对待一双洞房花烛的新婚夫妇般轻轻微笑，像对待春宵一刻的洞房般轻轻关上了门。

“备受关怀”的白池感受到了难言的痛苦，五年下来，方三姑一次又一次的催促确实让白池感觉压力巨大。尽管如此，她还是像所有年轻的女人那样，极富天真和幻想，她向方卫东说道：

“那我们开始吧！妈说了今天要是成了的话肯定生男孩，你再试一试，没准能行的。”

白池深吸一口气，脱下了自己的衣服，这显然是她对丈夫的迁就和耐心。

“够了你！你怎么就这么听我妈的话?！她说的话就是圣旨啦?！”方卫东低声吼道。白池惊讶，这是方卫东第一次表示出对他的母亲方三姑的不满。

方卫东的怒火更旺了，他把苗头指向了白池：

“还有你！太把自己值钱了吧?！你以为你绚得住我？你知道我为什么不行吗？因为你让我起不来那个兴趣！”

方卫东几乎是咬牙切齿地啐出了这句话，他看着自己的堂客白池，像是斜睨地上一摊腥臭的恶痰。

白池也火了，急火攻心。她声泪俱下地控诉道：

“我让你起不来兴趣?！那谁能？那个贱货女人吗？你是不是心里还惦记着她?！”

方卫东从凳子上一跃而起，指着白池的鼻子骂道：“你他妈的成心找架吵是不是?！”

白池随手抓起一个枕头扔向了方卫东，她哭喊道：

“你个没良心的，这么长时间了竟然还忘不了那个贱女人，你的心还收不回！还要说我不如那个下三烂的女人，你算是个男人吗?！”

方卫东低声吼道：“你他妈的别嚷嚷了！待会我妈该听见了！”

白池仍止不住地伤心大哭，方卫东终于像战败了的公鸡一般躺在了床上，他抬起手来摸了摸白池的脸蛋，近乎哀求地说道：

“白池，以前是我不对，你别再提了好吗？别哭了，别让我妈妈听见，求你。”

这一夜，方卫东和白池并肩而睡，同床异梦。他们各自漠视着对方的肉体。这一夜，白池陷入了深深的自我怀疑和自卑之中，人说因爱生性，自从那次被殴打了之后，方卫东再没有对自己有过亢奋而成功的情欲，是不是因为不爱了？在另一个女人的美丽和多情之下，白池相形见绌，也就不能够再勾起方卫东蓬勃的情欲了？如果让丈夫再回到“野嫂嫂”身边，他会不会重现爱的生机与热情？如果是这样，白池情愿放逐方卫东去揭晓答案……这样惶恐却决绝的猜想，让白池进入了一个可怖的噩梦。

像噩梦一般，第二天一早，方卫东一去不复返地消失了。一觉醒来的白池原以为方卫东去外面干活了，让时间心安理得地流淌了一上午，下午时仍不见这个男人的踪影，白池满腹疑虑了，她像日落时刻唤孩子回家吃饭的母亲一样大喊大叫了，她在屋里屋外、村头村尾大声呼喊，她向盘龙村的男女老少、各色人等反复询问，仍旧一无所获。整整一个下午，白池的呼喊声一直响着，像是一片强烈阳光里的尘埃那样乱飞，整个盘龙村因此而显得十分混乱。只有盘龙村山顶上的太阳，仍是事不关己地自顾自地膨胀，谁都能看出它的摇摇欲坠，唯独太阳它不明白自己的日薄西山。

就是那个日薄西山的黄昏，盘龙村村民们看见白池东奔西跑的身影像剪影似的出现在巨大的落日里，那时候他们也会不禁感慨这个年轻堂客的身材十分姣好，她站在通红的落日里就跟奔月的嫦娥似的，那时候，就连空气中飘着的牛粪味道也显得十分诗意，充满了草野芬芳。但相比于这个微不足道的发现，方卫东离家出走的消息显然更加震撼和紧急，那个对不起母亲和妻儿的男人竟然还要离家出走，这让盘龙村村民们对方卫东的鄙视又加深了一层。但当白池在盘龙村大喊大叫的时候，这一群善良的山里人还是伸出了援手，他们开始像白池一样大喊大叫着方卫东的名字。在那一天，村庄里的所有人都听到了他们头顶上的大山，对一个男人悠长而急切的呼喊。

也是在那个黄昏，落日行将下山的时候，白池灵光一闪，径直去了方卫东和“野嫂嫂”曾苟合过的地方——那片长出白茅草丛的荒地。她每往荒地走一步都在心中敲响一锤重鼓，她在心中暗自笃定，要么同样的人在同样的地方干了同样的事情，要么剩下的那个回到了原地，像野狗撒了尿回到原地去嗅尿骚一般，方卫东也跑到曾经和“野嫂嫂”苟合过的地方怀旧去了。虽说时光直往前走，可人的生活会重复，记忆会轮回，五年前的八月，不正是他们打得如火如荼的时候吗？

越是这么想，白池就越是坚定了自己的判断，她在通向村庄荒地的路上愤愤难平，悲从中来，还不禁泪水涟涟。可她的委屈愤恨最终是无处发泄的——荒地里空无一人，大片的白茅草丛在风中自由地晃动，叽叽喳喳的麻雀在草丛中用心地挑选虫子。没有方卫东也没有“野嫂嫂”，远处有开垦荒地的浓烟升起，白池在心中涌起无以名状的伤感，那比被背叛更让人难受，那是落空是颓丧，一切都在意料之外，措手不及，无计可施。

白池站在草丛前，放眼四望，火红的晚霞下青山似黛，草木繁茂，连那远处的缕缕青烟都显出了流光溢彩的妖娆。白池看着自然界这艳丽的景象，眼里却是灰雾茫茫、烟瘴重重。

怅然若失了一下午的白池离开了荒地，走向了怅然若失的方三姑。方三姑坐在砖屋院子里，院子里有一大片碎玻璃碴子绽开了花，一条竹凳瘸了腿依偎在一个箢箕旁，这只箢箕已经被重伤出一个碗口大的窟窿，一只少了杯把的瓷水杯躺在碎玻璃里，裂开的口子里流淌出股股液体。液体气若游丝地向高大的躺椅爬去，终于挨到了躺椅的脚跟，躺椅的脚跟却并不和液体有何沾染，它在忠诚地护卫着它的主人——方三姑躺在竹椅上，她的双手像是盘结在岩石上的树根那样，紧紧地抓着椅子扶手，嘴里还呼呼喘着粗气，一张脸红得像是黎明时分要从地底下钻出来的太阳。

白池看着这一地破碎，垂首站到躺椅旁，沉重而疲惫地说道：

“妈，他可能已经不在村里了。”

“不可能！么子叫不在村里了？”方三姑甩出一个眼神，恶狠狠地向白池扔去质问的话，还没等白池作出回答，她又吼道：

“他是谁？他是我儿子！他要出门怎么可能不跟我说？”

方三姑吼，沙哑的声音像是被狗撕了的衣服那样变形。她并不为方卫东离开盘龙村而愤怒，不能接受的是不辞而别，不辞而别也不是方三姑心慌的唯一理由，她慌张的是三十年来她第一次不知道自己的儿子在想些什么。面对儿子的第一次不辞而别，她难以置信，就像月亮难以相信潮水会脱离它的引力——可江河湖海自有它的另一种澎湃。

白池低声说道：“妈，你相信吧，我问遍了村里的所有人，他们今天都没有见过他，连早起挑粪的人都没看见他，我今天把村里大大小小的角落都找了，他不在村里了，那最大的可能是么子？——他在昨半夜的时候就走出了盘龙村。”

“好呀！半夜走的?！一个男人半夜从你床上跑了你会不知道？你蓄意的吧?！巴不得我儿子离开我吧?！”方三姑恶狠狠地盯着白池，好像眸子里要喷出血来，仿佛眼睛里要射出箭来。她的咄咄逼人，好像是儿媳赶走了她唯一的儿子似的。

“妈，我没有……你知道的，他离开你也就是离开了我，再说，他还是方芳她爹，我们娘俩还靠着他呢。”白池避开了方三姑的目光，为难地解释道。

终于，方三姑垂下头，像战败的公鸡一样丧气，她长吁一口气，昂起头像是吩咐白池，又像是给自己交代一般说道：

“那我们等他回来吧，他还是个不懂事的孩子，有我在，他走不了多远就会回来的，晚上他还得回来吃饭，最多不超过明后两天。”

尽管方三姑这么说着，但无疑她心中的焦躁不安和白池并无二致。她们在那个下午，共同经历了一段难熬的时光，白池的难熬是躁动不安的，无论是在灶台旁、洗衣板前，还是守着妹子方芳，她都会突然魔怔了似的冲到大门口使劲张望，白果和白丹兄妹俩常常在背后看着他们的姐姐，他们姐姐像是上了发条一样在大门和东屋之间无数次穿梭，兄妹俩想，这一个下午下来，姐姐白池所走的步伐也够得上从村里走到山外去了。与白池截然相反，方三姑的难熬却是一动不动，她端坐在自己的西屋底下，从日头高照到日落西沉，从吃饭到睡觉，从屋前人来人往到看不见屋前是否有人来往。方三姑坐在那里一动不动，西屋的房门仍是紧闭，她的眼里一样无动于衷，可看不见的东西在风起云涌。

直到晚上，那时中秋时节的月亮讨巧地出现了。方三姑、白池、白果、白丹、方芳端坐在桌前时，一切都呈现出为此佳节而准备齐全的样子。两个大人没有说话，也没有表情和动作，她们看着那一桌子饭菜的样子，让白果想起了老师教的一个叫做“呆若木鸡”的成语。尽管白果和白丹兄妹俩都觉得这样的情况很像是他们经常玩的“木头人”时的情形，但是兄妹俩都没有笑，因为他们知道两个大人现在并不想看到他们嘻哈取乐，所以他们也尽量做出一副呆若木鸡的样子。这本是人们在等待时最基本的肃静状态，但当人们把等待的空洞的眼神停留在这一桌子菜上面时，这些菜肴也变得满是严肃和呆板，仿佛即将被奉上神坛一般庄重……

朦胧的月色之下，有一个朦胧的身影从窗台下闪过，白池和方三姑像是受惊了似的打了一个激灵，拉长了脖子，侧着耳朵，瞪大了眼睛，像是两条半夜里听见声响的狗，随时准备扑腾出去，自家被叩响的大门，就是这两条狗行动的指令。她们焦急而殷切地等待着这一声指令，却亲眼看见另外两个微驼的身影接走了那个朦胧的身影。一个女人骂骂咧咧却又喜不自禁：

“燕妹子，你个死不听话的！早让人给你捎了消息，今天中秋赶早回，你倒好！这么晚才回！这桌上的菜等一天都凉了，而且你看看这大晚上黑不溜秋的，你个妹子家，万一有个闪失呢?！”

老态的男声附和道:“你妈这辈子没说过么子好话，但这话是——真——在——理！”

作为母亲的女人继续说道:“燕妹子,跟你说过多少次了,进山来要搭两个伴,一个人叫死客,两个人叫孤客,三个人叫行客,你在外面就要提前找好进山的伴呀！”

被称作燕妹子的女人说道:“妈妈,你这是老封建迷信,你从来没出去看过,都不知道外面是什么样子!你这一套讲出去是要让人笑掉大牙的!再说了,我一个人都走了好几回了,怎么也没见死掉呀！”

母亲呵斥道:“呸呸呸！你个乌鸦嘴,死不死的也能随便说吗？”

燕子撒娇道:“妈,放心吧,我进来没那么危险呢,昨天进来的时候是别人踩单车送进来的,坐了一天单车,晚上在山上亭子里睡了一晚,走了一天路,没累着也没遇着危险。你们再别多说了,要是不买个单车我下次都不想回了,你们要有这工夫帮我提提手上的东西吧！瞧,两斤牛肉,半斤奶糖,还有几斤花生呢！”

“哎呀,刚出去工作两年就这么浪费了！你还没成家呢。”

“……”

朦胧的身影所带来的声音渐渐远去,直至完全消失。就在这时,白池像突然醒将过来似的,听到了来自远远近近、大大小小、此起彼伏的各种声音,他们在张罗着谁“吃呀”“尝呀”,好像他们村里的人很久都没有吃过饭了。当然,白池心里知道,村里人都吃着各自的团圆呢——家家户户说团圆——最为突出的是女人的念叨——“你怎么才回来呀？”

直到夜阑人静,砖屋里的三个孩子都因大人们的呆板和无聊睡了过去,方三姑和白池依旧在等,当一切声息都消融在夜色中,只剩下厅屋里的烛光在她们脸上疲惫地跳跃,方三姑和白池才互相给了对方一个眼神,提醒对方打起精神、保持警惕。在寂静无声的等待中她们渐渐变得敏感,路边狗吠会让她们倚门张望,路人咳嗽会让她们屏息期待,连风声吹过都会使得她们支起耳朵……可是,这些声息都没给她们带来想要的结果,一切等待徒劳无果。在那个中秋夜晚,当时间如烛烟般消逝,两个女人在枯坐的姿态仿佛石化成了两尊时光的雕塑。

月殇风残,眼看着月色西沉,婆媳两人各自回屋。白池哄着幼小的方芳睡下,自己倚靠在东屋的床上,视线却徘徊在窗棂之外,借着幽暗的月光,白池不断地看向远方。她的目光犹如盘起来的一捆绳子,被满心的期待慢慢拉出去,一直拉到了马路的尽头。目光的起点是皎洁的月光,目光所及处流淌着如水的月光，连目光的尽头都是幽蓝的月色迷蒙。白池感到一种无所适从的茫然。

“姐夫怎么还没回来？”

一个迷迷糊糊的声音打断了白池的思绪，一回头，十岁的妹妹白丹已经站到了她的面前。

“丹儿，你怎么还没睡呢？”白池轻声问道。

“我睡着了的，又醒了，来看看你和芳儿睡没睡。”白丹也轻声回答道，渐入少年的她已经有了细腻的观察和体贴。

“嗯，方芳睡着了呢，你也去睡吧。”白池说话间，朝枕头边的方芳努了努嘴。

白丹认真地点了点头，若有所思地说道：

“姐姐，你在等姐夫吗？姐夫不会丢的，你放心点，早睡吧。”

白池感觉心头一阵温暖，自家的妹妹就是体贴，她微笑着说道：

“嗯，可能你姐夫要过一会儿才能回来吧，可能他也像你和哥哥一样贪玩。”

白丹点点头，赞同地说道：

“我觉得姐夫很有可能是贪玩去了，他最喜欢去张一雷他们家玩了，应该一会儿就会回来的，要是没回来，我明天帮你问问，就问一雷和二雷。”

经白丹这么一说，白池眼底下像是看见了方卫东进了张家门似的，立马从床上直起身来，神色慌张地问道：“方卫东在张一雷家？他躲起来了?！”

白丹被姐姐的反应吓了一跳，瞪大了眼睛说道：

“我不知道姐夫躲起来没有，但是前天姐夫找过张一雷和张二雷。”

“找他们干么子?！”

“我不大清楚……”白丹嘟哝道。

“你姐夫是不是……”白池声音哆嗦地问道：“他问了张一雷的妈妈？他问张一雷的妈妈去哪儿了？”

“好像是的……”

在那个中秋月圆之夜，白丹看见了如水的月光在白池眼里晃动，她的眉头像是要打架一般直往一块拧，她的手指也像打架似的互相抓挠。

姐姐的眼睛里盛满了月光，也就看不见自己，听不到自己的声音了，白丹这样想着的时候，便走出了东屋。她捎带上门的时候，东屋里响起了压抑的声音：

“你这是把我的心往油锅里扔呐！”

那样疼痛的声音，像是白池被门夹住了手似的，让白丹吓得一激灵，忍不住回头去检查东屋的房门，门缝里是不是夹着谁的手……

十五

白池第二天去“张瓦匠”家的时候，看到了一个异常美丽的女人，为了她那动人心魄的美丽，白池有些惊讶，有些惶惑，几乎要紧张得摩拳擦掌。

“张瓦匠”家“豁嘴”的大门里站着一个女人，女人在白池眼中投下一个背影，年轻、颀长的背影。女人穿着蓝色棉布衣裳，一头齐脖短发蓬松松地搭在脑袋上，从远处看去就像是扣着一个老熟的黑色莲蓬，她那两个平坦的肩膀像是书页一样展开着。

白池像看着一本翻开的书页般望着这个女人，她心中存着一个疑问：这女人是谁呢？这是“张瓦匠”新领进家门的堂客？那真是活生生一朵鲜花插在牛粪上。当白池想到“鲜花”这个名词的时候，她不禁对照着那女人的背影估量起自己的身材，她掐了掐自己的腰，摸了摸绑在后脑勺的头发，看了看身着的蓝色的棉布衣裳，她甚至像做了坏事情似的，低着眼睛四处张望，确定周围没人之后，白池把手伸进了蓝布衣裳掂了掂自己的乳房。当触到那种厚实挺拔的感觉，白池满意地笑了。

随即，一个危险的信号从白池脑海中闪过：这个美丽高贵、气质优雅的女人难道是“野嫂嫂”？五年过去她有了如此大的变化？简直是脱胎换骨的变化呀。想到这儿，白池有些恐慌了——当一个被自己视为敌人和对手的女人变得比自己出色，那是多么可怕的威胁。这种令人不安的想法让白池恨不能立刻插上翅膀，飞落到那个女人面前。白池的“翅膀”就是她的语言，她冲着那个女人的背影招呼：

“前面那个女同志！”

女人转过身来的时候，白池就怨恼起自己，她的怨恼使她的脸上突然绽放了笑容，她抱怨自己：

“嘿，我怎么这个都想不到呢？一只抱鸡婆还变得了凤凰不成？”

她指的是这个“凤凰”似的女人不是“野嫂嫂”，“野嫂嫂”充其量只算得上个“抱鸡婆”的货色，再怎么乔装打扮也不能脱胎换骨，飞上枝头变凤凰。而这样的结果让白池感到很满意和踏实。

但是，很快白池就意识到，前面那个女人并没有听到自己的喊话——她的眼神并没有看向自己这边，她转过身来只是因为雷兄弟俩正向她走过来。

雷兄弟俩走向那个女人时低头颔首的样子，像是两匹被驯服了的野马，顺从而羞涩地走向了他们的主人。雷兄弟俩走到她跟前，亲切地招呼道：“静姝姨！”

女人微微颔首，她说话的时候就像春天刮的风那么温柔：

“都收拾好了吗？本来昨天就想来接你们回去过中秋的，静姝姨临时有个事情，就给耽误了，不好意思。”

十六岁的张一雷目不转睛地看着那个名叫“静姝”的女人，他看她时傻笑的神情，仿佛在做着一个无比美妙的梦。当张一雷几乎要嘿嘿笑出声时，白池看见他嘴边流出了一长串唾沫。

只有张二雷还清醒着，他难过地向四周望了望，仿佛怅然若失。白池站在盘龙村纯净的阳光下，向张二雷招招手，张二雷拉了拉张一雷的胳膊肘，雷兄弟俩便像听见了铃铛声的小羊羔一般跑到了白池面前。

白池摸摸雷兄弟俩的脑袋，问道：“卫东叔到你们家来过吗？昨天。”

兄弟俩一致地摇了摇头。

白池又问：“你们妈妈这几天回过家？”

兄弟俩又重影似的摇了摇头。

“卫东叔叔前天到找过你们？”

张一雷回答道：“对！那时候我们刚从外面回来一个星期。”说完便幸福地回过头，看向他们身后的静姝姨。

“那卫东叔找到你们，都问了些么子？”白池问话时攀住了张一雷转向身后的肩膀，似乎想用目光将他捆住。

张一雷被白池的目光“捆绑了”，他扭捏地动了动身子，回答道：

“卫东叔叔问了我们很多，问了我妈我爸，还有我和张二雷，总之，他把我们全家都问了。”

白池紧张了，眉头紧锁，几乎要质问了：“你妈怎么了？你爸又怎么了？”

“我不太确定，我也不知道他们在哪儿，我希望我妈妈还活着，我爸爸没有打死她。”张一雷伤心地说道。

“傻瓜，你妈妈当然还活着啊，而且肯定还活得好好的，你爸爸怎么会让你们没有妈妈呢？”被称呼为“静姝姨”的女人插嘴道：“至于你们的爸爸嘛，他现在也活得好好的，他在外面给人做瓦匠，还给我写过信寄过钱呢，他说让我先照顾着你们，再过些时候，你们就可以从静姝姨那儿搬走跟爸爸住了。”

静姝说这话时，对着孩子们和颜悦色地笑，话到了雷兄弟俩的耳朵里，他们却只剩下一脸黑，好像眼前是一片茫茫的夜，他们不能相信如果有一天他们回到父亲身边，会有阳光灿烂或者星光闪烁的日子。

张静姝说完，又有礼貌地转向白池询问道：

“同志，你好，我是一雷和二雷的表姨，我叫张静姝，我和他们的爸爸是表亲，请问你是要找他们兄弟俩？还是找他们爸爸妈妈？”

白池在农村没见过这样的礼貌，虽然感觉很亲切，但还是不好意思地低下了头，她小声说道：

“也没么子事，我们家发生了点小事，需要向张家问点情况。”

说话的时候，她显然有些慌张，不是急于找出丈夫方卫东出走的原因和下落，而是因为不知道自己该拿出何种态度——对面这个女人是“野嫂嫂”的亲戚，之前“野嫂嫂”偷人偷到自家来也就算了，权当自家的一条狗在外面偷了荤腥吃，终究是回来了。可如今，自家男人竟平白消失了，十有八九又是着了“野嫂嫂”的道，实在是退无可退、忍无可忍。在村里，到了这样的境况下，女人是很应该大闹一场的，这闹不是冲着家里的男人闹，而是冲着外面的破鞋闹，而且要闹得人仰马翻、众所周知，让破鞋挂不住脸，凡是和破鞋沾亲带故的都要挂不住脸。这是盘龙村的堂客们历来就有的本事，就像一条狗生下来就会咬人一样，她们一遇着这样的事就会本能地那么去做。

白池心里也有火气想要发泄，可她没有那种本事，她甚至一想到自己大闹时的场景会是么子样子，就禁不住受惊吓。再看看眼前这个礼貌而文雅的女人，那样慈眉善目，这是一个多么不适合争吵与谩骂的女人，看着张静姝关切的眼神，白池甚至觉得自己已经辱骂了她。白池因而十分紧张。她在紧张中听到了张静姝温柔的回答：

“请问您的事情方便跟我说吗？我下次见到一雷爸爸或者妈妈，告诉他们好吗？或者，我让他们下次回来的时候找你？”

白池像是怕被人看见心虚，连忙摆手道：“不用了！不用了！”摆完手似乎又有些犹豫，她继续说道：“我主要是……”话没说完，白池低下头去，脸上有了难过的神情。

张静姝似乎觉察到了么子，她突然折回去问了一个她刚开始就该问的问题：

“哦……那你是？你主要是想找张家的大人吧？”

她看着对面这个更为年轻的女人，看见她与年龄不相符的落寞，她觉得她背后一定充满了苦难，这是一个受尽苦难的人。就像她对雷兄弟俩的理解一样——可怜、可惜。于是张静姝和白池交谈时的表情，几乎和初次见到雷兄弟俩一样动容。

“哦……”白池继续支吾道，“我是她的邻居，我是有一些家事需要处理，主要是找一雷妈处理……”

张静姝不无关切地问道：“那你能说说你找她么子事吗？我会尽量帮你打听他们妈妈的下落，帮你把话带过去。”

白池猛然抬起头，恳切而激动地说道：

“你别管我找她干么子，我找她有十分要紧的事情，我必须找到她！我有十分要紧的理由！”

白池越说越激动，她几乎将原因脱口而出了，因为我男人也不见了，他抛下了我们，很可能是跟“野嫂嫂”在一起了。可是，多丢人呀。想到这，白池像做错了事一般低下了头……

“好的，无论么子事情最终都会解决的，你不要过于担心，我正准备带着俩孩子去我那呢，希望回家能帮你问到他们妈妈的消息。”

张静姝带着“张瓦匠”家的俩孩子离开盘龙村的那个下午，盘龙村村民们看见了一个稀罕家伙，前后两个轮子，上面坐着一个人，这个人后面还可以坐一个人，他们像耍杂技似的夹着两个轮子飞跑。人们看着那女人夹着轮子，她的身后时而坐着张一雷，时而坐着张二雷，总之是一个坐着，一个追着跑，不断替换，看着看着，有人津津乐道了：

“这东西我见过，叫单车，五年前我送我们家老二在外面上学时就见过了！”

“说实话，这个单车在外面虽然好骑，在我们那条山路上就不太好骑了，不过话又说回来了，我们单凭双脚走出去要个三四天的，骑单车就不一样了，多则两天，少则一天。”

那个下午，盘龙村民们都津津乐道着这个名叫单车的东西，只有白池似乎忘了时间，静姝和雷兄弟俩走后，白池仍久久站在原地，张家“豁嘴”的大门前摊着她被拉长了的身影。白池努力拉长着自己的思绪，让回忆放缓——从方卫东向雷兄弟俩了解情况，到他从盘龙村如水蒸发般地消失，她的生活发生了怎样措手不及的变化？自家男人的这一举动，意味着抛弃？逃避？就像自从母亲张草去世之后，白池开始相信人死前都会有预示一样，她也在记忆中翻找出有关方卫东的片段，一遍遍地梳理、放大，企图结论。像牛背铁犁耕地一般，记忆的土壤被一遍遍翻新，白池努力着，更深层的土地便暴露着敞开来，铁犁在地表耕耘，像锋利的刀片从皮肉上划过，白的肌肤下翻出红的肉，每一寸血管，每一根肌肉纤维都清晰可见，可仍然还原不了生活的本来面目，也找不到事情发生之前的任何蛛丝马迹。白池用力地拉动着记忆的铁犁，过去的日子像皮肤下鲜血淋漓的肌肉一般被翻出，可她还嫌剜得不够深——她要看到表层之下的东西——血管、静脉，连着神经与大脑。

白池站在秋天明亮的日光里，像午夜梦回一般浮想联翩了，记忆一遍遍被牛耕般翻新，可过往的生活像是突然被暴雨冲刷了一般，没有哪一处不是光秃秃的空缺与苍白，连插在地里的犁铧都显得落寞与茫然。那个秋日下午的阳光特别强烈也尤为纯净，盘龙村村民们成批成批地赶到了马路上，他们着急忙慌地跑着，好像集体提着裤子奔向茅房似的，他们气喘吁吁地跑着，路过"张瓦匠"家门口时，听到了白池作为一个女人站在那，发出了黄牛耕地一般"呼哧呼哧"的声响。

"呼哧呼哧"的声响搭配上人群奔跑"呼啦呼啦"的声音，盘龙村的黄泥马路上上演着一幅"热气腾腾"的画面，犹如烈日炎炎的酷暑，一切加快蒸发。他们听见了，他们感觉到了，他们也被惊讶到了，但是他们顾不上自己的声响，更顾不上去白池的身旁寻找那头"耕牛"，他们急呀，他们急急忙忙、慌慌张张、莽莽撞撞，犹如冲锋上阵一般铆足了劲头，一条黄泥马路被他们跑得尘土飞扬。在漫天飞舞中，他们像看见了"敌方军队"一般刹住了脚步，他们神情凝固地等待着、张望着，白池从思绪中抽离出来的时候，看见黄泥马路上成群的盘龙村村民，他们集体仰望着天空，好像要接天上掉下来的馅饼似的集体大张着嘴，大张的嘴里有惊讶、有不安、有兴奋，当然也有即将垂涎而下的口水。

突然，白池感觉脚下一阵晃动，地上的碎石子在脚边一阵乱跳，在这样的晃动中她眼见着一个小孩的口水被震出来口腔，趵突泉似的汩汩而下，慌乱中，白池忍不住擦了擦自己的嘴角。就在人们几乎要发出地震前慌张的呐喊时，"震感"消失了，一道闪电似的亮光从盘龙山顶射出，紧接着，一片尘土和飞沙形成的巨大蘑菇云升腾而起，升腾而起的蘑菇云带走了大山的灵魂似的，尘土飞扬中，巨大的轰隆声滚滚而来，人们遥遥地看见，盘龙村最东边的那座山，在人们的眼前裂作了两半，轰然坍塌。滚滚的灰尘朝人们铺天盖地地碾来，盘龙村民们惶恐不及地捂住了眼睛，逃亡似的转身疯跑，"坍塌"的气味放肆极了，它们像长了手似的攀住了人们的肩膀，挡在了人们跟前，飞扬的尘土带着一股刺鼻的气味窜进了人们的鼻孔，一股“战争现场”的硝烟味呛得盘龙村村民们眼泪直流……

十六

“愚公炸山了！”

八月十六日那天下午，也就是方卫东从盘龙村消失的第二天，人们还没来得及充分讨论方卫东悄然消失的事实，山外来人炸山采石的消息便在盘龙村村民中炸开了锅！整整一天，这则消息就像当天下午在盘龙村纷扬的尘土一样，在人们口中乱飞着。直到第二天，盘龙村村民们的嘴上仍像狗嘴里叼着骨头一样衔着这句话：

“愚公炸山了！”

他们被这则前所未有的消息惊骇着、刺激着、催促着反复感慨，讨论空前热烈。人们又被这种空前的盛况所鼓舞、所感动、所激发，更投入地参与到了大众的讨论，讨论更加热烈。一时间，人们口中关于“愚公炸山”的讨论像油锅里的气泡一样，热烈滚烫、急速沸腾。

与此同时，村里稍微年长一点的人都集体回忆起了最近一次的开山事件，也就是村里现在通往山外的那条道路——那是三十多年前的时候，这座处在大山深处的小村庄，渐渐有了出去读书的孩子、外出卖力的青壮年，只靠人的双脚双手像猴子一般在山上爬行，长此以往肯定是不行的，村里人也自然而然地想到了在山上修路，便挨家挨户地筹钱、喊劳动力，便热火朝天地修起了路，盘龙村村民们像集体拉纤绳的汉子似的，唱着山歌，喊着劳动号子，一喊就是两个月加一年——盘龙村村民们修路找到了村里东南角上的山为突破口，因为那座山相对而言比较矮，而且看不出有许多山峰重叠在背后的样子，可是两个月后，人们才看到隐藏在这座山后面的许多山脉，它们像一棵千年大树的树根那样，在地表悠长地延绵着。那时候，关于“要不要把马路修出去”的争论一度让工程陷入了瘫痪，开山难度摆在那儿，钱更是个问题，但是修路不就是要直达外界吗？不把这群山开一个口子冲出去，以前的工夫不都白费了吗？——一咬牙一跺脚，两个月后盘龙村村民们又埋头开了工，他们差人爬山出去买来了黑火药，一寸一寸地在大山上开出豁口，准确说来盘龙村处在南方丘陵地带，盘龙村村民们“推倒大山”的壮举，其实质只是在盘龙山脉的连绵起伏的分支上截出了一排小口子，可对于盘龙村村民们来说这又确实是一段“人定胜天”的励志经历，是老去的一代人可以拿来当故事讲的英雄时代……

当人们再次回忆起三十多年前开山的共同经历,村里的老汉就像回忆青春那样,不由得唱起了当年的劳动号子:

深山有宝深山埋,打开山门把路开。
铁锤打石硬对硬,锄头挖土排队排。
一层肉茧一栈路,自古前途修出来。
……

“愚公炸山”的讨论越演越烈,盘龙村村民们都像亲眼看见了天塌了似的表情夸张、声调夸张、言语夸张。亲眼看见了“山崩”的人神经兮兮地跟没看见的人描绘了山崩,听说了“山崩”故事的人又添油加醋,跟没听见过此事的人描绘了山崩。临到末了,“山崩”像“雷公发怒”似的拥有了摧毁一切的力量和某种神谕的色彩。

她说:“首先我不知道那个是炸山啊!一道闪电下来我还以为谁遭雷劈了呢!后面看看周围谁也没死,反而都在地上弹跳,最要命的是那声儿,直接左耳朵扎进去右耳朵冲出来,比我家那口子第一次插进去还受劲!”

他说:“那个山啊,哗的一下就碎成了两瓣,塌在那儿软绵绵的,软得跟女人的那两瓣东西似的!”

她问他:“他们说炸山的人叫么子去了?雷公还是愚公?是镇上铁铺里打铁的雷公?还是天上降雷的雷公?他凭么子来炸咱们的山?”

他问她:“愚公是不是那个在挖太行山的?不对呀!他不是早死了吗?他不是在山西吗?怎么挖山挖到我们盘龙村来了?”

她跟他说:“早年我就听我妈说人不能做坏事,做了是要遭雷劈的,你看如今报应来了吧!别以为你跟七蛮子他堂客的事儿我不知道!那话怎么说的?人在做——天在看,我看这雷公是专程来劈你的!”

他跟她说:“我就不明白了,石头还没迸到你身上呢,你瞎叫么子呢?最主要的是你往王麻子身上蹭么子?看他一辈子打光棍你想给他补上去是吧?!你把那地儿当他家木架子床了是吧?!还边震边叫呢!”

……

眼看着这场关于“愚公移山”的讨论已然升级成了家庭纷争,盘龙村各处开始响起了锅啊盆啊等各种器皿的声音,脆的响声和闷的响声此起彼伏,那几天的盘龙村听上去就像是一个打铁铺子。在这个“打铁铺子”还没演变成“屠宰场”

的时候，一个特殊人物乐呵呵地站到了盘龙村村民们面前——龙根红，盘龙村最后一个“世袭”的村支书，他十年前去世的父亲是村里的老支书，如今年近五十的他早已举家搬迁到了山外的河滩镇上。在70年代末的盘龙村村民们还不知道么子叫工厂的时候，他已经率先培养了一个职务为厂长的儿子。

距离龙根红上次回盘龙村已有三个月的时间，他来不及跟他的村民们嘘寒问暖，他的讲话是开门见山的：

“同志们，相信昨天你们都看见地动山摇了，都感觉到地动山摇了，今天我要告诉大家的好消息就是：谁动了咱们的地？谁摇了咱们的山?！”

听到这里，群众的心情拧巴了，有人胆敢动我们的地，还胆敢摇我们的山，怎么会是好消息呢？龙根红怎么能笑着说这话呢？他应该喷火啊，点燃同志们一致对外的决心和士气！但村支书龙根红分明是在笑啊，他春风得意喜不自禁地笑，村民们摸不着头脑了，他们带着哭笑不得的拧巴表情继续听他们的村支书说道：

“今天我们迎来了外面来的各位同志，这三位是他们中的代表，我们掌声欢迎！就是他们动了咱的地！摇了咱的山！而我要说的好消息就是：他们正筹备在咱们盘龙村兴建一个水泥厂，工厂地址预计就建立在那座炸掉的大山上面！为了加快工业建设，也为了振兴我们村的经济，提高大家的生活水平，水泥厂建成之后，将会在我们村里招收大批青壮年为厂内职工！同志们、乡亲们，这是给我们盘龙村造福啊，我们很快就都会从农民变成工厂职工了！”

村支书龙根红话音刚落，人群中随即传来了一个男人的喊话，他用的是盘龙村村民们罕闻的普通话：

“各位乡亲！今年我们在盘龙村兴办水泥厂，对于我们几个人来说也是大姑娘上轿——头一回！不熟悉不熟练必定有很多弯路要走，还请各位乡亲多多海涵！跟我们一起努力！”

说着便有三个灰头土脸的汉子站到了人们面前——他们出现在盘龙村村民们眼前的时候，村民们普遍受到了惊吓，旋即又不怀好意地笑了，他们窃窃私语、哼哼嗤嗤地捂着嘴偷笑——怎么会有人把王八龟壳戴在头上呢？还戴得有模有样的。人群中立刻又才华横溢者大发感慨了，他偷偷指着一个汉子从“龟壳”下露出来的头发说道：

“哦，奇妙的龟毛！”

村支书龙根红很快就明白了人群骚动的原因，他清了清嗓子说道：

“同志们！瞧瞧人家外面的同志多重视，帽子都带来了，你们知道帽子意味着么子吗？——摘了帽子就表示致敬，戴上帽子就显得正式，是吧？张同志？老李同志？小李同志？这帽子是这么个意思吧？”龙根红向他们提问时，第一次用上了生硬无比的普通话。

听到龙根红殷切地提问，三个同志灰头土脸地笑了笑，他们回答道：“安全，安全起见，这个是用柳条编织的安全帽，在爆破的环境里，在工地上都是必需品。”

这一解释人们更可乐了，他们感觉村支书和外面来的人对话非常好笑，就跟说相声似的，盘龙村村民们都乐了，聚集的人群也汇聚了丰富的笑声，他们嘿嘿哈哈呵呵嗤嗤咯咯地笑，也有一两个村民的鼻子笑出了猪的声音。站在人群最前面的村民也对着外面来的人欢快地笑，外面来的人也回报给他们满脸掉灰的笑……

村支书觉得场面有点失控，便加大了嗓门，拉长了声调，充满激动抒情道：

“乡亲们，你们知道张同志、李同志都是怎么说咱的山的吗？——你们不知道，我告诉你们——这三位同志说我们的山是资源丰富的，是拥有精气神的，是屹立不倒的！你们看见了眼前那座屹立不倒的，不！——是坍塌了的，不！——是被我们推平了的山吗？”

说到那座被炸了的山的时候，龙根红为了引领人们的视线，把手指向了那座山的方向，可因为他一连换了三个形容词，手指便重复地指了三次。

显然是有些尴尬了，龙根红像拿住了一个小偷似的，用另一只手捏住了自己指出去的手指，他捏着自己的手继续说道：

“现在，那座炸开的山下正有数十人在劳动，他们在采石，你们知道他们是怎么采石的吗？——你们不知道，我来告诉你们——他们不仅靠人力，他们还有机器，他们有一台拖——拉——机！一台拖拉机抵得上多少人的力量啊！”说到“一台拖拉机”的时候，龙根红表情夸张地举起了自己的食指，他的食指随着他说话的节奏不停抖动，好像这根食指指向的是一万两黄金似的，让盘龙村的广大群众跟着他的食指把头点得像鸡啄米。可接下来，龙根红用上了更为夸张的表情、更为颤抖的手指，说了一句更吓人的话：

“除了人和拖拉机，他们还有更好的东西：一——台——挖——掘机！这台铲车还有一个很有寓意的名字，叫愚公号！水泥厂的名字就是愚——公——水——泥——厂！”

话音刚落，人们集体发出了一声响亮的唏嘘声，成百上千的人们集体张开着嘴巴，像是看到了么子不可思议、惊世骇俗的东西，让水泥厂的几个员工不禁抓耳挠腮、左顾右盼了。他们不知道村里人终于知道了——愚公是谁。

十七

就在盘龙村村民们感慨着，像是吐出一个大烟圈般长时间地嘘出一口气，仿佛恍然大悟，终于知道了愚公本人是何来历、为何而来的时候，在方家砖屋里，一件和大局毫无关联的事情发生了：沉默的方三姑走向沉默的白池，她不再满脸愤怒、情绪暴躁。在此之前，方家砖屋里已经闹哄哄地上演了许多难堪的事情——方三姑已摔坏了院子里的五条凳子、八个杯子和一担箢箕，吓得五岁多的方芳连哭了九天，连着七天不曾跟白池说过一句话。

而现在，这个情绪稳定的方三姑做出了行动：她背上了一个布包，穿戴整齐地从西屋里走出来，走向了院子里的白池，又路过了白池，面无表情走向了砖屋大门，她没有看白池看她的眼神，也没有回答白池问她的话。她面无表情地跨过大门的门槛，面无表情地走了几百米远，在某一处才停下说道：

“我出门了，去找方卫东，过个七八天就回来，只提醒一句，别进我的屋，你们好自为之。”

在此之前，白池看着婆婆背着包袱走出了院子，便跟着跑出去追出了一箭之地，当她好不容易追上去拉住了方三姑的手，她看见婆婆头也不回地甩开了自己的手，她听见她的婆婆对自己交代好自为之。最后看见婆婆方三姑决绝地走向了那条通往山外的路。

在那个秋日的午后，方三姑义无反顾地踏上了那条通往山外的小路，距离上次她从这条路走进来整整过去三十一年，三十一年前她背井离乡，背了衣服和财物，肚子里揣着作为胎儿的方卫东，三十一年后她再一次背井离乡，去寻找离家出走的方卫东，只带了几身衣服，相比三十一年前，她多了几缕白发。

白池一路上都默默地跟着方三姑，因为不知道说些么子，她难过得低下了头，她看见方三姑的影子背着一个背包的影子，有点不知所措，这个影子便像是一条绳索似的捆住她，拉着她如影随形。直到她听见方芳在她背后哇哇大哭，又像是被另一根绳子拉住了似的，慢慢停下了脚步，她看见方芳被白果抱着朝她跑来，这情形使她十分难过，她为着方芳的哭喊而十分难过，却回过头去向方三姑喊道：

“妈，我们回去好吗？您一个人出去我不放心，等哄好了芳儿我去找他，您在家好吗？”

白池的呼喊像是石子扔偏了池塘，在别处起了波澜，方三姑没有回头，她脚下的马路边却探出了一排排脑袋——白池的脚下是黄泥马路，黄泥马路的下边是一块块豆腐似的水田，马路高出水田有半个人那么高。那时候，盘龙村的许多村民都在水田里撅着屁股为秋收作最后准备，他们都不禁抬起头来，不知所以地睁着双眼，想弄明白砖屋里的婆媳俩在上演哪一出。

所有人都对白池的这句话作出了反应，只有方三姑没有，她的背影是义无反顾的。白池看着婆婆方三姑义无反顾的背影，突然觉得十分委屈，两个眼窝里立马涌满了泪水，像是两个装满水的大水缸。盘龙村所有翻修水田的人都抬起脸呆疑地注视着她，他们看见她愁苦的面容，却没能看清她含泪的双眼，他们没看见她的双眼就像两只大水缸一样倒映着方三姑的身影：方三姑走在那条通往山外的小路上，她不时抬起头来看看天上的太阳，又不时地抬起手来擦擦额头上的汗水，好像壮士出征，仿佛归心似箭。

方三姑走出了家门，走向了盘龙村的东南角，直至她走上了那条通往山外的小道，消失在那条路的第一个山坡上。她路过了盘龙村的许许多多农户家舍，也路过了一块块豆腐似的水田，这一路上都有无数双眼睛注目在侧，他们先是看见，然后又好奇地看着，再是双目圆睁，最后目瞪口呆，眼睁睁地看着方三姑走下了山坡，消失在他们的视野中。

这时，白池也跟着走到了村口，她怀里抱着一个细伢子，身后还跟着俩半大孩子。几个扛着锄头，或者挑着野味，或者牵着黄牛的村民从山上下来，正纳闷着方三姑这开天辟地头一回是走去哪儿呢，没走多远就看见白池在呆站着，这让他们感觉他们的纳闷有了开解的希望。以前，他们不知道方卫东去哪儿了，更奇怪的是什么致使方卫东要从大山里边走出去，他们好奇且关心，会向白池询问方卫东的去向：

“你男人呢？”

这次他们明明亲眼看见了方三姑，和往常无数次看到并没有么子不同，只是这一次，他们看见方三姑的地点是在那条通往山外的小道上，这时，他们便有了同样的关心和好奇，他们不解地向白池问道：

“你婆婆呢？”

盘龙村村民们这才发现，在“愚公炸山”这个抓人眼球的事件背后，他们村庄里还有别的事情已经发生了巨大的变化，三十一年前，方三姑带着她肚里的孩子走进了这个小山村，三十一年下来，人们几乎忘记了她们是外来的，三十一年过后，方卫东不知为何撇下他的母亲走出了小山村。可这个家到底发生了什么呢？

充满疑问与感慨的盘龙村村民们，纷纷向白池走去，他们像过问自己家的事情一样，对白池提出了自己的问题。但那个时候的白池显然也不知道如何向村民们回答，或者说是交代。她痴痴地看着远方的小道，第一个人来问她，白池没有回答，第三十二个人问她也没有回答，她的女儿在一边仰着脸扯她娘的衣角。一个个问话的人没被理睬，没有影响下一拨人表达他们对此事的关心，一拨拨又一拨拨问话的人都没被理睬。但是他们都看见了白池眼中的泪水就像星光那样，长久地闪烁着。

没有被理睬的盘龙村村民们非但没有各自回家，反而像是沙漠里吹来的风在陆地上堆起来一堆沙子似的，一批批一拨拨的人聚在了一起。那时，善于集思广益的盘龙村村民们中有了这样的对话：

“方三姑这是出去找她儿子去了吧？”

“估计是，她就这么个儿子，说起来也是个苦命人，怎么受得了儿子悄不声地走了呢？”

“可归根到底方卫东为什么要走呢？”

“‘野嫂嫂’在外面？”

“可‘野嫂嫂’已经出去有五年了呀！他要出去追早该去追了呀！”

“那是方卫东他堂客给他么子气受了？”

“不可能啊，要让受气五年前就该让他受了呀！你没看到吗？男人走了，婆婆也走了，白池现在正哭呢！”

“那是不是其他么子人让方卫东受气了？”

“对，我们那天是不是……”

说到这里，盘龙村村民们不禁变得沉默，他们像做错事的孩子那样低下了头，他们一会儿抬起头来看看白池落寞的背影，一会儿又低下头去看看身边的人，显出一副不知如何是好的样子。田埂上，不知是谁突然唱起了一句山歌，像是在水中扔下了一块大石头，便激起了一片滔天巨浪似的歌声：

唱歌耍

唱歌玩

刘玄德出身打草鞋

张飞杀猪打屠卖米酒

云长担起豆腐担子卖上街

哪个好汉不从苦边来

……

十八

对于连自行车都没见过几回的盘龙村村民们来说,拖拉机和铲车确实是挺惊人的玩意。方三姑走出盘龙村的第二天,盘龙村村民们来不及过多地转移注意力,便像赶去看大戏般成群结队向盘龙村东边那座塌山走去,走到塌山百米开外的地方他们就受不了了。锤子和凿子相击的声音,石头和石堆相撞的声音,铁皮和石子相擦的声音,老男人和小男人相骂的声音……它们刺刺啦啦、砰砰啪啪、哗哗咔咔混乱无比。这些被农业劳动“惯养”得耳朵娇气的盘龙村村民们,在这样混乱的声音入耳之时不禁皱了眉头,又忍不住去向四周张望,可在视觉上的一切却显得更为混乱:工地上尘土飞扬、沙石漫天、人影憧憧,好像一大群人打着一场不可开交的恶架,在漫天灰尘中裹成了一团又一团……

成群结队“上山”的人决定“下山”了,可没有看到“慕名已久”的拖拉机和铲车又实在不甘,他们派出了一个壮实男人,去往工地询问……

那个壮实男人回来之后,声调变得很高,嗓门粗大且略带沙哑,他对围在他身边的乡亲们喊道:“那地方太吵了,我问了好久才知道拖拉机在哪里!”

围在他身边的人们拍了拍自己的耳朵,像要倒出耳朵里的耳屎似的,他们不满地说道:“我们听得见,你声音小点!”

壮实男人又喊道:“我小点声,把情况告诉你们,拖拉机和卡车还没进来,他们说这机器大着呢,从东南边那条小路进不来,愚公水泥厂正在扩宽那条路呢,扩个两三个月卡车和拖拉机就能进来了。”

围在汉子周围的人们都不禁往后退了退, 又撇着嘴摸了摸自己的耳朵,与此同时,人们转过脸去便望见盘龙村东南角的那条小道上,扬起了一团团毛茸茸的灰尘,朦胧中还能看见有许多人影,像抢食的鱼群一样在山坡上攒动,他们一个个都弯着腰,像是在地上捡金子似的,集体热火朝天地开拓着那条小路。

那个沙尘滚滚、人影攒动的下午注定是不寻常的,从那以后,盘龙村村民们的生活开始发生了地动山摇的变化。多年以后,经历了这一改变的村民回忆这段时光，有人说它像日出一样闪闪发亮，有人说它像龙卷风一样让人晕眩。但是谁也不能否定那是一个新的起点，从那以后他们的盘龙村和生活都变得截然不同，于是他们几乎异口同声地感慨道：

“从那时候起，我们的生活就慢慢变好了，可是大家也要费点脑筋生活了。”

这样的感慨是恰如其分的，几乎在两年之内，盘龙村村民们像是河塘里的蛤蟆崽子一般完成了适应环境的全部变化。首先变化的是人们的眼睛和视野，山外的那一拨子工人来到的时候，正值大山里的秋收季节，直到第三年春耕时节，愚公水泥厂才在一片乒乒乓乓的嘈杂声中，像一个渐渐长大的婴儿一般，从盘龙村的大地上站立起来。相比于以往无数个天空湛蓝或者阳光灿烂的日子，那两年多的盘龙村看上去就像受了委屈一样灰蒙蒙，到处飘荡着张牙舞爪的灰尘。盘龙村村民们站在盘龙山脚下，看着东边如打铁铺子一般热火朝天的工地，不知道他们为么子这么亢奋？以至于盘龙村原本寂静而古老的山都震颤不已了。一阵灰色的毛茸茸的风吹来，他们眨巴眨巴了眼睛，陷入了长久的迷茫……

接着“进化”的是村民们的耳朵，从水泥厂开始动工的那个秋天开始，盘龙村的声音就变得复杂了，鸡鸣狗吠、人声鼎沸，石头碰撞和山体倒塌有着同样的轰隆声，像是某个病入膏肓的人喉咙里卡着一口吐不出的恶痰。盘龙村村民们起初觉得，自己生活在这个行将病死的人多痰的肺部里，他们几乎要破口大骂，但又想起前些日子村支书交代的：这是工业起步的特殊时期，且一切都在摸索之中，“刚出生的小孩”做得不好，我们“做父母”的要多包涵。集体“当了父母”的盘龙村村民们只得拿出父母的心态，忽略耳朵的“委屈”，大度地原谅了这个“特殊时期”。当他们再次听到这个病人吐不出痰的“呜噜呜噜”的声音时，他们只是皱皱眉头，吐出一口浓痰。

最后变得异常的是他们的嘴巴。工人们来到村里的第三年，愚公水泥厂正式建成，那时候，村民们的春季秧苗刚刚插到田里，眼看盘龙村的稻田都将变成一片绿油油的颜色，村民们纷纷从自家水田里走出来，这个季度里的劳动告一段落。可就在一夜之间，盘龙山下的几亩水田都像洗过了砚台似的变得乌黑，田埂也跟遭过马蹄似的崩塌了，刚刚插到田里的秧苗病怏怏地低下了头，就连“李秃头”在水田里偷偷养的几条田鱼也翻了白肚，而污水还在从盘龙山水泥厂缓缓流出……看到这个场景的“李秃头”恨不能怒发冲冠了，他站在水田里破口大骂、暴跳如雷，把翻了白肚的鱼激得“活蹦乱跳”了。盘龙村山下的其他几户田主听到了“李秃头”暴躁的咒骂，立马明白了怎么回事，他们同仇敌忾、人多势众卫东不愿意回来了？方三姑陪他住到了外面去了？还是两个人在山外出了意外？我要不要明天带上方芳和弟弟妹妹出去找他们？或许再耐心一点，等到明天他们也许就会回来了……这一切设想都没有答案，当然也没有实现。

后来白池的眺望变成了一种纯粹的视觉体验，她会牵着自家的牛或者编织着一双草鞋，眼睛却看向那条山路上一团团的人们，那群工人忙碌的样子像是一群在热锅上的蚂蚁，他们也制造出了各种焦灼的声音。再往后来，白池对工人们的眺望也到了尽头，那是愚公水泥厂刚在盘龙村建成的时候，工人们对那条通往山外的小路的开拓还在如火如荼地进行着，他们已经修到了盘龙村村民们的视野之外。白池依旧每隔八天便等在那条路底下眺望着，她看见新修出来的山路十分悠长开阔，山路在大山上起伏的样子，让白池想起了村里那片飘荡的宽阔茅草丛。

白池最后一次在山路底下眺望，是在方三姑离开盘龙村的第三十三个月里。愚公水泥厂建成了，盘龙村村民们的青壮年男人们也都成为工厂里的正式工人，眼看着那条通往山外的路还没有拓宽出来，这使得愚公水泥厂里生产出来的水泥只能干堆在厂里，水泥像是牛栏里的牛粪一样越堆越多，生产一度陷入了瘫痪。那个夏天，刚刚成为水泥厂职工的村民们集体上到了山上，准备以“人多力量大”的真理再一次战胜困难。

白池站在山底下，看见一个个身着灰色工装的年轻汉子像上战场一般，扛着锄头和钢钎，拎着大锤，握着十字镐，拿着导火索和雷管，气势汹汹地向山上走去，还没走到真正的施工地点，他们的肩膀和脑袋上就落满了灰尘，他们的头发因此像极了一波波在风中摇晃的野草。那时候山脚下的眺望者就不再是白池一个人了，村里的男女老少都纷纷赶来目送这一浩大场面，他们就像是等待着丈夫归来的白池一样，仰着脑袋在那里看了整整一个下午，眼前像读书人的思路一样开阔的马路，使得他们心旷神怡，而且这感觉在往后的日子里显得旷日持久。

盘龙村的几百个男人都上到了山上，那时的盘龙山脉第一次发出了如此响亮的声音。炸药、雷管、导火索等使得山体破裂的声音、锤子凿子钢钎等使得石头破裂的声音，在那个下午像是滚滚而来的春雷一样在人们头顶炸响。但那个时候的盘龙村村民们已经不再害怕声音，要不是如海浪般翻滚的尘土让他们感到污浊与不适，这些人恨不能都爬上山去，领略一把开山的痛快。因被石子击中而受伤或者死去的鸟类也从人们头顶落了下来，它们或肥大或美丽的尸体被盘龙村村民们当做食物捡了起来，人们因此而感受到了人类天性中猎取动物的原始快乐。当几只野兔和野鸡鲜血淋漓地滚落到他们面前的时候，人们这种快乐更是达到了高潮，他们像是古时抢绣球的人们一般，在山脚下展开了快乐的哄抢。直到夜幕在天空中拉了下来，从山上下来的工人们也提着许多鸟类或者兔子，他们在黑夜中像散落在地的珠子一般，朝盘龙村的各个角落四散开去。

那天下午，白池的心中却产生了一种巨大的惶恐和担心，早些年住在大山里头的时候，她就听母亲讲过许多山神之类的故事，如今人们弄死了许多山里的活物，她觉得这是人们对大山的一种大不敬，大山里藏着神圣和精灵，总有一天，他们会对这一切动怒的。白池在回家的路上把这种想法说给了村里人听，许多人都笑话她太大惊小怪、疑神疑鬼了。他们在那时候像是教书先生一样，有理有据地跟白池说出了三条反对其观点的理由。其一，以前到山上打猎也能收获到许多鸟兽之类，这次通过炸药获得和以前通过火铳获得并没有什么区别，不算什么冒犯行为。其二，路都快要修出去了，还害怕什么神不神鬼不鬼的！村里人不再需要这山的庇护了，也不需要这山养活了，再过些日子，他们可以像到地里摘菜一样，到山外去取回他们需要的东西。其三，如果真的有神仙在山上住着，路都修出去这么老远了，怎么没从哪棵树下看见过神仙？也不见神仙们出来捍卫他们的家园？他们最后还像打赌似的对白池劝告道：

“白池嫂嫂啊，等过些时候这条山路完全开拓出来了，像‘李秃头’的脑袋一样光滑而坦荡地敞露在你面前，你就再也不会想象山里还住着什么神啊鬼啊之类的了！”

白池找不到理由来反驳他们，那时候她才明白并不是所有的山里人都畏惧他们眼前的这条山脉，对于大山的崇拜也只是个人的信仰罢了。而信仰与不信仰这个问题，是不能像大人分给孩子糖果一样，拿去给每个人分享的。那些信仰的东西也不是糖果，可以取来证明给人颜色味道和材料。于是，白池不再跟村民们讨论山神的问题，但人群之中，有一些赞同的目光和点头却默默向她投来，那些多是村里上了年纪的老人，他们和白池持有同样的担忧和见解。

那天夜里，白池的担忧很快得到了应验，山里果然有生灵发怒了。半夜里，一群狼的呼啸声在山上响起，声音碰撞在环抱的大山上像打在古时候衙门前的大鼓上，让所有盘龙村村民几乎在同一时刻惊醒，听到了来自山间可怕的回响。

第二天醒来的时候，盘龙村的男女老少都像是接到了通知似的，把这一天将要做的事情都暂时搁置在了一边，女人从猪栏边走了出来，男人出门时并没

二十

盘龙村人祭祀山神的那个晚上，在他们的回忆里就像地狱一般可怕。第二天太阳出来的时候，一切却显现出喜庆水的落石出的明亮来。

一大早，人们惊魂未定地从自家门里走出来的时候，老远就看见了愚公水泥厂的张厂长，他像是卖肉的小贩一样，身前摆了一个肉摊子，几个年轻的水泥厂工人像是给他打下手的学徒，在挥汗如雨地切割着摊子上的肉。盘龙村人不敢置信地擦了擦眼睛，不禁感到十分纳闷。水泥厂不能继续修路，这个厂长就要改行卖肉了？人们走近到张厂长身边时，才发现肉摊子像古时候女人的梳妆台那样，整齐地码放着死去的野猪、狸子、野兔和鸟类，两只狼的皮囊格外显眼。事情的真相更是让他们大吃一惊。

张厂长如今管着一个肉摊子是事实，但是这些肉都不是用来卖的，张厂长的身份依旧是张厂长，他带着这些肉来是送给乡亲们的。他在取得这些肉之前作了一些艰苦卓绝的努力。昨夜里，他和他厂里的工人们带着火铳和弓弩上了山，像远古时候那个射日的英雄后羿一样，箭无虚发地打下了许多野物。最先落到工人们脚下的是山上的鸟类，他们刚走到深山里的时候，那些鸟就探头探脑地飞到了人们跟前，然后在人们的火铳下惊慌失措地死去。再往山里走的时候，才出现了成群的野猪，在工人们的追逐下这群野猪像野马一般跑开，还是有三只野猪像豆荚里掉出的豆子一样，从奔跑的猪群里永远地倒下。野狼的出现着实把人们吓了一跳，尽管工人们早已料到狼群会在这个山上像山风一样游荡，但狼群发绿的眼睛在人们面前突然出现的时候还是让工人们惊慌不已，他们喊叫着扳动了火铳，一双发绿的狼眼睛就永远闭上了，狼群嚎叫着因此而四散开去，人们在那个时候紧张到了极点，他们端着火铳和弓弩一路追了出去，变形的叫喊声随着他们慌乱的脚步在四处飞扬。

这时，盘龙村人才明白昨夜里听到的狼嚎鬼叫、天雷滚滚、万马奔腾等声音是因何而来，他们忍不住破口大骂了，脸色也变得十分难看，纷纷向张厂长和他的工人们抱怨道自己所受的惊吓。

村民们对张厂长的抱怨和责怪非但没有让他恼怒，在大家的一片怨恼声中，张厂长的笑声显得格外突兀。村民们由此而震惊不已，他们一时间摸不着头脑了，只见张厂长像是乐坏了的弥勒佛一般笑了很久，他两鬓斑白的头发在夏日清晨的阳光下，闪烁着耀眼的光芒。直到张厂长哈哈大笑的嘴扁成了一条线，人们才听到张厂长正色道：

“乡亲们，你们说得好呀！刚刚说完的话，想必大家都还记得很清楚吧？你们说我和厂里的人没跟你们打商量就跑到了山上，你们说那个时候你们正在山下祭祀山神，你们说山上传来的声音把你们吓坏了。你们现在才知道是我们在捣鬼！你们很介意我们在山上捣鬼。好的，那么现在请问你们，昨天晚上你们听到狼嚎的声音时，在想些什么？”

盘龙村人还是有些摸不着头脑，有人顶嘴道：“张厂长，你说这些话应该戴一个安全帽呀！”

张厂长也是一头雾水，他抓着脑袋问道：“我戴不戴帽子这件事，跟我今天说话有什么关系？”

那人回嘴道：“那我们昨天在想些什么这件事，和你有什么关系？”

张厂长一时间说不出话来，人群中响起了一片哄笑声。张厂长显然是作好准备，有一番重要的话要说出来的，他清了清嗓子，说话的神情比刚才更为严肃了，他像“五四”时期在街头演讲的青年一般，慷慨激昂地接着自己的话头自问自答起来：

“乡亲们，我知道你们昨夜里在想些什么，你们在想山神动怒了，山里的野兽奉了山神的命令来警告我们了，你们都想好了再也不会在山上乱动了。但是，现在你们看看，我脚下摆的都是一些什么？就是昨晚嚎叫的那些动物，就是这些动物昨天把你们吓得魂飞魄散。你们现在还相信它们是奉了山神的命令吗？你们现在还相信它们的大吵大闹是某种兆头吗？你们再去问问我厂里的人，他们在昨晚上都看见了什么妖魔鬼怪吗？他们昨晚上把山里翻了个底朝天，是不是受到了什么鬼怪的惩罚？”

经过张厂长像老鼠拖崽一般的长串反问，盘龙村人纷纷低下了头颅，一副认错的样子。最后，张厂长适时地总结道：

“乡亲们，这个世界上从来就没有什么妖魔鬼怪，一切都是你们自己心里在作怪！你们在山里生活了这么多年，都没有真正见过这条山脉的庐山真面目，你们害怕它，你们敬畏它，那正是因为你们不了解它啊！我相信当有一天，你们看到这条山脉变得一马平川，一切都毫无保留地展现在你们面前的时候，你们就什么都不会怕了，你们到那个时候就会知道山只是座山，它里面没有住着神仙，动物也只是动物，它们的命运都是由人类来决定的。为了那一天尽早地到来，我们不仅要继续修路，还要尽早地修好！”

从日后盘龙村漫长的岁月来看，张厂长当时对村里人说的话是有效用的，这效用不是炸药扔进了水里，立即能浮上翻了白肚的鱼来。这效用是中药材泡在水里，而且是对症下药，一旦人们开始试着接受它，这效用就慢慢显现出来了。

盘龙村人在最初的时候，并没有因为张厂长的一席话就改变了多年以来的信仰，他们仍然相信山神的存在，一切仍然在他的掌握之中。张厂长的所作所为是为了证明神的不存在，盘龙村人并不信他，但是他却提供给了人们一个思路：对待任何事物，探究显然比猜测更能接近真相，如果想要向别人证明一个东西的存在，最好的办法就是找到他，并且公之于世。于是，从那时候起，盘龙村人就开始了对神的验证和寻找。他们在那个夏天的清晨，集体分割了张厂长的肉摊子就是一个很好的例证。所有人都怀着试试看的态度，从摊子上分走了一些肉，猜测着会不会得到山神的报复。事实上，这些肉吃到人们肚子里面之后，不仅没有所谓的山神前来报复，还让人们对山里的美食有了进一步的向往。

人们以吃肉作为对山神的验证，这场实验的结果不知是该定义为成功还是失败，村里人不知道自己应该开心还是难过。因为山里人希望自己的信仰是正确的，但同时，他们又希望自己不要受到山神的惩罚。毕竟他们做了信仰的叛徒，他们背叛的是山神，也是他们自己。于是，他们只好心怀不安地等待着下次，下次有机会他们还要进行试探，也许山神的力量会在下一次显现，山神最终还是会惩罚这些放肆的山里人的。然而，验证和寻找的本身就是怀疑，盘龙村人在不知不觉中就开始动摇了。张厂长的努力在无形之中得到胜利。

张厂长赢得胜利的另一个表现是，愚公水泥厂在第二天就开始了新一轮的修路，那时没有山里人前来阻挠，也没有野兽在山上嚎叫，神的力量在那个夏天像大雪后的脚印一般无迹可寻。盘龙村村民开始静观其变，也开始议论纷纷，各种议论像春天开出的花朵一样纷繁而杂乱，有人借着山神危言耸听，有人为水泥厂摇旗呐喊，也有人反复推理又不置可否。但相同的是，村民们的眼神都一致望向了山外面来的那群人，他们眼巴巴地等待着这群无知无畏的山外人，会在某一天受到山神的惩罚，他们眼巴巴地期待着这群无知无畏的山外人，会在某一天把山路修到山外去。

但是，当所有人都把目光投向水泥厂，嘴里还纷飞着各种猜测的时候，村里只有一个人做起了其他的事情——愚公水泥厂的工人再一次修建山路吸引了所有人的目光，也就是村民们对山神是否存在的这个问题进行的间接求证，求证来自于张厂长的启发。白池也从张厂长那里受到了启发，但她心中所想和村里所有人都不同。

从前，白池信仰山神，到如今，张厂长也没能改变这一点。但从那时开始，白池对山神的信仰就搁置到了一边。村里人都看到张厂长在盘龙炸了一座山，打了一群野兽，修了一段山路，这个五十多岁的男人做的一切，看上去都像一个无知而不懂事的细伢子所为。村里人曾经用“初生牛犊不怕虎”来夸赞他，也有人曾经用“老虎变猪娘——又蠢又恶”来辱骂他。总之，张厂长和那群山外人，在村民们眼中的无知形象是确切无疑的，人们不得而知的只是“无知”会导致的后果。白池却在心中拿出张厂长和村里人做起了对比，山里人不敢冒犯想象中的山神，张厂长却在盘龙山一次次兴工动土，好像是妖怪在水里兴风作浪。村里人没能证明山神的存在也没能证明一切是“山神在动怒”，张厂长却跑到山上找来了所有“动怒”的动物，动摇了山里人的信仰……白池心中由此却长出了很多的问题：

这一切行为的背后到底是因为张厂长的无知，还是因为他知识丰富？一个人之所以那么勇敢，是因为他什么都看不见，还是因为他比所有人都看得长远透彻？一个人能做出与众不同的事，是因为他脑子里有东西在支配，还是因为他的手脚恰好伸到了不一样的地方？

二十一

当白池终于弄明白了这些道理，时间已经到了这一年的秋天。那时，方三姑离开盘龙村已有整整三十六个月，方卫东离开盘龙村三十六个月零七天。白果长到了十六岁，白丹长到了十三岁了，他们即将被打磨、被定型成上一辈那样的山里人。方芳也快九岁了，长出了一副盘龙村人少有的白净模样，白池匆匆向而立之年走去。

盘龙村扩修的山路眼看着就要像春天的树枝一般，伸到山外。盘龙村村民们也渐渐从那群山外人身上收回了目光，他们等待“山神”发怒的希望变得微乎其微，人们像转变了航向的轮船一样，彻底改变了期待的方向，他们热烈地期待山路大开，热烈地期待走出大山，热烈地期待他们能早一天在山里山外互相穿行，就像奔腾的溪流一样自由而流畅。当这一切期待即将成为现实的时候，他们反而变得从容了。男人们自发走上了修路的工地，他们像战争胜利后的皇帝一样，优雅而缓慢地向将军的庆功晚宴赴去。女人伸了伸懒腰，在秋天午后的阳光下，走向了自家的田埂。放牧和狩猎的人大摇大摆地向山上走去，山涧和熟透了的野果一样，从山上哗哗地掉落……一幕幕秋收、放牧、狩猎的场景在盘龙村纷繁地撒下，这个秋天看上去就如同“愚公”没到山里来之前一样宁静而祥和。

妇人们在田埂里嬉笑和咒骂，和男人干着一样辛苦的活计，放牧和狩猎的人在山上唱着各自的山歌，悠扬的曲调像云朵那样在天空中飘荡。不知从什么时候起，原本污浊的空气也变得澄澈，秋天的风在工业区和农业区之间自由穿行，居民区的空气中还带着稻谷熟透的气味。秋天的稻田是金黄色，天空是湛蓝色，溪水和山涧都是闪闪发亮的，远山上却斑斓出其他的色彩来，绿色要变深了，黄色即将褪落，红色正如火如荼……一切都显现出油画般的光彩来。

这些都让盘龙村人心旷神怡，他们从稻田里抬起头来，转眼间，却发现了白池的异常。人们眼里的白池，在每个早晨和正午时的表现和所有村里女人并没有区别，一样地埋头在金黄的稻田里，汗水洒落的速度如同她们手下的镰刀一样飞快。可每当黄昏落到了山下，这个年近三十的女人就会散发出少女甚至儿童时期的光彩来，她会比其他女人早一步走出稻田，回到家中把自己整理干净，然后就着黄昏时日落的光，或者夜晚屋内的电灯，在朗朗的读书声或者通宵达旦的阅读中，彻底显示出她有别于人的异常来。

很多次，白池当时在人们面前的形象，总是伴着一方蓝格子头巾或者一本书出现，白池带着蓝色方格子头巾时在白天收割稻谷的时候，村里部分年轻女人也有这个习惯，因此她们并不以白池的这一举动为奇，只是忍不住多去看一两眼她变得白净的脸庞，让人回忆起她刚嫁到方家砖屋里的模样。白池捧着书的时候大多是在黄昏和夜晚，夜晚里只有经过砖屋的人能听到她读书的声音，黄昏时人们却能看到她读书的模样，她双手捧着白果或者方芳的小学课本，像班上领读的好学生一样，大声而嘹亮地端着书本范读，紧接着又脱离开书本进行第二遍默读，好像重新返回到少年读书时。

盘龙村人看到白池突然念起书来，不禁觉得是癞蛤蟆长毛——奇了怪！他们都忍不住向白池发问道：“卫东嫂嫂，你这是干吗呢？把一本小学生的书读得哇哇叫！”

白池在那时会显现出害羞的神色，她红着脸回答道：“屋里的细伢子快长大了，想让他们多学点东西。”

盘龙村人觉得白池说的话十分没道理，就像她的行为一样古怪而糊涂。人们都知道细伢子得学点东西，白池家的细伢子也应该读书，可是白池明明是自己读着书，伢子们都在瞎跑瞎玩一副完全不受影响的样子，她还偏偏要说是为了让孩子们学东西，这不明摆着是杂草地里的甘蔗——荒唐吗？于是，盘龙村人纷纷好心地对白池劝告道：

“卫东嫂嫂，你把红薯种在水里它怎么能够长出藤蔓？你把牛屎淋在鸡身上，它怎么会长出肉来？你要真想让细伢子学点东西，你应该把自己手中的书拿出来，给他们读啊！”

有人这样对白池劝告完之后，村民们忍不住哈哈大笑，这笑不仅仅是一种情绪的表达，就像细伢子能从母亲忍俊不禁的笑里觉察出自己的荒唐来，盘龙村人也理所当然地认为白池会从他们的笑声里，分辨出做事的正确方法来。直到白池脸上出现了谦虚而和气的笑容来，人们才点点头满意地离开了。但是，在第二天黄昏来临的时候，白池仍然像什么都没听说过似的，怀着教育和培养细伢子的目的，继续扯开嗓子、自行其是地念起书来，让人们看到了她“南辕北辙”的愚蠢。

盘龙村村民们觉得白池的“愚蠢”不可理喻、令人费解，他们几乎要冲上前去跟白池理论一番。却在一个秋日的早晨，看见白池再次将她的“愚蠢”发扬光大。

秋收刚刚结束，“原形毕露”的水田里浮动着耀眼的阳光，像老人的笑容一样令人温暖。稻谷收割后剩下的禾兜子像是池塘里游泳的孩子一样，刚从水面上冒出头来，一群喜不自禁的鸡鸭便煽动着无甚实际作用的翅膀，脚不沾地地向水田里飞奔而去。正去往学校读书的孩子们对此感到兴奋不已，他们摩拳擦掌、轻手飘脚地跟了上去，在母鸡即将飞奔到禾兜子边时一脚把鸡脖子踩到了淤泥里，踩踏断送了一只鸡对稻谷的美妙而热烈的幻想。对于一只母鸡来说，这种断送是极其悲惨的，它是一只母鸡而不是一条鱼或者泥鳅，还来不及吃上当天的第一口食物，死神就突然通过孩子的脚掌找到了它。一只母鸡的生命终结在了水田里，它至死不悟。

当脚掌底下的母鸡不再挣扎，无知的孩子感觉到一种胜利的喜悦，他趾高气扬地抬起了脚掌，鸡脖子和鸡头像秧苗的根须一样埋进了泥里，母鸡的身子像是笨拙的大白菜从地里长出来。这使得几个孩子忍不住哈哈大笑，他们像是对待自己的手下败将一般在母鸡身上各踢了几脚，由此他们看见了一种毫无生机的弹跳，每踢一脚母鸡便不由自主地弹出去一点，孩子们认为它应该像一只挨打的正经的母鸡那样落荒而逃，带着咯咯的惊慌的叫声，现在这只母鸡不但没有声音，也没了生命迹象。一群无知的孩子瞪大了眼睛，做贼似的向四周东张西望,像一群挨了打的母鸡那样落荒而逃。

白池和她的女儿就在那个时候匆匆跟上了这群孩子的步伐,她们大步流星的步伐使得这群孩子惊吓不已，以为白池母女俩作为母鸡的主人已经寻仇而来。而事实上,白池在那天早上近乎奔跑的步伐并不是为了追赶那群顽皮的孩子,在日后这群孩子逐渐开阔和成熟的视野中,他们能清晰地看见白池在而立之年的时候,是如何像一个痴情的男人对待一个美貌的女人那样,展开了她对知识无尽的追求。

那个秋日的早晨,盘龙村的小学里挤满了细伢子,他们你推我搡、交头接耳、人头攒动的样子,使得他们看上去就像茅房里一条条翻动的蛆。这是小学教室里第一次涌现出这么多的孩子,这些孩子中的大半是学校的,还有一些是学校里读书的孩子从外面喊来的。挤在一间教室里的孩子脸上有着目瞪口呆、嬉皮笑脸、咂嘴弄舌、挤眉弄眼的各种表情,他们嘴里发出了嘿嘿哈哈嘻嘻咯咯的各种笑声,笑声飞扬的时候,孩子们嘴里还发出了嘟嘟囔囔、叽叽喳喳、嘀嘀咕咕的各种谈论声。各种声音嘈杂而持久,使得那时候盘龙村山脚下的教室,听上去就像清晨山顶上充满鸟叫声的树林一样。直到年迈却精神矍铄的吴老师走进教室,将校外的孩子像从豆荚里抠出豆子一般,从人堆里抠了出来,教室里的嘈杂才消减了大半。吴老师在讲台上站定之后,教室里的孩子都听到了他响亮的赞叹:

“同学们,今天在我们教室里呈现的是一副多么可喜的画面啊！”

坐定在座位上的孩子听见了吴老师喇叭般嘹亮的喊叫,他们的身体不由得震颤了一下,但是他们的眼睛仍然目不转睛地看着教室东南角最靠墙的那个位置,在此之前,白池曾径直走向那个位置并坐在了上面,她指着课本上的字一个一个认读的样子,使得孩子们的目光不曾离开她半刻。

在那天上午,白池夹杂在一片稚嫩童声里的读书声,听上去就像出征的常胜将军那样坚决而自信。因为白池自信的朗读,盘龙村的小学在那个上午显示出一种莫名的庄严。教室里的孩子不断回头去看这个年龄与他们的母亲相差无几的女人,看见她圆睁着眼睛聚精会神地看着黑板上的每一个字,好像是在瞻仰某件伟大的神物,她的注视像是一根绷紧的皮筋,严阵以待且一刻都不曾松懈。吴老师那天上午的上课比以往更为激昂,他嘹亮的声响连同他口中飚飞的口水一起砸在了学生的脸上,坐在前排的学生如同经历着细雨纷飞一般,从脸上抹下了一把水,在那之后,他们清晰地看见他们的吴老师眼里有湿润的光芒在不断闪烁，像是阳光下波光粼粼的河面。

孩子都是不爱计较的，他们比较能看淡不寻常的事情。五天过后，他们像是习惯了他们母亲对自己的骂骂咧咧一般，习惯了白池像个正经的同学一样和他们一同读书写字。盘龙村小学里的嬉笑声像是太阳那般从山地下消落，居民区的诧异和嘲笑声又像月亮般从地上出现。盘龙村的男女老少对白池的异常议论纷纷，他们不理解一个三十来岁的堂客为什么要跑去跟一群细伢子上课，还听得津津有味，这是一种多么可笑的愚昧。更让人想象不了的是，白池跑到小学去读书的目的是什么，他们不能相信白池跑去读书的目的只是读书本身。当所有人都对某个人不能置信，想不清她做事的缘由，人们便会合情合理地认定问题只可能出现在该人身上——白池应该是脑子里出了问题。对此，盘龙村村民展开了刨根问底的探究。

堂客们向她们屋里的伢子问起白池，细伢子口中偶尔说出的笑话让村里的堂客们经久不息地传颂：

"有一首诗叫做：敕勒川，阴山下。天似穹庐，笼盖四野。天苍苍，野茫茫，风吹草低见牛羊。白池第一句就读错了，她说吃了穿，因啥笑？……还有，她连敕勒两个字都不会写，那两个字最后还是张老四的伢子教她写的，她连个小学生都不如……"

在盘龙村村民嘻哈取笑的声音里，白池到小学里读书的行为变成了一种自取其辱的可笑行径。在那个秋天行将过去的时候，这些村民们的嘴巴里飘荡出了读书声，不同的人口中发出来的读书声都是一样的，他们异口同声地读着一首诗：吃了穿，因啥笑？天苍苍，野茫茫，风吹草低见牛羊……"村民们的读书声会在日落时分的风里飘满全村，那时候白池会和她的女儿从山下的学校里走回来。

那些秋天的落日时分，白池和女儿方芳走在黄泥马路上的时候，往往会被村民们嘹亮的朗诵声团团包裹，白池因此而显现出一种寸步难行的滞缓来，她每走一步都仿佛担了千斤重担一样有着细微的颤抖，她每一步都是垂着脑袋走的，仿佛在地上寻找一件丢失的什么要紧东西。

直到白池"寻寻觅觅"的背影在人们眼中远去，盘龙村村民忍不住表露他们仁慈的担忧：

"这个堂客们么子时候蠢到这个地步了？难道这就是命？她注定要变成一个白痴？"

盘龙村村民对白池的定论简单粗暴，他们像是对待一个在地上捡鸡屎吃的孩子那样，显示出了直截了当的无奈和嘲讽，仿佛对象本身无可救药、不可理喻。就在盘龙村村民们几乎以为白池要病入膏肓的时候，他们又发现了这个女人身上蝴蝶破茧般某些奇妙的蜕变，在那个冬天过去大半的时候，他们从自己细伢子的口中听到了某些变化的端倪。

“方芳她妈考试是第一名啊。”

“方芳她妈替老师在我们班讲了一道阅读题。”

“今天第一节课吴老师没有来，是白池给我们上的新课文。”

……

突然有一天，当盘龙村村民们再一次朗诵起那首“吃了穿”的诗时，人们惊奇的发现白池的脸上竟然显现出春风得意的神色来，她走路的步伐就像春风一样轻快。这让盘龙村村民们摸不着头脑了，摸不着头脑的盘龙村村民们像一个女人头上织出的两支辫子一样，显示出两种对立的观点和立场来，一半的盘龙村村民开始动摇自己的想法，猜测着白池并不像他们想象的那么愚蠢，她甚至还可能做着一件全村人都做不到的事情，她脸上如此自信的笑容暴露了这一点。另一半的盘龙村村民越发坚定自己的观点，白池不仅去读书了，不知为了么子事情有了莫名其妙的笑容，他们觉得这个堂客们蠢得不可理喻。人们的议论变得更加纷繁，白池脸上自信的笑容像是春天来树枝上的绿叶一样，渐渐多了起来……

也是从那个时候开始，人们惊讶地察觉到，也许白池并不像他们想象中的那样没有主见和自我，一些执著、独立、坚韧、沉着的品性像清晨的露珠一般，从她身上渐渐体现。

山村虽然小，可里面也住满了人，关于人的各种故事不比大地方的少，也很值得津津乐道。日复一日，秋去冬来，白池的读书声越来越流畅，优美地飘荡在盘龙村中。她脸上的气色和神态也像春来的花一般，显示出即将绽放的美丽和生动来。她身上的衣服虽然还是往常穿着的那些，可就是看不出是哪儿不对，这些衣服渐渐在白池身上体现出翻新的气息来。那个时候，盘龙村人的注意力又慢慢从白池的读书声中转移出来，他们开始关注起白池的容貌来。人们像是突然记起她如同“守寡”般的存在来，方卫东和方三姑都离开盘龙村三年了，似乎一直没有听到什么音讯和消息，大树倒了猢狲散，鸟到临头各自飞，不知道白池心里是否还在等着？与此同时，人们也像是突然意识到白池三十岁的年龄来，这个年龄对于山里女人来说就好比是夏天的黄瓜花，没有春天开花的娇艳，但是一朵黄花也能显出美丽和生机来。盘龙村人从白池开花般的气色中，推断她心中应是怀着怎样一个“红杏欲出墙”的跃跃欲试的春天。

相对于方卫东与“野嫂嫂”伤风败俗的事，白池看上去的“跃跃欲试”是微不足道的。可是大山里的这个村庄，对女人的要求和束缚从来就更为严苛。一个女人光是怀着一颗不安分的心就可以被人视为耻辱了，白池那时候焕发出来的不合时宜的光彩也引起了很多女人的纷纷议论。人们在议论她的这桩事时，又想起了她以往发生的事情，当人们对于一件事的谈论不再是就事论事的时候，她们的讨论就变得复杂而持久了。盘龙村人在谈论村里人时，无论谈论的对象是谁，都会得到他们家人一般的对待，他们谈论别人家的事情就像谈论自己的事情一样。而这一次，女人们谈论白池时又稍有不同，她们不再把白池的事情当做自己家里的事情去讨论，而是直接当做自己的事情在思考，为了让这种思考深入，每个人在表明自己的看法之前，都是从这样的假命题开始的：

“要我是白池，方卫东又不在打扮给谁看？肯定是心里看上别人了呀！你说她那样表现还不够明显吗？”

“我要是真活成了白池这个样子，还真不知道怎么办了，靠爹妈爹妈死了，还留下两个拖油瓶弟妹，要男人男人跑了，又多了个拖油瓶，到最后，婆婆也受不了走了，唉，我要是也到这个份上……”

“我要是像白池那样，男人不在家，婆婆也不在家，还不扯开腿到处跑了？”

……

与此同时，她们又拉扯出了另外一些事情，女人之间的讨论到了一个新的层面，彼此间谈论像是一双无形的手，把她们原先的思考拉扯得变了形：

一个女人问：“对了，你还记得白池她男人为么子要从山里跑出去吗？”

另一个女人回答：“也不知道具体是为么子，谁知道他们两口子吵么子了，反正三年以前一个早上，她男人说走了就走了，过了几天还没回来，她婆婆就出去找了。”

女人问：“有点莫名其妙呀，三年前走之前他们家就没点动静？”

另一个女人答：“噢，你这么说我好像想起来点么子了，别把前面的事给忘了，八九年前吧，白池刚刚嫁到砖屋里，方卫东就跟别人好上了，就是‘张瓦匠’的堂客‘野嫂嫂’，据说两个人在白池进门之前就好上了，一直到白池生养那天，方卫东跟‘野嫂嫂’又在一起寻欢，‘张瓦匠’正好从山外面回来，看到了这样的情况气得头发都竖起来了，当场就把方卫东打得没了人样，‘野嫂嫂’也被打得村村民们永远会记得，那个下雪的早晨，他们拉着一列悠长的队伍，在辽阔的天空之下，进行了一场怎样漫长的游荡，他们又在盘龙山上获得了怎样全新的强烈感受。那一天的盘龙村村民也是恍然大悟的，他们终于看清楚他们的村庄，是处在大山怎样的重重包裹之中。山一座连着一座，它们像齐心协力的兄弟一样，肩膀并着肩膀，手臂环绕着手臂，一齐守护着这座摇篮似的村庄。如今新路修成，盘龙村终于像是"长大了"，他们的摇篮里延伸出一条全新的大路。那条全新的马路像是彩带一样，悠长地飘荡在连绵起伏的山脉之上。村民的队伍一直走了很远很远，也没有走到大路的尽头。

走了一上午，盘龙村人终于在一个凸起的山坡上停了下来，远处的山路还是像风中飘扬的彩带那样起伏。这时，人们才像从劳作了一天的田地里抬起头来似的，疲惫而欣喜地感慨道：

"他妈的看了这条路才知道么子叫大啊，如果以前那条路算是鸡肠子，现在这条路就应该叫做——大肥猪的肠子呀！"

人们说完之后，又觉得这个说法还不够妥帖形象，不足以表达他们对这条路的宽敞的赞扬。人们互相摇了摇头，像是吃了一道上好的菜肴，却遗憾不能用十分准确的词语形容出它的美味来。但民间自有高手在，还是最先提出"猪肠子"这个比喻的人，想出了更好的形容，他高声喊道：

"猪肠子还不够，这条路这么长这么宽，那是老天爷的肠子呀！"

人群中响起了暴雨倾盆般哗啦哗啦的掌声，笑声一片飞扬。那时候，隆冬时节的雪花还在纷纷扬扬地飘落，看上去像是暖融融的被扯碎的棉絮，最终轻轻地盖在了盘龙村村民们的脑袋上。

人群中的笑声还未完全落下，突然，像是要地震了，仿佛起火了，村里的瘸腿的李老汉一路高喊着，一瘸一拐地拐到了人群中央，他站稳在人们面前时，还痛苦地张着一张嘴上气不接下气。当他终于喘过气来，说出的话又像牛喘般粗壮而含糊，这让盘龙村的村民们不知所以、心惊胆战，以为村里已经大难临头，纷纷向李老汉喊道发生了么子，是不是"山神"终于发怒了？由于在风中奔跑而产生的口干舌燥，李老汉也声嘶力竭，可声音却更加含糊，只让人们看见他因激动和着急而变得扭曲不堪的脸。那时候，在人群前面的人想要冲上前去，一把拍在李老汉的胸口，抚平他的粗喘。后面的人看此状况，以为前面的人要打架了，又纷纷拨开人群要往前挤，想要阻止一场战争。最后赶上来的人还糊里糊涂，不知道这会儿上演到了哪一出，攀住了前面正在讨论的人死活要问个清楚。一时间，人群中一片混乱，大大小小的叫喊声、叫骂声像是愚公水泥厂的泥土那样到处飞扬。

最后，当后面的人还没有听清楚李老汉表达了怎么一回事情的时候，人群前面的人已经有组织有秩序地排起了队伍，三十多年前开国大典那天的场面在人们面前重现。后面的人见此仗势，不禁生出莫名的庄重感来，纷纷按照前面人群的样子排起了队伍。处在队伍前面人们的热烈讨论也像传染病一样，慢慢传递给了队伍后面的人。所有人的耳朵都挨拢在前面一个人的嘴巴边，所有人的嘴巴都传递着他们前一分钟所听到的话。人们一边疑惑，一边讨论，一边被告知，一边又告知别人。一时间，"嘟嘟哝哝""叽里咕噜"的声音在新修的山路上响成了一片。今天修路刚修成，听说是有人要来村里了！听说是有大人物要来村里了！听说是有盘龙村的大人物要回村里了！听说村支书已经去县城里迎接大人物了！……

当有人终于用"开天辟地、史无前例、绝无仅有"这三个词汇来形容这个大人物时，盘龙村村民们的亢奋和惊叹简直到了极点，他们不约而同地张开了嘴，那是成千上万张受了惊骇的嘴，像是要把天上飘下来的棉絮似的雪花当馅饼吃掉。又有数十个表情夸张者，像是已经亲眼看见了"大人物"似的——他们的双眼瞪开的轮廓几乎和他们长着的嘴巴一样大，因此，他们的嘴看上去成了血盆大口，恨不能等"大人物"一来就张口把他给吃掉，他们的眼珠子也恨不能从眼睛里弹出来，去把"大人物"给勾到眼皮子底下看个清楚。他们把手指塞到了嘴巴里，他们的嘴巴里正发出"啧啧""呀呀""哟哟"的各种感叹声。

在这些声音的裹挟下，白池和白果、白丹姐弟三个像被磁铁吸引了的铁屑一般，在光滑的雪地上三步并作两步径直朝着人群滑去。他们是盘龙村最后赶到山路上来的人，在此之前，白池已经带着几个细伢子进行了一个上午的早读。当白池的身体还未到达人群之间时，她的耳朵已经真真切切地听见了来自人群的声音。队伍里的人们正热烈地讨论着，突然看见白池在山路上朝他们跑来，莫名其妙地看了她一眼，莫名其妙地问道：

"他是谁呀？"

"我？"白池望了望自己身边，除了白果、白丹两个，她身边并没有别人。这使得白池又惊疑地看了看对她说话的人，疑惑地指了指自己："你是问我是谁吗？"

但是问话的人再没有看她一眼，或者，准确地说从未拿正眼看过她，他只是在白池身上偶尔停留了一下自己疑惑的目光，那是正在思考的人的目光惯有的习性。他只是在自言自语、自顾自地不可思议。

“我也不知道是谁呀。”

“谁知道是谁吗？”

“谁也不知道那是谁呀！”

几乎就在同一时刻，白池身边响起了盘龙村村民们此起彼伏的疑惑的声音，那都是迷茫的自问自答呀，可就在同一时刻他们相互默契地表达了同一个疑问。白池不可思议地望了望四周，盘龙村村民们也疑惑地望了望白池，眯瞪的双眼变得更加空洞与深邃。

不知何时，空气中陷入了死寂，人们都不说话了，他们伸长了脖子，向远方眺望着。由于期待和紧张，眺望的盘龙村村民们不自觉地整理了一番队伍，长条的队伍也好像受了人们的感染一般，将自己的身形拉得更长了，拉长了的队伍在盘龙村的山路上起起伏伏，那是一种更为浩荡和悠长的延伸，一种更为急切的盼望。

盘龙村的雪花在中午时分慢慢停了下来，人们头顶和肩头的雪花渐渐被风吹去，队伍中所有人的头发，像是一条长长的柳岸上随风飘荡的野草。那时候，冬天难得的太阳竟然也出来凑热闹了。盈盈亮亮的树梢变得淅淅沥沥，山岭间的风像是从水底扎了一个猛子上来似的，浑身湿漉漉地冒着寒气，把盘龙村村民们吹得寒噤不断。不一会儿，排成了队伍的盘龙村村民们开始跳手跳脚、摩拳擦掌，加之骂骂咧咧，那样子好像是屠子师傅在等主人家把要杀的猪牵出来似的。就在盘龙村村民们即将把“日他妈的太阳”的想法改为“日他妈的大人物”的口吻时，已经变成了大人的雷兄弟俩出现在了盘龙村村民们的视野之中。

白果和白丹兄妹俩一眼就认出了那是雷兄弟俩，可似乎又是变了形的雷兄弟俩——雷兄弟俩的双腿奇怪地跨在两个轮子上，两兄弟像是串成了一串似的飞快向前移动，两个轮子在他们的胯下像耍杂技似的。相同模样的雷兄弟俩，相同模样的两个轮子，让人们的眼睛看得十分辛苦。更难看的是，这两个一模一样的人正前后跨着两个一模一样的轮子，轮子和人像湿泥地里的泥鳅一样在雪地上灵活地滑动。这使得盘龙村里的老人忍不住啧啧直叫，他们啧啧直叫着自己看花了眼。于是在那时人们不禁又转换了骂骂咧咧的主题和对象：

“操你妈的，这是一个人还是两个人咯?！”

“这是一辆单车！”白果牛头不对马嘴地回答道，但又似乎给这些骂骂咧咧的疑问作出了解释。

“这是张一雷和张二雷兄弟！”白丹也跟着补充道。

与此同时，盘龙村村民们也看清了溜在轮子上的东西，是两个人，是一对双胞胎，双胞胎跨着单车的架势像是两只在赶架的猴子。有村民一拍脑门，像是突然想起了么子似的，赶忙拉着身边的人七嘴八舌地议论起来，好像事态已经刻不容缓。

张一雷、张二雷是“张瓦匠”和“野嫂嫂”的儿子，他们是双胞胎，你们想想，他们怎么可能成为大人物？龙生龙，凤生凤，老鼠的儿子怎么着还能——不去刨洞洞？哦……对呀，他们后面被张家的人带走了，一走就是八年多，可你们想想——张家有过么子大人物没有？也没有啊，那他们家怎么可能养出这么个大人物？还一养就是俩，么子狗屎运轮到他家门口了？哦，对呀，他们张家有几个读书人，可你们想想——这俩孩子才多大呀？十八九岁，十八九岁的细伢子能成个么子气候？就算变大了也能大到哪儿去呀？对呀！这不就得了，屁大的跳蚤还能把被子掀了不成？你们也不想想！

盘龙村村民们七嘴八舌的讨论传到了白果、白丹兄妹俩的耳朵里，他们疑惑地皱起了眉头，疑惑地看了看周围的大人，又把疑惑的目光投向了在高低起伏的马路上跌宕起伏的雷兄弟俩，兄妹俩觉得备感亲切，可又不敢相认。突然，一个大巴掌啪的一声落在了白果身上，白果惊得一跳，赶紧转过身来，看到的却是一个身穿灰色工装的男人，男人的脑袋秃得锃光瓦亮——这个男人是李加福“李秃头”。白果不禁惊讶于“李秃头”的神采奕奕，虽然比以前更秃了，但是秃子真是一种奇怪的生物，半秃的状态是憔悴和衰弱，但是全秃过后就是一种截然相反的精神面貌了——此刻的“李秃头”的脑门秃得锃光瓦亮、天庭饱满，“李秃头”拍了白果肩膀的效果好比是拍了自己的脑门，他眉眼大开，好像恍然大悟，又仿佛痛心疾首，大叫一声道：

“他妈的，原来是这俩兔崽子！他们俩怎么会摇身一变成了大人物？可这俩细伢子要是没发达，骑么子单车呀?！还让我们这一帮子人在这里好等！”

几乎所有等待的盘龙村村民们都有了同样的疑惑，霎时间，队伍里“是呀对呀”的声音响成了一片，他们疑惑的是雷兄弟俩脚底下的单车，以及与这单车不相符的——雷兄弟俩幼稚的年龄。他们一会儿看看贴着地皮飞溜的单车，一会儿看看飞在空中的雷兄弟俩，简直要眉头紧锁了。在盘龙村村民们纠结的眉眼前，雷兄弟俩飞快地落了单车，他们气喘吁吁，两个脸蛋像是被开水烫了似的通红，他们浑身冒着热气的样子让盘龙村村民们感觉到了夏天。雷兄弟俩来不及回应人们好奇的目光和口吻，他们着急忙慌地从身上的布袋子里掏出了两挂鞭炮，电石火光之间鞭炮就被弄得噼里啪啦地乱响，一股乌烟瘴气飘然飞扬，冰碴与炮碴乱溅，把盘龙村村民们再次弄得跳手跳脚。

这副鞭炮炸完，炸出了一个稀奇玩意。

在一片云雾缭绕中，一个黑色的铁皮盒子竟然兀自朝盘龙村村民们跑来，连奔带蹿跑得颠簸颤抖，关键是这东西长得还稀奇古怪，连想象力极为丰富的盘龙村村民们也找不到合适的词去形容。更让人惊讶的是，这个跑着的大东西还会放气，它像是刚刚吃下了那一顿鞭炮碴子似的，肚子里一阵呼隆作响后放出了股股黑烟，让盘龙村村民不禁诧异这个长得像铁皮盒子的大东西是否是个活物。一时间，盘龙村村民们眉头紧锁，眼里一团团黑雾茫茫。当这个黑色的铁皮盒子越趋越近，盘龙村村民们的眉头就很像他们肚里的肠子了，又皱又拧巴，而他们的嘴巴比他们的眉毛更富表演力，股股黑烟刚映入他们眼睛的时候，他们的嘴巴便未雨绸缪、声势浩大地作出了反应，都纷纷捂嘴、捏鼻、咳嗽连连，像是被呛得不轻。

快到人们跟前的时候，黑色的铁皮盒子竟也咳嗽了两声，像是不好意思似的怯怯地停下来。盘龙村村民们便也怯怯地伸出手，好像此刻在他们面前是一个俊美的堂客，但这堂客却是别人家的，这就使得盘龙村村民们在勇敢与犹疑之间徘徊不定了，终于有人伸出了手，恨不能从它身上摸出个究竟，又怕它突然暴怒发起反攻——这毕竟是一个摸不着脾性的东西。那属于盘龙村村民们的十几双手终于按捺不住摸了上去，铁皮盒子真就有所反应了，它一个激灵便开了一片铁皮，里面钻出来个细皮嫩肉的姑娘。刚把手伸出去的盘龙村村民们措手不及，他们惊讶自己的这双手竟然摸出了一个女人，一个活生生的女人。可一眨眼，他们脸上惊骇惊慌惊讶的表情就都变成了窃喜，转而嬉皮笑脸地向铁皮盒子里瞅去，想一探究竟这里面是否还藏着么子俊美的姑娘。这时，嬉笑的盘龙村村民们才发现，他们的村支书龙根红正在铁皮盒子里嘿嘿哈哈地笑着，他乐坏了似的看着他的村民们——盘龙村村民们的神情瞬间变成了一脸苦笑——他们不知道他们的村支书是怎么被关进这个铁盒子的。

那个从铁皮盒子里走出来的女人低低地笑，她指了指自己说：

“大家好，我是张静姝。”

然后又指了指身后的铁皮盒子说：

“那是汽车，山里的路终于开通了，车子能开进来了。”

汽车！张静姝！这个女人仅仅说了两句话，却给盘龙村村民们带来了极大的疑惑，甚至是极为费解的，他们觉得这个世界突然有了很多他们不理解的东西。张静姝是谁？汽车是个么子玩意儿？为么子张静姝会和汽车在一起？汽车里面还多了个龙根红？

龙根红从汽车里拱出来了，他挺直了腰板才开口说话。可是出乎盘龙村人们意料的是，他说的话和村里开通新山路这件事并没有半毛钱关系，龙根红这次回来说了一件村里人闻所未闻的事情。龙根红一说话便是慷慨激昂、唾沫横飞，这也是惯性使然。盘龙村村民们早已习惯了他们气势磅礴的村支书。可这一次他们的村支书不仅在声势上很有震撼力，还加上了领导革命般的手势，可谓慷慨激昂、手脚并用。于是，盘龙村村民们在龙根红激昂的讲述中得知了那年的大事，大事叫高考。这样陌生的词汇让盘龙村村民们很不好理解，村民们便自以为是地想象起“高考”“低考”两个词之间有千丝万缕的联系——当这两个词几乎要在人们的脑海中难分难解的时候，龙根红脸红筋暴地惊呼道：

“这简直就是千军万马过独木桥呀！其他人都没做到，但是张静姝她的的确确、确确实实、实实在在做到了呀！”

因为激动，最后的三个成语被他配以三个手势，讲得一波三折！让这些作为听众的盘龙村村民们跟着连抖了三下身子，他们参差不齐地抖了抖身子，像是跳在簸箕里被筛动的大黄豆。

龙根红继续扯着嗓子喊道：“最后，我不得不向大家说上一句掏自肺腑的话，张静姝是在盘龙村长大的，她能考上大学不仅是一桩值得我们骄傲的事情，更是一个值得我们学习的榜样，我希望更多的大人和伢子能效仿张静姝！好好读书！参加高考！走出大山！出人头地！从千军万马的独木桥上走出辉煌！”

随着这句话一起砸在人们脸上的，还有从龙根红嘴里喷薄而出的液体，沐浴在这亲切的液体之下的盘龙村村民们，一个个都瞠目结舌了，他们仰着脖子一抹脸，把眼睛睁得更大了。他们想象着一座高高窄窄的桥上面，无数人或者骑着马，或者驾着驴，或者飞着步子，你争我赶、前赴后继地跑着，而这个叫张静姝的女人却踮着脚尖、气定神闲地悠了过去。他们睁着不可置信的眼睛，望着眼前这个不可思议的女人——这个名叫静姝的女人一低头，他们便诧异得不知所以。

那是盘龙村村民们第一次对张静姝这个名字充满敬意与讶异，直到张静姝被龙根红带着离开，他们的目光都未曾离开过这个女人，当然，目光有空闲的时候，他们也会看看那个名叫汽车的铁皮盒子——那都是神奇的东西。

“都算是个东西吗？”有人问。

“不一定都是东西！——但这女人肯定是个好东西！”有人答。

“你确定她是个好东西？”有人追问。

“她是个很好的东西！”有人答。

“是很好——可女人到底不是个东西呀！”有人又答。

张一雷和张二雷本来已经跨上了单车，要随着汽车一起走了的，可是人群中的议论传到了他们耳中，张一雷从单车上一跃而下，朝刚刚议论的人吼道：

“么子是个么子东西?!!!”

张二雷赶紧一把拉住了张一雷，解释道：“单车是个好东西，我们走，到前面去溜一圈单车给静姝姨看，走！”

然后还没反应过来的盘龙村人看到雷兄弟俩又转身走了——张二雷的圈一样的手臂挽住了张一雷牛冲一样的背影，张二雷的钉钯一样的手掌把张一雷的背影推上了单车，两个背影便在雪地里溜走了。雷兄弟俩就在人们的视野中溜走了，没有为刚刚的“么子是个么子东西”的动怒作出解释。人们疑惑了。

有人问：“这俩细伢子刚说了么子？”

有人答：“么子是个么子东西？”

有人追问：“么子是么子是个么子东西？”

……

盘龙村人用莫名其妙的语言议论纷纷，唯独白池沉默不语，她在人群中睁着一双恍然大悟般的眼睛，脸上带着神秘而自信的笑容，好像已经掌握了一个别人不知道的惊天秘密。那时候她的姿态真有些旷世而独立的意味，在纷杂如闹市的人群里，白池高昂着下巴，望向远方，眼里豁然深远的样子，好像已经把目光投出去了很远，连山外的一切也被她框进了眼底。

二十三

那条通往山外的路修通之后，出乎盘龙村村民意料的是，来到山里的第一批人竟然是龙根红、张静姝和雷兄弟俩。更出乎意料的是，这几个人的到来和新山路的开通没有任何关系。这使得盘龙村村民又集体产生了三十多年前开国大典时的失落。那时候，村里人的失落还没有完全被日常生活所冲淡，山外面又有人走了进来。

离开了盘龙村三十九个月的方三姑，在冬天的时候回来了。那个冬天，这个小山村呈现给她的面貌已经焕然一新,或者说是陌生不已。新修的山路代替了从前的羊肠小径,路旁从前长有参天大树的地方只有空荡荡的尘土在飞扬,野兔和山鸡之类在山上销声匿迹。于是,再次返回故里的方三姑,不但没有带上儿子方卫东,甚至差点迷失了自己。经过一番艰难的寻找和辨认,方三姑最终回到盘龙村。那时候的她,像是一片从遥远的源头漂流下来的树叶,浑身满是沉重的疲惫。

方三姑再次返回盘龙村,是在新山路开通的第四天的夜里。那时候,盘龙村的大地,有残雪覆盖其上,像是人裸露的躯体上罩了一块破烂不堪的布。天空中却有星光稀疏,月影朦胧,整个山村和村民们一起仰天睡着。借着迷离的月光,方三姑身无一物、疲惫不堪地从山外走了进来,却再没有了熟悉的感觉。那个时候的盘龙村已经充满了“工业运动”的先进气息,一切都按照工业需要的样子发生了改头换面的变化,那条进到山里来的小路已经像成年男人的胸膛一样,突然变得宽大平坦起来。虽然山里的盘龙村村民早已在前面几天不辞辛苦的游荡中,渐渐熟悉了这条新路。可在方三姑看来,她面临的却是一条全新的从未走过的道路。走上那条道路时,她像是寻找前世记忆般,一路左顾右盼着往村里走去,村庄里也完全是另一番模样了:山脚下的杂树荆棘被移掉,村里的农田被移掉,菜地被移掉……不知不觉,一切都变了。盘龙村的这种改变,就像是一个姑娘长大后,慢慢学会了如何把自己装扮得美丽,她一件件换去了自己从上到下的行头,变换了行头,也变换了风格。这种改变是时间的必然,当事人心中也必定是谙熟的。可对于时隔三年再返回故里的方三姑来说,这变化是骤然,因为这种陌生的变化,她不得不一次次回头张望,她怀疑自己是否走错了来时的路,每往前走一点,她都忍不住加快回头的频率,好像是一个背着沉重包袱走不动、却生怕被人发现的贼。

当方三姑沿着村里的黄泥马路走到了一个陌生的上坡,她终于忍不住停下脚步,迷惑不解地张望起四周来,她睁大了眼睛看着眼前这个陌生的地方,又努力调出自己脑海中关于盘龙村的记忆。她想,相比于三年前的盘龙村,她眼前现在的村落里有许多熟悉的房子,但却多了许多成排成排的树木、许多方正的池塘,还有许多纵横交错的小道,像是均匀淋在一个馒头上面的红薯糖浆一样洒在土地上。村里像是刚有许多人打过一场恶架一般,浑浊的灰尘正在慢慢落下。

当方三姑看见马路边的一片平地的时候,她揉了揉自己的眼睛,显然是不敢相信了,在她原本的记忆里,这里应该是一片葱葱郁郁的水田,多数时候都闪着春天般的光芒。可现在,这里只是一片光秃秃的所在,荡然无存、一无所有,只有冷飕飕的风在上面带着哭腔吹过,长久地迷茫地回响着,就好像方三姑站在高地上不知身处何地的心情。

方三姑站在迷离的月光下,不知道脚应该迈往哪个方向,只好像那墙上古老的钟摆一般来回踱着步子。就是在那个月光迷离而清冷的晚上,方三姑开始长出了梦境般迷惑而惶恐的眼神。她像是一张正在吸水的海绵般用力地看着月光下的一切,可月光不是水会被吸干,月色像是某个女人泛滥的奶水一样,不断将清水变得浓稠,又像是某个害羞的少女,在临睡前放下了床前一层又一层的幔帐,让方三姑的眼睛变得越来越迷蒙与无助。

当月亮疲惫地躺进了一片蓬松的云朵里,方三姑终于把右手放在了自己的额头上,像是给自己注入了能量,她抬脚继续往前走了,她是以最后的决心来试试看,试着去相信、去发现前头就是家的所在。她扶着自己的额头在盘龙村的大路上往前走时的样子,就像是一头被无形的绳子牵着的绵羊,也像是被指引了。方三姑在某一个抬眼的瞬间,突然柳暗花明般走到了砖屋门前,屋里亮着的昏黄的灯光,门前的老槐树在暧昧地哗哗招惹着月光。这个熟悉感觉的重现,让方三姑禁不住欣喜若狂,她欣喜若狂的时候,脸上没有任何欢乐的表情,她迷蒙的眼睛里像月光底下的河水那样闪烁不已。

方三姑一步步趋近方家砖屋,每走一步都像是被加上了一个沉重的包袱,累得她迈不开步子。疲惫的方三姑靠上砖屋大门时,像是一个被风吹来的幽灵,她用尽全部力气准备去喊门,却发现大门是可以被推开的,方三姑将整个身子都贴到门上,倾斜着自己推开了大门,整个世界都响起了门轴干涩的吱呀声,门里是一个令人热泪盈眶的世界,院子里的凳子、椅子、木盆、墙上的玻璃在夜色里,就像在阳光下一般闪闪发光。方三姑在嘴角抽出一丝疲惫的笑,径直走向了在黑暗中闪闪发光的东屋。

其实,大门门轴响起的那声"吱呀"声,并不是那个时候方家唯一的声音。在此之前,东屋里一直响着一个声音,白池正在读书,像是古时候科举考试前的考生那样用心。经过无数个夜晚和黄昏的努力,此时的白池的头脑里,已经像荒地里长满野草一样长满了许多蓬勃的道理和知识,这些道理常常在夜深人静的时候,给予白池如春天般的温暖和豁然,她说话和举止间也因此而生出书本才有的感觉来。这一切都使得白池像是往更小的岁数里变化一般,渐渐显现出年轻来。白池如饥似渴的阅读是村里所有人都不知道的、使她变得年轻的秘密,家里的三个孩子却深深被她感染。白池在每个夜晚读书时显示出了十足的认真和投入，以至于方三姑在那个夜晚进入砖屋时她也全然不知。

白池在方三姑回来过后的那个清晨才知道这个事实。自从方三姑和方卫东离开家开始，白池就养成了一个夜晚留门的习惯，好像这两个人随时都可能回来一样，好像这两个人只是夜晚去外面散步了一样。这两个人其中的一个总算是回来了。在那个早晨，白池还来不及有过短暂的热烈和欢愉，便认清了另一个不可抗拒的事实——方卫东并没有回来。这时候的白池再次显现出和三年前的不同来，面对方卫东没有回来的事实，白池没有询问方三姑，她似乎从婆婆的眼神里就明白了三年的寻找并没有结果。

白池在那个冬日清晨看见方三姑的时候，盘龙村里的各种声音还没有苏醒，白池和以前的无数个清晨一样，早起在院子里告诉方芳背诵古诗。她们就是在那个时候看见方三姑的，时隔三年后，出现在她们面前的方三姑已然没有了从前的神气和骄矜，她像化了妆似的，变成了一个完全陌生的皱皱巴巴的老太太，她像是一块在屋檐底下挂了太久的腊肉，在时间无形的拷打之下风干了水分和年轻的气息。方三姑脸上的五官像是萎缩了似的，深深塌陷进了她深深的皱纹里，唯有她头顶苍白的头发像是疯长的野草般，显示出了异常的蓬勃和茂盛来。白池看到方三姑这一面貌时是十分惊讶的，她的眼睛里充满了无法相信的疑惑，她不能想象这三年多的时间在方三姑的身上发生了什么，以至于她现在变成了一块行将腐朽的破布般陈旧不堪的样子。白池看着方三姑，不由得想起了自己多年前死去的母亲，感受到了一个人的苍老是如何的凄凉，与此同时，她本能地想象出此时的方三姑已经变得如何的脆弱和不堪一击。这样的想象引起了白池的动情和怜惜，她的眼睛里不禁盛满了泪水。也是透过这双泪眼蒙眬的眼睛，白池看见方三姑在此后的日子里，不舍昼夜地匆匆老去。

无疑，那时的方三姑给了白池十分深刻的印象。以至于从那以后，方三姑在她心中的形象，就像是一张色彩鲜明而绚丽的玻璃纸，将她三年前留在白池心中冷漠的样子全面覆盖，只剩下一个模糊的轮廓。

明显苍老了的方三姑，对周围的事物的变化显然感到十分不解。那个返回故里的清晨，她甚至顾不上跟白池谈及方卫东，或者说她已经在一次次失望中丢失了对寻找方卫东的强烈希望。方三姑在那天跟白池说出第一句话，是她平生第一次向白池发出的疑问，让白池在那时看见了她如孩子般不知所措的眼神。方三姑那时问话的声音几乎是颤抖的，她像刚受过一场剧烈的惊吓似的，心有余悸般问道：

“白池，你说这村里是怎么了呀?！”

白池当时眼中的婆婆是忐忑不安的，因为紧张和害怕，她眼周围的皱纹竟然出现了河水般不可思议的波动。白池看着当时脆弱的方三姑，她感觉心里有什么东西正在轰然坍塌。尽管如此，白池还是尽量以平静的面容、温和的语气向婆婆方三姑解释，这又使得白池回答方三姑时像足了面对一个孩子：

“妈妈，您还记得三年以前，您还没有出去的时候，村里进来个水泥厂吗？您出去这段时间水泥厂发展很大，按照办厂的需要，他们把村里的很多事物都像码砖一样，一块一块、一坨一坨地分好了、码好了，所以现在村里变化很大。”

方三姑像听话的孩子那样点点头，接着又陷入了她没听解释之前，那种不知所措的茫然。那时候的白池面临着一个巨大的疑惑，她在心中不住地问自己：怎么会这样？方三姑怎么就突然老成了这样？白池所指的“这样”不只是说方三姑的容貌，更是这个人从内心所表现出来的脆弱和无助。这个问题没有答案，可这样深深的疑问，在白池的心中，却如深山里燃起的野火一般，在往后的时光里越演越烈。

方三姑没有找回方卫东，白池在第一时间就认清了这个事实。但在白池日趋沉静的心中，一直有一种近似天真却根深蒂固的想法，她认为，一件事情不论胜算几何，只要去努力过了，就一定会有一个结果。在此之前，方卫东去哪儿了、能不能回来这都是疑问，如今方三姑已经努力去寻找过他，白池相信，一定会有一个结果在不远的前方等着她们。

与此同时，白池也注意到了方三姑的变化，从山外回来以后，方三姑眼中似乎就注满了跋山涉水千万里的疲惫和惊恐后的彷徨，她的眼睛常常充满不安，或是疲惫不堪地向那条通往山外的路望去。有那么一些时刻，她望向那条小路的时候，眼中也会充满了春天般的希望以及秋天收获般的欣喜。她在盼望着她儿子的归来，这信念是坚定的。于是，在某些时刻，方三姑和白池便有了史无前例、命运与共般的默契感，她们之间的默契并不是靠话语来传递的，她们守着彼此生活，共同盼望着一个消息。

方三姑离开盘龙村的三年里，对于方家这个小家庭来说是一件大事，甚至是一个着实难熬的难关。但是在盘龙村工业繁忙的大背景下，这个问题就如举国狂欢下，一个年轻人的失恋那么微不足道。没有人来一同分担白池的心焦和难过，也没人陪伴方三姑的踏破铁鞋仍无觅处。

在新的山路修通以后，“愚公”水泥厂生产的水泥就像奔腾的江水一样，源源不断地输送到了山外。这使得盘龙村的工人们直接收获到了大笔的金钱，他们还没来得及从新修的山路上走出去看看，就投入到了无限循环的工作之中，他们突然变得繁忙无比、疲惫不堪，在工厂工作的人们会为了工作而繁忙、而辛苦，那些没有工作的女人们也要为男人的繁忙而变得忙碌和疲惫。盘龙村人来不及关心方家的悲苦，他们有更大的集体话题需要讨论，他们有更重要的事情需要费心忙碌。所以，当方三姑再次出现在砖屋门口的时候，盘龙村村民们几乎已经忘了她曾经出去三年那么一回事，更不知道她当初为何出走。他们只是模糊地记得已经好久不曾见到这个人了，他们觉得自己应该关心一下这个老人，于是他们问道：

“三姑，你这些天你是不是出去了哪里？”

方三姑站在砖屋大门前冷清而邈远的样子，好像是站在对面的山上那样遥远，以至于人们看不清她是否有摇头或者点头作为答案，更看不清她突然苍白消瘦的脸上的失落和茫然。于是，这些人对方三姑的询问，就像他们自以为是的关心一样并不十分认真，他们也不在乎自己是否得到了方三姑的回答就匆匆走开了。也是从那时候开始，白池看到了她身边的盘龙村人都变了，变得不那么热心于别人的事情了。

当盘龙村村民们再次清楚地看见方三姑时，是在冬末一个有太阳的早晨，大地上的一切都像热坏了似的冒着腾腾的雾气。那时的方三姑是作为一个白发苍苍的、奔跑的形象出现在人们眼前的，盘龙村人因此惊呆了。这可是一个如“佛珠舍利”一般幽远而孤高的女人呀，是谁把她请下了“神龛”——在盘龙村的马路上像野狗一样乱窜。方三姑向盘龙村村民们走近以后，人们不禁张大了嘴，又诧异地看看周围的花草树木——花草树木都不作声，它们只是如同现实一般存在着。盘龙村村民们揉了揉眼睛，不敢置信地望向方三姑斑白的头发，她斑白稀疏的头发在风中飞舞着，像是一堆被秋后的太阳晒得干枯的杂草。

头发斑白的方三姑茫然地看了看已然巨变的环境，在马路上拦住了一个年轻后生，她向后生问话时的声音，像是从一个世纪以前传来那样邈远，方三姑问道：

“你知道我们家方卫东去哪儿了吗？他昨天托梦给我了，说让人在村头捎信给我，我一直在这儿等，是让你在这儿给我捎信的吗？”

年轻后生穿着整齐而厚实的工装，听见了方三姑低着嗓子的问话，受了凉似的打了一个寒战。尔后又猛然想起了确实已经好久不见方卫东了。年轻后生一拍脑门,对周围假模假样走路的、摘菜的、放牛的、扯草的、锄地的、捡牛屎的,实际上耳朵却支向方三姑这边的人们喊叫:

“喂!你们谁看见了方卫东没有?!”

这时,盘龙村村民们们才正儿八经地停下了手中的活,像是回忆自家前不久丢失的菜篮子那般怔住了,由于近段时间来的忙碌,他们对以往的事情变得记忆模糊。人们或是自顾自地拍了拍脑袋,嘟哝道:

“我好像不久之前才看到他吧。”

或是一眼扫射到方三姑的身上,有了重大发现似的说道:

“是了,我好久没看到你家卫东了,我想起最后看到他那次,他还抱着自家妹子在压马路没呢!”

或是干脆陷入了无语之状,不知所以地看看方三姑,想起了方家发生过的事情,在记忆中努力确定那些片段所处的时间,是十年以前还是十天以前……

方三姑站在马路上,听完了所有拍脑门、拍大腿和叹息的声音之后,缓缓地走到了田埂上,她看着每个人都像看见自己的儿子似的——满脸的深情和忧心忡忡。最后,她忧心忡忡地开口了:

“我方三姑就这么一个儿子了,你们都帮帮我吧,帮我去找一找,问一问,我已经找了他很久了,我上山找了,去车站找了,去外面的每个村里都找了,可是我没找到,我也找不动了,我很累了,我想让他尽快回来,我还有东西没给他呢,我还有事情没跟他说呢……”

旁听的摘菜的、捡牛屎的、锄地的、扯草的各种人,瞪着眼睛你看看我,我看看你,脸上写满了为么子?干么子?么子跟么子?

直到黄昏时候,方三姑坐在冬天的落日之下,像是兀自说话又似乎与人攀谈讲了许多话,和她说话的人换了一茬又一茬。他们全凑过来和方三姑说话,又全都没有认真理会方三姑的话,他们认真甚至是出神地望着眼前这个年近花甲的老人,不明白到底是她脸上哪一处的变化让她看上去突然老了。他们看见方三姑斑白的两鬓,还有她身上的庙堂里才有的檀香味,尝到她因激动而从嘴里横飞出来的唾沫……人们心中五味杂陈。

直到白池从落日中缓缓走来,人们才停止了或唏嘘或喟叹或骇然的各种声音。听完方三姑的诉说,他们脸上仍保持着唏嘘的表情,像是刚看完一出伤感的皮影戏。当越发美丽的白池走到他们跟前,在他们眼皮底下弯身准备扶起方三姑的时候，他们的表情变得扭曲了，像是亲眼看见刚才的一对皮影变成了大活人，活生生地站到了他们跟前——在方三姑的诉说中，他们联想的是一个充满悬念的、未知的故事，现在这个故事的“主角”就活生生地站到了他们的眼前，让他们脑中的想象受了惊骇。他们甚至把惊骇脱口而出了：

“你怎么到我们这儿来了呀?！”

白池张了张嘴，不明白这句话的内涵，更不知道作何回答。她只好低下头，扶起了自己的婆婆，向周围无数双圆鼓鼓的眼睛交代道：“我……来接我妈回家，你们让一下。”

将婆媳俩重重包围的盘龙村村民们，此时才让出了一条道路，他们心中讶然：那个永远精明而矫健的方三姑么子时候变得这么虚弱？连站起来都需要人搀扶了？他们不相信一个永远正当壮年的人，她的身体会如此急速衰老，但是不幸、不该、不可思议的事情就这么发生了。所以，当人们看着那条让出的路时，就好像走在上面的是一队发丧的人马，盘龙村村民们垂手站着，“不忍直视”地摇了摇头，脸上一片默哀——他们终于目睹了不幸。

有人拍了拍白池的肩膀，深表不幸地说道：

“事情已经发生了，谁也改变不了么子，主要是活着的——不，主要是还在家里的人要把家里头搞好，还热热闹闹的，别显得冷清了。”

其他人也忍不住上来规劝：“卫东嫂嫂，么子也不说，照顾好自己，更要照顾好你婆婆，你看她都……”

人群中最为动情的是“李秃头”他堂客，这个名叫“唐客”的女人几乎热泪盈眶了，她走到白池跟前，深情地握住了方三姑和白池的手，眼里包含着无限的情意，满嘴的欲说还休，还带着喷到白池脸上的热气。在她眼中的“热泪盈眶”即将变成“泪拆两行”的时候，这个“唐客”终于一扭头，悲戚地转身去了。

排在“丧路”两旁的人，像是集体犯了岔气似的，一齐发出了一声叹息：“唉！……”

原本还恍惚而出神的方三姑突然打了一个激灵，好像是刚被人从睡梦中吵醒了似的，满脸懵懂却真实的愤怒。可她把一切都摸得透透的，她一把甩开了白池的手，把脾气发得牛大：

“他们都这么说你了，你就是这么个可怜虫吗？他们都活得好好的，全世界都来可怜你一个人?！被人可怜的感觉很好是吧?！”

说完，方三姑像是甩掉手上的一摊烂泥似的，甩开了白池，白池站在原地满脸通红,她低着头咬了咬嘴唇,追了上去。

人们看着婆媳俩一前一后飞跑的样子,他们头都埋低了,眼圈都红了,都长吁短叹了,其实他们心里却可乐了,但他们不能把可乐挂在脸上,谁让这是一个“搞破鞋”的后续呢,这可是一个“搞破鞋”的后续啊！于是,他们纷纷咽了咽口水、咬了咬牙,硬生生地把自己从心底涌上来的笑意压了回去……

有真诚的年轻工人从人群中站了出来,他愣头愣脑地摸了摸耳朵,说了句坦自肺腑的话:

“我看这出戏的主角还不是她俩,主角——正在我们看不见的地方——搞着一件见不得人的事。”

当这个年轻后生表达完自己“神探包青天”般的担忧时,站在原地的盘龙村村民们不禁伸长了脖子,像一只只被人拎起的鹅,他们鹅着脑袋向各处看去——那些曾经“上演”过的好戏的地方,破落了的“张瓦匠”的家、破碎了的方卫东的家、那条通往山外的全新的道路……

二十四

伸长了脖子张望的盘龙村村民们,终于望来了一个伸着长脖子向他们跑来的年轻人时,吓得把伸长了的脖子都缩回去了。他们是在张望甚至是盼望着什么,但是他们不能接受这从天而降的意外。就像是一个男人,他看着一幅裸女的图片来动手解决生理问题时,如果在眨眼之间,这个裸女就从画里走出来活生生地站在了他跟前,那么这个男人的心情绝对不是心想事成的喜悦,而是把自己的兴趣吓得踪影全无。

缩回脖子的盘龙村村民们还没来得及看清远处那个奔跑的人,便愧怍而心虚了——人们听见了那个男人在马路上大喊大叫,他朝着砖屋大声地喊着方三姑的名字,他们的耳朵就自作主张地确定了这个男人的身份——方卫东。盘龙村村民们“意淫”的方卫东从他们的幻想中走了过来,让他们大惊失色了,纷纷大敌将至般撒腿撤退了:

“快快快,赶紧走,别让他看见了我们都站在这里！”

“对对对,别让他起疑心了,到时候丢不起面子！”

“哎,我们这一堆人这么老鼠见了猫地跑,他不会见势就追上来了吧?”

“那我们分头走,慢慢的,刚下地干完活的样子！”

“……”

说是慢慢悠悠地装，可一群人脚却着急慌忙地暴露了他们的心理，一帮人“悠悠地”走着，把黄泥马路弄得尘土飞扬……

“哎，乡亲们！”那个气喘吁吁的声音追到了人们身后。

“忙着撤退”的盘龙村村民们加快了脚步，像是自言自语又像是给男人回答般说道：

“哎呀，瞧我这记性，今天那头母猪就要下崽了，我怎么就给忘了呢？弄不好这会养都养了，我得赶紧回去看看！”

“哎呀，你们说我家那个小兔崽子都野到哪去了？一天都没见着人了，让我去找到他给吃顿拳头再说！”

“哎呀，我这饭锅还在灶台上呢！再不回去都得冒青烟了。”

“……”

正热火朝天地往家赶着，不知道是谁不合时宜地发出了一声惊叫：“啊！！！”

众人没有停下了脚步，耳朵却极力捕捉着惊叫的信息，哪个女人被大脚板踩了？她的大脚板上穿了钉子？还是她左脚给右脚使了绊子？

“哎！大嫂，你尖叫么子？我就问你个事。”气喘吁吁的男声说。

“那你攀着我的肩膀搞么子？”女声尖锐骇然地叫。

“我是看你们在跑，是出么子事了吗？”男声气喘吁吁地说。

“我们那是怕你追！”女生说。

“我没有追你们！”男声说。

……

人们的耳朵提醒了脑子：这声音不是方卫东的！脑子随即指挥身体作出了反应：众人缓缓地转过身来，在看清了这张非方卫东的脸时，他们如释重负地笑了，他们打着哈哈道：

“我当是谁呢，原来是你！”

“好久好久没看到你了哦，怎么回来了也不打个招呼，你么子时候回来的？”

“你这些年在外面都干了些么子？”

……

人们嘴上络绎不绝地跟“你”打着招呼，脑子却像卡了壳，这是谁家的伢子来着？他长得像张家的种？李家的后生？“李秃头”的模样？对！这不分明就是“李秃头”的眼睛吗？还有“李秃头”的脑门！——站在人们面前的是“李秃头”已外出多年的弟弟李加禄，和哥哥“李秃头”不一样，弟弟李加禄不仅有一头乌黑的头发，还长得一表人才，是村里当年第一批到山外读初中的孩子，如今已经长成了一个二十多岁的年轻后生——真是一表人才啊，就算是同样的眼睛同样的脑门，长在李加禄脸上就是好看些，在“李秃头”脸上就有些看不下去了，虽说“李秃头”也只是秃了脑顶一圈头发而已。哦，说起“李秃头”秃了一圈的脑袋，还真不能不提这个“‘李秃头’”的“美号”的由来，因为人只秃了一圈头发，村里人不好干干脆脆地叫人家秃子，本来还李哥李哥地叫着，可是有一次他一向好脾气的老婆堂客竟然一反常态，唐客在一个夏日的早晨追着“李哥”满村疯跑，嘴里还不住地骂他是个秃子——你他妈的是个秃子！死秃子！“李秃头”！经唐客“沿街”这么一宣传，人们从此摒弃了他“李哥”的雅号，选择了生动而形象的“李秃头”。久而久之，人们甚至忘了他的原名，原名叫么子来着？——哦，“李秃头”叫李加福，李加福、李加禄，多吉祥而有文化的名字。对！李加禄是“李秃头”的弟弟。为了自己那突然好使的脑子，有人不禁脱口而出了：

“‘李秃头’！在外面过得还好吗？”

“呃……我哥应该在家吧？他没在外面吧？我回来就是来看看他过得怎么样的。”李加禄满脸尴尬地回答道。

“哦……我的意思是……‘李秃头’他担心你在外面过得还好不？所以，你赶紧回家看看吧，你嫂子唐客刚还在这跟我们扯卵谈呢！”

李加禄赞同地点了点头，又说道：“我是准备回家呢！这次回来主要就是来看看我哥哥嫂子，顺带给方卫东家里捎个消息，对了，你们知道红砖屋里的人都上哪儿去了吗？”

听到“方卫东”三字的盘龙村村民们不禁嘿嘿地笑了，刚才那个讨论“主角在看不见的地方”的年轻工人又开口了，他兴奋不已地喊叫：

“有戏呀，还有好戏呀！”

看到盘龙村村民们挤眉弄眼的神情，听到盘龙村村民们阴阳怪气的笑声，李加禄不禁把眉心挤成了一个“川”字，他疑惑地问道：

“么子好戏呀？这是话里有话的意思？”

盘龙村村民们答非所问，他们不置可否地笑了笑，一个细眼睛的女人四处望了望，向李加禄悄声问道：

“加禄，你告诉我，方卫东他都让给他家里带么子消息了？”

听到女人从嗓子眼里挤出来的声音，李加禄感觉到一阵膈应，他特意提高了音量，磊落地回答道：

"人家带给家里的消息我们打听没意思吧？再说这个也没么子好打听的，人就是去了上海，告诉家里一声，值得你们这么神经兮兮地打听吗？"

细眼女人被这么理正词严地批评，有些挂不住脸，低声嘟哝道：

"我不就是随便问问吗？你干么子跟个臭老九似的教训人哪……"

细眼女人悻悻地退回了人群，其他人立马来了兴头，他们纷纷问道：

"上海是个么子地界？"

"他去上海搞么子？"

"'野嫂嫂'也在上海吗？"

"他在上海没搞破鞋了吧？"

"他说他还回我们盘龙吗？"

……

这个从山外读过书回来的年轻人，第一次向人们展现了他鲜明的个性，早些时候在盘龙村时，人们总拿他当细伢子看，如今再回村里他俨然成了人们的老师。他朝天仰着脑袋，从孔子的"非礼勿听"讲到如今的国民素质，从西方的自由精神讲到人性的本质，越往后讲越让人不知所以，盘龙村村民不知所以的同时，李加禄的声音就像被开水烫了似的越来越尖锐、越来越激动，使盘龙村的人们听得目瞪口呆，他们脸上的表情稀奇古怪，好像看见一条鱼的身子长了一只鸡的脑袋。他们不可思议、不知所以地呆张着嘴，你看看我，我看看你，面面相觑，几乎要怀疑面前的这个滔滔不绝的人是不是犯了精神病。

当盘龙村村民们战战兢兢地抬起手要去摸李加禄的额头时，李加禄终于停止了口中的滔滔不绝，他缓缓低下头来，人们竟然看见了他眼里如阳光下的水面一样闪烁了。盘龙村村民们脸上的表情更加稀奇古怪了，他们不知道李加禄的眼里是掉进了沙子，还是他们自己花了眼，直到李加禄"噗"的一声跑开了，他们才敢确定他眼里是真实的泪水。

盘龙村村民们看着李加禄在薄薄暮色中飞奔的身影，犹如坠入了十里烟雾，他们揉了揉眼睛、抓了抓脑勺、摸了摸耳朵，终于忍不住啐道：

"个死神经病！说得好好的，还哭上了！又不是说他搞破鞋！"

李加禄回到盘龙村那天，对于村里的细伢子们来说是件极幸福的时刻，不知是哪个孩子经过"李秃头"家时得了一粒奶糖，消息传开了，那个晚上，村里的孩子们就像古时宣人觐见的太监一样，骄矜而做作地喊着那句话了：

“‘李秃头’他弟弟说让我们去他家吃糖咯！”

那时候各家各户的细伢子们“蹭”的一下就窜出了家门，像发情了的公马看见了母马一样朝“李秃头”家冲将过去。“李秃头”的家不在马路边上，穿过马路，走过田埂，蹚过小溪，绕过山丘——可谓“山千重、水百渡”，就算从村中心的大马路出发，也要个把小时才能走到“李秃头”的家。“李秃头”的家是一间土坯屋——黄泥巴做成砖，黄砖再砌成屋子就是“李秃头”家的模样。“李秃头”家的土坯屋不仅能住人，还住了满墙的蜜蜂，像被白蚁蚀坏了的门框一样，土坯屋的墙上也密密麻麻地布满了许多坑，这些坑里面又住满了密密麻麻的蜜蜂。“李秃头”家的屋子因此像极了一个患有头疾的人的脑袋，一年四季都充满了嘈杂而冗长的嗡嗡声。

当方家砖屋里的俩孩子，那时候白果已明显地和家里的两个女孩显出区别来，白丹渐渐和方芳玩到了一块——十三岁的白丹带着九岁的方芳来到“李秃头”家时，土坯屋前已经蹲满了在舔糖吃的细伢子，他们手上沾满了口水，手指尖捏着糖，他们舔一口便拿出糖来使劲地看看，检查这一口相比较上一口是不是舔去了更多，现在的这颗糖相比较于刚拿到手的那颗糖又少了多少？他们看不出区别，就更使劲地去检查，那认真的模样好像他们不是用嘴在吃糖，而是用眼睛吃糖似的。

所有吃糖的男孩和女孩们都是如此认真地看着自己手中的糖，只有一两个没得糖吃的孩子看见了刚赶来的白丹和方芳，他们委屈地向两个女孩说道：

“‘李秃头’家的糖已经分完了，他弟弟现在去屋里读书了。”

而正在他们身旁的“李秃头”没有听见孩子们嘴中的“李秃头”，他和他的堂客“唐客”正兴高采烈地站在门口，他们的站位是有讲究的，这对老夫老妻像是村里新结婚的人一样站门的两旁，而他们的身旁聚集着越来越多的盘龙村村民们——这些吃糖的细伢子的父母和爷奶们。土坯屋前第一次站满了这么多人，让“李秃头”脸上洋溢着结婚似的神情，让“李秃头”的嘴里充满了结婚似的语调。

当然，方芳、白丹和所有孩子们是没心思看“李秃头”“结婚”的表情、听他“结婚”的语调的，他们只管全神贯注地盯着自己手中的糖，或是吃糖人手中的糖。在那个隆冬的夜晚，方芳、白丹两个女孩第一次听见了如此响亮而一致的吞口水的声音，像是养蚕人家里那无数条蚕在一起吃着桑叶。吞口水的沙沙声足足响了一个小时，大人们聊天的叽里咕噜的声音也足足响了一个小时。方芳和白丹两个女孩本应该像其他孩子一样，只顾得上“沙沙”的声音，可她们的耳朵总是突然听见白池的名字，于是她们的耳朵也听见了一些“叽里咕噜”的声音——在这一个小时里，两个女孩听见“方卫东”的名字在不同的嘴里被提到了一百多次，“野嫂嫂”一样也被提了一百多次，“白池”的名字则被提得少一些，只有五十多次，还有方三姑和“张瓦匠”合在一起的六十多次。像是听到有人叫自己一样，每一次有人提到“白池”的名字，两个女孩就撇头向大人们看一次，看了五十多次后，时间已过去了五十八分钟——那是“李秃头”说的，他用自己的左手端起了自己的右手，夸张地瞪大了眼睛说道：

“我站在这跟你们都说了五十八分钟了，这手表把我手腕子都震疼了！”

“李秃头”拿出手表来看时间的效果，相当于拿出了一件耀目的稀世珍宝，围在他身边的盘龙村村民们惊讶得张大了嘴，他们张开嘴倒吸气的声音好像是一个无形的开水瓶被灌进了一壶无形的开水。跟往开水瓶里倒一壶开水的时间差不多，盘龙村村民们张着嘴倒吸了十秒钟的气。“李秃头”眯着眼睛，又抬起了自己的右手，眉开眼笑地说道：“我以前也没用过这东西，我家加禄回来的时候带了一块，我刚开口问呢，他二话没说就带到了我手上，见我一开心就把村里的孩子们都叫来吃糖了，才一个晚上他带回家的东西都给了别人。”

众人不禁把目光投向了在昏暗的灯泡下看书的李加禄，他手捧着书，正在自顾自地笑。看着李加禄自己发笑的表情，人们不禁皱了眉，一个男人往前走了一步，悄声跟“李秃头”说道：

“李哥，你们家加禄是不是这里——有点——问题？”男人说着，举起了自己的手指指向了自己的脑门，那模样好像是要一枪崩了自己。

在那个隆冬的夜晚，当盘龙村村民们都像一锅沸水般喧闹、流动，且乐此不疲时，住在砖屋里的婆媳俩却沉沦了情绪，紧紧箍住了一颗心。

在村民们面前闹过一场后的方三姑径直走进了西屋，白池在马路上跟着她就像陪伴着一个任性的孩子，回到院子里，迎头看到的仍是一扇紧闭的屋门。但就是在那个寒风呼啸的夜晚，一切竟显出了春风吹化般的松动。白池站在门外，方三姑在屋里，隔着那扇紧闭的屋门，方三姑史无前例地开始向白池诉说她孩子般的哀伤和恐惧。在方卫东离开以后的无数个夜晚，方三姑做了无数个主题相同的梦——有人带回了方卫东的消息，这些人用了不同的口音，表达了同样的悲悯：方卫东死了，你们要节哀呀，每听到一次“丧讯”，方三姑都要身临其境地哭一回，每一次醒来她都知道一切只是梦，可这个憔悴的母亲却忍不住信以为真。直到昨天晚上，方三姑仍做着那样真实的梦，方卫东的眉眼，方卫东的模样，方卫东的满脸怯懦就在眼前，方卫东的期期艾艾就在耳边，他说妈妈，原谅我，先你而去了。方三姑把这种梦中的“活灵活现”理解为“心灵感应”，她坚信儿子的“心”已经千里迢迢地回家了，她相信她们母子血脉相连、心灵相通……

白池站在西屋门外，三年以来，第一次把自己的一颗心箍得铁紧。她脑海里像是突然袭来了一场海啸，过往的记忆翻江倒海地涌现在眼前。她想起了自己的新婚——新婚时候的方卫东，想起了自己的生养——使她生养的方卫东，想起了自己被背叛——背叛自己的方卫东，想起了自己孤儿寡母两人——丢下她们孤儿寡母的方卫东。多么恨啊！可他已经可能变成了死去的方卫东，多悲哀啊！如果能确保他平安，一切都可以一笔勾销，就让它烟消云散，换取方卫东的健全……

突然大门外一阵急促的敲门声响起，听到了女儿方芳叫门的声音，白池终于长舒了一口气，向屋里说道：

“妈妈，芳儿和白丹回来了，我去给她们开门，你早睡。”

从西屋门口缓缓走开的白池，在砖屋门口却接到了一个“惊天”的消息。方卫东带消息回来了，方卫东托“李秃头”的弟弟带消息回来了。

“卫东嫂嫂吧？我是李加福的弟弟，名叫李加禄，我送俩细伢子回来，顺便告诉你方卫东的消息。”

白池看着这个同村的男人，双眼睁得溜圆，恨不能像照妖镜似的把这个男人照回原形。在那一刻，白池几乎认为婆婆方三姑的噩梦要灵验了——方卫东已经独自、偷偷地在远离她们娘俩的地方死去了。

白池向李加禄悲哀地说道：

“等会儿，有些话不能当着孩子的面说。”又转头向白丹和方芳叮嘱道：“你俩快回屋里去睡觉。”

芳儿在母亲面前把头点得像鸡啄米，白丹却是春风拂柳般悠悠地点了点头，现如今长成了少女的白丹已有了若有所思的意思。

“对了”，白池像是突然想起了什么似的交代道：“芳儿、白丹，你们不要忘了在睡觉之前再温习一下今天读过的东西。”

白丹牵着方芳的手，一齐向东屋走去。

……

这一夜，半睡半醒的白丹显然是被姐姐莫名的声音惊骇了，她听见姐姐的声音在窗外突然响起，又像铁锅上啪的一声爆了黄豆，仔细去听，窗外又陷入了一片夜的寂静，无声良久，又有人们交谈的声音在咕咕噜噜地响着，像一只正翻滚着开水的水壶。好几次，睡梦迷蒙的白丹都被突然响起的声音惊醒，以为黄豆爆了，以为水壶开了，白丹几乎要以为自己睡到了灶台上？摸了摸身下，是还算得上柔软的被子，白丹又终于踏实地睡去，不知是在梦里，还是在窗外，白丹听见一个女人的哈哈大笑，仿佛是谁听见了天大的笑话，那笑声高低起伏、缥缈悠长，断断续续地持续了很长时间，把白丹的梦搅得天旋地转……

二十五

三年以前临近中秋的前一天，方卫东离开了盘龙村，他是在一个漆黑的深夜里，从盘龙村东南角的那条羊肠小径上走出去的。在最初非常迷茫的几天，他曾在盘龙山另一端山脚下的河滩镇稍作停留，然后在一个秋天的早晨，如同一个在街上漫无目的的人被卷进了人流一般，方卫东跟着镇上的一群人去了遥远的上海。他现在在上海的一家造船工厂给人干活。而这些，直到三年多以后才被他的家人所知道。李加禄和方卫东是七天以前在火车站遇见的——方卫东在上海准备转移到一个新的地方工作，李加禄从那里启程回去故乡，两人在码头的渡轮上偶遇了，方卫东嘱咐李加禄告知他盘龙村的家人。李加禄最后向白池说明道，上海是一个全新的世界，充满了挑战与机会，可就是有点远。可是对于白池来说，无论河滩镇还是上海，它们都一样远。李加禄不解，白池喟叹道：

“就是望不见那么远。”

李加禄告诉了白池方卫东的消息，方卫东的消息又被白池告知了方三姑——那时的方三姑彻底显示出一个老人的脆弱和喜怒无常，白池却对待她像是一个受伤的孩子。她轻言细语地跟方三姑讲了李加禄带回的消息，看见哗哗的泪水在方三姑沟壑纵横的脸上肆意奔流，像是从决口的堤坝上奔涌而出的江河。方三姑听完了白池的说话之后，像是一个听话的孩子一般，默默地回到了自己屋里，不久后便从屋里出来递给了白池一封信，信封上面写着“卫东我儿”四个字。方三姑说道：

“白池，你把信给李加禄，让他年后带到上海去。”

虽然明知道李加禄去上海的时间要到年后去了，方卫东不可能提前得知母亲的召唤。但是在年底的时候，方家砖屋里的两个女人还是陷入了急切的等待，白池的等待使得她很难再进入以往平静的心灵状态，方三姑的等待却使她重新焕发出生命的光彩和热情。那个时候的白池和方三姑，像是搁浅在岸边的两条鱼等待着潮水再次将它们带入海中，方三姑和白池耐心而焦躁地生活着，等待着在某一刻某一个答案如雷电落下般降临。

在方三姑和白池等待的日子里，她们的视野里走过很多人，有些她们认识，有些她们不认识，那是在山路开通后来到村里的山外人。不管是不是白池和方三姑所认识的人，他们都整齐划一地穿着深灰色工装，脸上都挂着内容一模一样的笑容。

他们笑容满面地向方三姑问候道：“三姑，站在门口看么子光景呢？快到年底了，多加衣呀！”

他们春风得意地向方三姑逗趣道：“三姑哟，你在看什么呢？你怎么不到山外去走走？现在路都很通畅了，人在上面走两天就能到山外，骑单车一天能到，坐汽车是最快的，半天就能到，我们现在就像进出自家的茅房那样，能在山里山外方便、自由地进进出出了。”

他们满面春风地邀请道：“三姑，你怎么不去我们厂里看看呀？厂里衣服也给我们发了，帽子也给我们发了，口罩也给我们发了，还给我们发了钱呢！你怎么不去看看呀？”

他们满面春风道：“三姑，你坐在台阶上搞么子？三姑？三姑……老太婆睡着了。”

……

熙熙攘攘的人群在方家门口川流不息，盘龙村村民们在盘龙村的黄泥马路上浩浩荡荡、东奔西走、往来纵横，大多数人在砖屋门前走过时，都仿佛宇宙的恒星旁悬浮着数以万计的小行星一般，他们步伐后面飞扬着许多细小的灰尘。盘龙村人陷入了前所未有的忙碌，好像每走一步都在争分夺秒。

相比之下，曾经阔气的方家砖屋在那时候显得尤为落寞，因为家里只有两个女人和三个未成年的孩子，方家并没有像村里的其他家庭一样，或直接或间接地加入到“愚公”水泥厂的建设之中来，砖屋里的婆媳俩也因此显出和外界的格格不入来。看似这是一种隆冬般残忍而无奈的颓唐，可新的希望却在某一处如春天般萌芽。那时候，在白池的影响之下，砖屋里的三个细伢子显示出对知识的无比热爱来，白果和白丹在日间和所有村里的孩子并无差异，做着那个年龄的山里孩子应该做的一切，方芳在白天时是在村里上学的，晚饭过后，这三个孩子就形成了一个小课堂，砖屋里的琅琅读书声就是在那个时候飘扬出去的。砖屋里这个不一样的细节，直接导致了在日后的岁月里，这个家庭与别人的区别。

盘龙村村民们在那些日子里的忙碌，致使他们对很多事情的粗心和漠不关心，他们没有关注和关心到方家被消殆或者说是潜藏着的萌芽的势头。盘龙村村民们瞪着眼睛努力地专注着自己眼皮子底下的生活，在水泥厂生产水泥，在田里干活，跑到山外去游览，每一项似乎都是爱到了骨子里，日复一日乐此不疲。在这样繁忙的气氛之中，盘龙村的这一年，又要殆尽为除夕了。

按照老习俗，在一年岁末的时候，盘龙村村民们在外面的子女或兄弟都是要回来一起过除夕的。老先人曾经说过夕是怪兽，只有靠众人的力量才能消灭它，如果消灭不了它，那活在一个家里的人也要死在一起。盘龙村村民们所以要团圆，团圆就是从四面八方坐火车、坐木船、碾马路的人最终都会聚拢在一个点上。盘龙村便有了一种万众一心、千里来聚的喜乐气氛。而这一年，由于新山路的开通，盘龙村像是突然变得富有吸引力，许多多年未曾回家和许多没来过村里的亲戚，都在年底的时候聚集到了盘龙村。

村支书龙根红就很喜欢这样的气氛，在这样的气氛的熏陶下，他往往会从自己盘龙村的家里走出来，撇下好不容易回来一趟的孩子，他要走到盘龙村广阔的马路上去，然后沿着马路走家串户问问李家的好、贺贺张家的喜，然后在某个村民扎堆的晒谷坪上，像点燃一串鞭炮似的噼里啪啦说上一通，说年底下熏腊肉做丸子打糍粑杀年猪的各种狗碎事，也说孙老汉王堂客赵伢子刘寡妇的各种人情事，最后重点是说到村支书的工作、村支书的人际、村支书的家庭的各种事儿，总而言之，他龙根红作为村支书的工作是艰苦卓绝的，他做出的牺牲是巨大的，他取得的政绩是喜人的，他们的前景是乐观的。

龙根红喜欢高谈阔论，但不喜欢别人跟他谈跟他论，所以他一般会采用引吭高声、滔滔不绝的方式，将一帮村民说得一脸呆相，龙根红很欣赏村民们的这种呆相，说明了听众们的认真和被震撼，在感觉说得差不多尽兴的时候，龙根红会满意而慈祥地点点头，接收到了信号的盘龙村村民们便响起了雷鸣般的掌声，一挂鞭炮就在此喜庆的气氛中放完。这样的鞭炮一放就是二十三年，也基本上成为盘龙村一年中的必备节目。

这一年的年三十上午，龙支书和往年一样走在盘龙村广阔的马路上，看见他的村民像是要去讨饭似的都捧着一个碗走出了家门，难道今年村里的生活就穷到这个光景了？可刚才看见好几个作为水泥厂工人的村民乐颠颠地赶往工业区啊。龙根红揉了揉眼睛不敢相信，却看见村民们手上分明是人手拿着一只碗，再仔细一看，才发现他们脸上都挂着一副乐颠颠的笑，脚下的步子急得像是憋着一泡尿要去茅房。“去拉屎还捡着热的装回来？”龙根红为着自己这个恶心的想法皱了眉头，他的嘴巴却不带拐弯，他冲着那个被落在最后的女人的背影喊道：

“你们去哪儿装屎呢？”

“啊？你嘴里吐的是么子屎？”回过头来答话的不是别人，正是村头年轻的刘寡妇，刘寡妇不知么子时候长了一脸麻子，她麻着一张脸问村支书他嘴里刚刚说的是么子屎？

龙根红张着嘴巴，红了脸，他空张着嘴啊了一会儿，结巴道：

“我是说……说去哪儿做……使……做事呢？”

“去‘李秃头’家，‘李秃头’家今天杀年猪，他让我们去接他的猪血，还有他的下水。”刘寡妇欢快地说道。

龙根红没有说话，他红着的脸黑了。

“支书，我们一块去看看‘李秃头’那头猪吧。”刘寡妇热情地向他们的支书邀请道。

龙根红还是没有说话，他只是径直向前面走着。走着走着，刘寡妇看见他们的村支书脸色异常，好像被开水烫了似的，正当她忍不住要开口关心他的时候，她的村支书龙根红憋坏了似的长舒了一口气，小心翼翼地问道：“小刘，我能问问你们家以前那口子，是怎么过去的吗？”

“死过去的呀！”

“怎么死的?！”

……

刘寡妇终于感觉村支书问话的语气有些不对，她没有回答，疑问着仰起头来，果真看见龙根红的眼神复杂，正狠劲地看着自己的那两瓣尖尖的薄嘴皮……

黑着脸的龙根红和白了脸的刘寡妇，随着众人来到“李秃头”家土坯屋前，迎头便看见一堆红着脸的村民。在这个寒风呼啸的日子，他们合起伙来要取了这条猪的小命。猪很珍惜自己的小命，当一大帮子人七手八脚地捆住了它，还把它掀翻上案时，这头猪感觉大事不妙，开始了呼天抢地的号啕，以表达自己强烈的不满和悲伤。在盘龙村，几乎每家每户都养了牲口或禽畜，帮着来干些活计，还就是喂了好当肉吃的。但都没钱三五成群地养上一堆，所以，村里没有专门养鸡养鸭、喂牲口的大户，也没有专门杀猪的屠夫像这样杀猪宰羊的事儿，都是主家叫上村里几个壮汉来完成的。就好比这次，主家是李加福，人送外号“李秃头”，他叫了族里几个姓李的表侄，还有村里几个得闲的青壮汉子，一帮子人正在热气腾腾地忙活着，准备把一只活物变成一堆肉墩子。

站在这堆人最中间的是主家“李秃头”，“李秃头”已经有两年没有杀过猪了，也就是说这头唯一的猪已经在“李秃头”家好吃好喝地住了两年，按理说也是时候要了这厮的小命了。可面对着这只踹手踹脚的猪，“李秃头”显然是有些慌张，他拿着一把杀猪刀眉头紧锁，咂巴着嘴在空中左一比划右一比划，就是拿不定主意如何下手。众人都在摁着这头力气牛大的猪，看着犹豫不定的“李秃头”，他们急了，摁着猪后腿的那个汉子破口大骂道：“‘李秃头’！你他娘的磨磨唧唧干么子呢？你倒是快点啊，我他妈吃奶的劲都使出来了！”众人跟着他一片骂娘。

“李秃头”仍是不动刀，好像被摁在案上的是他似的，举着杀猪刀浑身触电般抽动着身子，对着天空就是一顿乱砍。像是给自己作解释，又像是给自己壮胆，吼道：“他妈的好久不杀猪了，随便练两下！”说着便气势如虹地挥下刀去，落在猪脖子上时又变软了，像使弄铅笔似的在猪脖子上一笔连着一笔地绘图。众人看着他一群群地翻白眼，“李秃头”卖笑道：“不好意思，不好意思，我试试手气。”

“你他娘的！”几个汉子异口同声地骂道，喷了“李秃头”一脸的唾沫星子，“李秃头”抹了抹脸上的唾沫星子，嘿嘿笑道：“不急哈，不急哈，我就下刀。”

再低下头去看时，被摁住的猪已经不挣扎了，它也不嚎，愣愣地看着“李秃头”流眼泪。“李秃头”好像替猪受委屈似的，咬着下嘴唇，眉毛也拧巴了，可是一闭眼还是把刀切进了猪肚子里，没想到这软绵绵的一刀非但没有了结猪的小命，猪嘴里立马爆出了那声鬼叫，还使出了一股更大的牛劲。几乎要被猪掀翻在地的众人又忍不住破口大骂了——但他们没有骂猪，而是对“李秃头”骂道：

“你他娘的能不能一刀给个痛快？你当摸你屋里堂客呢！”

“李秃头”本是出于不忍，但却不想让猪重吃两遍苦，受了两茬罪。为了这不争气的猪，更为了来帮忙的人张嘴骂娘。“李秃头”也恼了，向众人瞪了眼睛，恨不能从眼里射出箭来，可一看见六七个人正以更加愤怒而不耐烦的眼光，人多势众地看着他，“李秃头”只好吞了吞口水，心虚地又给了猪一刀，才结果了猪回光返照的小命。

当“李秃头”从猪肚子里挑出五脏六腑，把骨和肉也恰到好处地分离了，来帮忙的汉子们才痛快地舒了口气，他们坐在台阶上对“李秃头”夸奖道：

“你他妈的终于收拾点狗样出来了，也不枉费我们大老远地跑来挨了那些脚猪踹！老子现在等着你的肉吃呢！你快着点！”

说罢，青壮汉子们互相看看，晒谷坪上响起了一片哄笑。大笑的时候人是仰着头，盘龙村村民们这才发现他们的村支书正端着一张脸在他们的头顶上，那脸上满是慈祥的笑。像是学生正私底下商量着坏事，回过头却被老师抓了个正着，村民们仰着脖子在脸皮上僵硬地动了动笑。

“小的们，猪杀好了，你们来捡些下水和猪血去！”埋头苦干的“李秃头”似乎大功告成了，他把头埋在案板上，对大家招呼道。

“李秃头”的话音刚落，谁也来不及欢呼，汉子和堂客们像是一群奔向粥店的要饭乞儿，拿着一只饭碗蜂拥而上，让他们的村支书在他们的裹挟之下原地转了个圈。

村支书龙根红趔趄了两步，正晃悠着要往后倒，突然感觉身后有人在他后背上撑了一把。龙根红稳住了脚回头看到一个青面后生，青面后生对他友好地笑笑，笑出了“李秃头”的眉眼，顶着一个“李秃头”的脑门，还有一头“李秃头”没有的黑亮的头发，虽说在某些器官上他和“李秃头”很像，模样也比“李秃头”秀气好看。龙根红由此确定这个人定不是“李秃头”，可是又不能不说这个人像极了“李秃头”的英俊版，于是他不得不再次转过头去，望向埋在猪肉里的“李秃头”，可不料此时的“李秃头”已经埋在了里三层外三层的背影中，“李秃头”还在那些背影里喊呢：“只准拿下水！鬼爪子往哪儿抓呢？小心我剁了你的！”龙根红又转过头来看着眼前这个，正要问明其身份时，青面后生开口了：

“支书，没闪着腰吧？我是李加福的弟弟李加禄。”

龙根红一拍脑门，欢喜地大笑：“哦，加禄啊，好久不见你都变成老大孩子了，你不是在县城里读书吗？么子时候回来的？”

一阵风吹过，李加禄像所有并不健壮的读书人一样，在手上连哈了几口热气，紫着两瓣嘴唇回答道：“支书，我在县城里读的是初中，现在已经初中毕业十二年了。”

龙根红又问：“那你现在几岁？在哪儿工作？说起来，你可是我们村里少有的知识分子啊，我都特别希望你能有个好势头，那会给我们现在读书的细伢子多大的鼓励啊？有知识是笔大财富啊！”

李加禄答：“唉，您过奖了，也让您失望了，我算不上么子知识分子，充其量就是个写字的。”

龙根红问:“哦?写么子字的?写毛笔字,练书法的?写粉笔字,教书的?还是,给人刻墓碑的?”

李加禄摇了摇头说:“支书,我写的是钢笔字,我是写钢笔字的,有时候也用铅笔写字,我用钢笔和铅笔写小说,钢笔字写一页是短篇小说,钢笔字写一本是长篇小说。”

龙根红竖起了大拇指,他明白小说这个稀罕玩意儿是有闲又有钱的文化人写的,又问:“那你是写长的,还是写短的?”

李加禄沉默了一会儿,说:“我长的短的都写,短的写得不太好,长的又不太敢写,所以现在只发表过六篇短的,今年年底才写完第一部长的。”

龙根红若有所思地点了点头,他回头望望正在围着一堆下水哄抢的村民们,双眼变得迷离,良久才缓过神来,对李加禄语重心长地说道:

“我们国家社会主义的发展,需要你这样的人才。”

还没来得及等李加禄作出反应,龙根红像是突然想起了么子似的,又是拍自己的脑门,眨巴着自己长满了鱼尾纹的眼睛,他看着李加禄的时候,把一双似尖嘴鱼的眼睛瞪成了一尾武昌鱼,龙根红大惑不解地问道:

“怎么这么多人都来捡你们家下水了?”

龙根红的意思是盘龙村早有习俗,每家每户隔个三五年就会杀上一头年猪,杀年猪就得青壮汉子来帮忙,来帮忙就得在主家好酒好饭地吃上一顿,可是谁都不能无缘无故来主家啊,来了这些个不相关的人也就算了,可怎么这次不相干的人来了这么多?来了这么多也就算了,怎么他们还能空手套白狼似的,捡这么些好下水回去?这不科学。龙根红眼中充满了不知所以的狐疑。

李加禄知道龙根红的疑问,就像李加禄见识了哥哥李加福的疑惑一样,的确,李加禄做了一件令人难以置信的事儿——李加禄腊月二十九回的家,年三十就把一沓钱放在桌子上,要求哥哥嫂嫂把自家的猪杀了。杀年猪本不是个事儿,可事情就在于李加禄竟然自己掏钱杀自家的猪要给别人吃肉。给肉别人也许还算不上个事儿,可事情就在于这样的弯弯绕让李加福拧巴了——他算不清这笔亏本买卖,李家两兄弟,弟弟李加禄得贡献出一头买猪的钱,自己还得贡献出一头猪,两兄弟各有一份损失,这可比单纯杀一头年猪,或者单纯拿一份钱损失更大啊。“李秃头”使劲琢磨着这笔账,光掐掐手指头他就痛心疾首。他觉得自家弟弟读书读坏脑子了,只知道不切实际地说些在书里才有可能出现的事儿,他的脑子和日子都过到书本里去了。当“李秃头”认定了这个事实,开始了良久的沉默，他沉默不是因为他默认了弟弟李加禄的决议，而是因为他需要足够专注的大脑和足够充足的时间来酝酿一个答复——他要拒绝李加禄的要求。终于，他憋红着脸说道：

“兄弟，你听兄长说，这种事是不是叫赔了夫人又折兵？聪明如你，怎么会做这种赔了夫人又折兵的事儿？”

熟悉了“李秃头”这个大老粗几十年的唐客惊呆了，她张开了下巴很久没有合上。李加禄也忘了说话，蹭的一下红了脸，把头摇成了拨浪鼓，然后找出了一张纸，用了让堂客合上嘴的时间，写了一个名单。然后仍是红着脸说道：

“哥哥，这都是村里的穷苦人，我们帮帮他们，他们会幸福的，他们会感谢你的。”望着哥哥李加福还是一副痛心疾首的样子，李加禄又补充道：“哥哥，先给你一头年猪的钱，再过俩月，我再给你买一箩小猪崽子所需要的钱。”

最后，“李秃头”得以被说服的原因是，李加禄用了两颗石子，分别当作“李秃头”的猪和李加禄的钱，通过两颗石子的平行转移，让“李秃头”明白了他杀一头年猪，李加禄就会给他一头年猪的钱，“李秃头”不会亏本，非但不会亏本，李加禄还会给他一笔钱让他重新去养一圈小猪崽子。最后，事情得以敲定的原因是，“李秃头”和李加禄各退一步，“李秃头”决定不要弟弟买小猪崽子的钱，也不肯把整头猪分给穷苦人，他觉得自己就够穷够苦。李加禄也不强求哥哥，他同意哥哥把部分年猪分给穷苦人的打折处理，并坚决让哥哥采用自己的名单。

“名单上是哪些人？”当李加禄把人们为何来他家捡下水的原因解释给他听后，龙根红第一反应是问了这样一个问题。

李加禄伸出了他的食指，他把食指指向了那堆热热闹闹抢下水的人——村口瘸了腿的李老汉、盘龙山脚下瞎了眼的王老太婆、没有儿女的赵木匠两口人、哑巴了的老姑娘赵四丫儿、有个瘫痪儿子的李老妈子、得了大脖子病的吴老汉、村里教书的李校长和几位老师、在水泥厂干坏了肺的周伢子、村头年轻的刘寡妇、跑了娘的雷兄弟俩……

李加禄把这些人一一讲给龙根红听，他介绍了他们的名字，说了他们变成瘸腿、瞎子或者哑巴的可怜经历，他们作为孤儿、寡妇或者孤寡老人的难处，他们得了瘫痪、肺痨或者大脖子病的疼痛，还有作为教书先生的付出与收获远远不成正比。他一连说了二十一个人，说这二十一个人他用了举步维艰、感同身受、悲从中来、忧心忡忡四个成语，一直把自己说得泪光闪烁。龙根红没有看见他的泪光闪烁，他是一个注重排场和数据的人，此刻正在专心致志地望着那些抢下水的村民们，最后，他轮了两遍自己的手指头，问道：

“加禄，你刚才一共说了二十一个人，除去来帮忙杀猪的，这里来分下水的一共是十五个，还有六个呢？你怎么报毛数？”

李加禄像是被人从梦中叫醒似的，打了一个激灵，他应声解释道：“哦，没来的六个分别是‘张瓦匠’的两个儿子、因得了肺痨被水泥厂辞退的三个后生、村里小学的吴老师。虽然他们没来，但是我心里尤为担心的就是这几个，所以我把他们说给您听了。”

龙根红若有所思地点点头，良久才回应道：“哦，我大概知道他们为么子不来，大多各有各的原因吧。”然后又看着李加禄，一本正经地说道：

“加禄，你是个好孩子，盘龙村的发展正是需要你这样的人才！你不简单啊！”

正是因为这句话，李加禄和龙根红的谈话进入了一个新的境地。说出这句话之前，龙根红在李加禄眼中只是一个作为普通人的村支书，说完这句话之后，龙根红就变成了一个慧眼识珠的村支书——他的慧眼不在于他看见了李加禄这颗明珠，而在于他对未来的期待和预见。

李加禄看着龙根红，像是湖水望见了太阳似的，熠熠地闪烁着湿润的光。他在一片人声嘈杂中做了一个“往里请”的姿势，就拉过了他们村支书龙根红的手，从围着一堆下水攒动的人群中径直穿过。他们不知道，在他们走进土坯屋的时候，他们的背上已经趴上无数束刚从下水上移开的好奇的目光。

土坯屋是土坯砖砌成的，土坯屋里能住人，土坯砖里还养着蜂。在李加禄和龙根红走进土坯屋的那个日子里，蜜蜂们已经进入了冬眠。但在那个辞旧迎新的下午，当李加禄和龙根红锁上门在土坯屋里足足待了四个小时的时候，土坯屋外人们各种各样的嘀咕声就如同春天的蜂窝一般嗡嗡作响了。

在这样的嘀咕声即将像野蜂一样肆意的时候，“李秃头”被怂恿着趴在自己的窗台，站在窗台下面的人则一致地看着“李秃头”光秃的后脑勺，他们看见“李秃头”光秃的后脑勺刚镶在了窗台上，一眨眼就转了过去，他那锃光瓦亮的脑门又出现了。“李秃头”回过头来难为情地看着窗户底下的人们。嘀咕着的人们依旧嘀咕着为他加油打气：

“‘李秃头’，别怕他是个支书是个么子，你又不干么子伤天害理的事，你只是想问问支书在你们家吃年夜饭不？”

“‘李秃头’，在村里他支书是老大，在土坯屋里你就是老大呀，强龙不压地头蛇呀！”

质来，他回答道："等他。"

白丹和白果异口同声地重复："等他？"

张一雷点头道："他。"说完便神色凝重地看向了远方。

兄妹俩看看兄弟俩，又互相看看，对着彼此把头摇成了拨浪鼓，恨不能甩出一脑袋糨糊。

"我来啦！"

一个声音喊道，声音很清脆动听，就像刚从盘龙村土地里长出来那样稚嫩鲜活，以至于雷兄弟俩不约而同地回过头来，看见一个大方可爱的妹子在朝着白果兄妹俩叫喊，她一手拿着一个炮仗摇摇摆摆地走着，肥大的衣服像是粽叶裹着粽子，她耳朵旁的两根辫子也跟着摇摇摆摆，像是两只扫把在打扫着一片无形的土地。

张一雷倒像吓了一跳："我当谁来了呢？怎么接上了我的话茬？"

白丹有模有样地介绍："这是我姐姐的细伢子。"又冲着方芳招呼道："来，芳儿，叫哥哥。"

方芳叫完人，天真烂漫地说起了自己的事："小姨，你带我去把这两个炮仗放了吧。"

那时的张一雷已经完完全全变成了一个大人，他用大人惯有的口吻玩笑道："去吧，小屁孩，就像放个屁似的放了这俩炮仗吧！"

说完雷兄弟俩咯咯笑了，他们发笑的声音让白果想起了自家后院的大公鸡，在脑海中细一对比又觉得差了点什么？待到觉出诧异来的时候，白果叫出了声："你们俩是嘴里含了沙子的两只公鸡！"

方芳一听"公鸡"二字发出了银铃似的笑，雷兄弟俩一脸黑。

倒是白丹还存着之前的疑问，像是回头捡起石子似的捡起之前的话题，问雷兄弟俩："你们俩刚刚说等谁来着？"

白丹刚问完，雷兄弟俩脸上的表情就像闻到了鸡屎味一样难看了。张一雷像是犯了错似的低头说道：

"'张瓦匠'。"

白丹惊讶地问："你爸爸？"

张一雷点点头，又摇摇头："不，'张瓦匠'。"

白果也惊讶了，问："你们干嘛不叫他爸爸？"

张一雷和张二雷在那时又显现出与童年时期的不同来，张一雷回答这个问题时说:“不想。”

张二雷却若有所思地回答说:“没事。”

白果和白丹却显出默契来,他们用读书般齐整的口吻问道:“不想是怎么想的?没事是什么事?”

雷兄弟俩都没有回答各自的问题,他们像是难受极了。良久,张一雷才苦着脸开了口,说起的又是另一件事了:

“不知道静姝姨好点了没,昨天晚上还哭来着呢,今天都过年了,她却不让我们陪着,让我们来接‘张瓦匠’。”

张一雷像是堂客们从毛衣上拆线似的扯出了另一个话题,白果兄妹俩就像是扯线头似的又拉起了另一个话题,他们更加惊讶地问:

“你静姝姨为什么要哭呢?”

张一雷更为难了,他看着张二雷摇了摇头,张二雷也看着他摇了摇头,两人都是百思不得其解的样子。

两件事问下来,雷兄弟俩像是被笼子困住了的鸟一样犯了愁,白果兄妹俩却似乎来了观赏的兴致,又仿佛是解围的热情,总之,他们提起了全副精神,满脸惊疑地问了许多问题。在那个雪花点点的晚上,白家兄妹和雷兄弟俩像是出扑克牌似的一问一答说了很多话。先说到“张瓦匠”,又说了张静姝。在雷兄弟俩的诉说里,两个大人像是被扔进了云山雾海似的捉摸不定、形影无踪。为了更好地表述出他们的行踪,或者说是为了更好地体现他们的形影无踪,雷兄弟俩分别讲述了张静姝的哭,突然就哭了,还有“张瓦匠”要回家,突然就说要回家了。张静姝高考成功还要哭,可是也说不清楚她为什么还要哭。“张瓦匠”离开家说不清楚是七年还是八年了,这几年里他去了一些不太说得清楚的地方,做了一些不太说得清楚的事。张静姝哭了好几个晚上了,可说不太清楚她是哪一天开始哭的。“张瓦匠”在信里说要回来,可说不太清楚他为什么要回来,也说不太清楚他要回来干什么。张静姝每天都写东西,可说不太清楚她写的是些什么东西。“张瓦匠”回来的时间说不太清楚是今天还是明天,也说不太清楚张静姝为什么要他们到这儿来等“张瓦匠”……

刚成人的雷兄弟俩像是嘴巴里含了沙子的两只公鸭子,当他们在这段冗长的表述里说到第三十九个“说不太清楚”的时候,白果的额头上终于渗出了一滴汗。他累坏了似的擦了擦汗,问道:

“你俩能稍微说清楚一点吗?我有点糊涂了。”

张一雷愁苦地说道：

“因为有些事情我们的脑袋也不太清楚，所以嘴巴就说不清楚。”

“炮仗还没放完吗？你们都出去两个多小时了！快进来吃年夜饭了！”喊话的是白池，她人还没到大门口，声音已经到了大门外。

五个孩子像是被牵住了的羊一般回过头来，在逆着光的地方白池探出了脑袋，像是河边上伸长了脖子的柳树。她手里拿着一块抹布，脸色像是秋天一样枯黄，风夹着雪花吹来的时候，她一眨眼，拢在后脑勺的头发就掉下来一缕。她抬起头看，看见自家的三个孩子和两个半大孩子在一起，再仔细一看，是“张瓦匠”和“野嫂嫂”的两个孩子。

白丹看见姐姐看见雷兄弟俩的目光，还没来得及看清那眼睛里的神色，砖屋大屋门口又站出来一个人——方三姑。不知从什么时候起，方三姑的头发突然花白了，她已经长出了满脸干枯的皱纹，在光底下像都是会流动似的，一条条深浅不一的沟壑流动着，她对着几个孩子使了个进来的手势，三个孩子便像是一串绵羊似的走了过来。

雷兄弟俩站在黑暗的雪地里，看着白果白丹兄妹俩还有方家的妹子，一齐向光亮里走去，方三姑也向白池使了个眼神，然后白池也跟着进了屋，在此之前，方三姑曾厌恶地往雪地里吐了一口痰，像是射出一颗子弹。

这一天是除夕，方家砖屋里有三个孩子和两个大人，他们也准备了一桌丰盛的年夜饭。盘龙村有习俗，在这一天大家是要团圆的，这个家聚集了所有能聚集的人，没有说烦恼的事情，这是给新的一年一个好的兆头。他们坐在桌前都开开心心，满脸笑容，砖屋里的小孩都被告知不许哭，不许闹，要笑。白丹也笑，还没开饭前她往窗外望，雷兄弟俩还坐在晒谷坪上，雪花在黑暗中飘下来，他们俩就坐在那里，安静得像是两棵没有遇着风的树。

天空中的雪越下越大，仿佛云层中住了个灵巧的堂客们在打棉花似的雪花大瓣大瓣地落下来，恨不能取下来去做成一床暖和的过冬被子。如果说落一场雨，因为雨下得又大又密、将一切笼罩其中便可称之为雨幕，那么这天晚上在盘龙村落下的大雪，便可以叫做是“雪幕”了。一阵寒风吹来，一把攥住了棉絮似的雪花，雪花像受了惊的野马似的慌了神，在空中惊慌失措地打着旋，在风口里拧成了一股麻花，风吹过，又放开了雪花片，“雪幕”便像窗帘似的放了下来。雷兄弟俩在“窗帘”中抬起头，天空虚无而沉郁，却孕育雪花片片，冰清玉洁，迷人双眼。

雷兄弟俩就这样坐在地上一直到感觉屁股酸疼，其实也不是酸疼，在雪地里坐了那么久，冻的感觉强过了疼的感觉很多倍，冻得过头了也就显出了难忍的疼。就像大热天的时候吃一个冒着冷气的冰棍，舌头舔上去的时候一定会被黏住，雷兄弟俩刚从雪地里起身时，他们听见了自己屁股上的裤子从薄冰里剥出来的声音，听上去就像是一块舌头从冰棍上拔下来。

但这声音像是一根导火索，像是一根点燃的火柴，天空中突然有一道闪亮的白光划过，伴随着一声尖利的巨响，像是天地间有一口巨大的铁锅，被一把生猛的菜刀嚓啦划过。雷兄弟俩因此而被吓得跳了起来，一蹦老高。这一蹦不要紧，天空中又蹿出来一瞬亮光，像闪电，像流星，雷兄弟俩这时看清楚了，那蹿出来的亮光像是一个在天空中飞翔的扫把，张二雷猛然喊叫起来：

"啊！我终于看见神仙了——扫把星！"

然而，不是"扫把"，不是一根"扫把"，也不是一样的"扫把"。天空中像是拉开了序幕，突然蹿出无数根"扫把"，呲出无数声划拉锅底的巨响。无数根亮光从盘龙村的西南角蹿出，像冲锋、像射箭、像男人见着裸体的女人挺身而出。那些冲锋的"扫把"不仅如流星般亮白，它们是色彩缤纷，红的、黄的、绿的、紫的、蓝的、青的，像是天上织锦的仙女一不小心迸裂了编制彩虹的丝线，光辉灿烂洒满整个天空。

雷兄弟俩站在绚烂的天空下，满脸惊喜，这才意识到涂满天空的是许多烟花。但他们从未见过如此美丽的烟花，使得他们忘记了要转变自己的动作，他们的双手仍忘情地捂着自己的屁股。他们大睁着双眼，不敢错过这美丽的一丝一毫，从天空中第一朵烟花划过，到现在他们的眼睛已经睁得像鸟蛋那么大了，天空中有一些灰尘状的东西掉落，像是鸟铳放炮过后的那种残渣，张二雷知道这和天空中的烟花有关系。炮灰纷纷落下，落在雷兄弟俩朝天仰着的眼眶子里，这使得兄弟俩眼泪直流，流出的眼泪让雷兄弟俩的眼睛和屁股一样酸疼了，但是他们仍然执著地大睁着眼睛，他们像是伤心欲绝那样泪流满面了。

白果和白丹兄妹俩，还有九岁的方芳，他们像烟花一般窜出家门的时候，天上划过的烟花已经将雷兄弟俩的红脸照得如电灯泡一般明亮。三个孩子仰着脸、向雷兄弟俩奔去的时候兴奋得哇哇大叫，方芳哇哇大叫的时候，嘴里还叼着一个油光闪亮的鸡腿。被绚烂的烟花引诱得大声喊叫的方芳，像是那只被狐狸哄骗得引吭高歌的乌鸦，她口中的鸡腿像是乌鸦嘴中的肉片那样掉落，这使得方芳满脸的兴奋转变成了伤心的号啕。直到白丹从地上捡起鸡腿，再次塞进方芳口中。白丹擦去了方芳脸上的泪痕，转而凑上前去拍拍雷兄弟俩的肩膀，发现这兄弟俩也是一样的泪流满面，白丹漂亮的眉毛不禁撇成了一个八字。

接下来的盘龙村变得人声鼎沸，各家各户的盘龙村村民们都从自家屋里冲将出来，像是要抢着捡钱，像是赶在雨前收谷子。他们大步流星、健步如飞、三步并作两步地从自家屋里跑了出来，他们从屋檐底下钻出来的时候就仰着头，任由自己盲目的双脚充满激情地奔跑着，好几个邻居之间都撞了个满怀。而且这个撞是很巧妙的，男女之间相撞的多，同性之间相撞的少。男女之间相撞像是跑上前去拥抱，同性之间的相撞像是相扑。但无论男女、男男、女女，只要是肉体之间的相撞，就会有大小各异、高低不同的扑通声，像是一块块大小不同的猪肉纷纷被拍在了案板上。被拍在“案板”上的人们低下头来看到撞上身的对方，没有道歉、没有骂娘，他们乐呵呵地向对方喊道：

“呵！这可真漂亮！又是个么子新鲜玩意？！”

像是又要开大会了，各家各户窜出来的人们都站到了盘龙村空旷的马路上，或者是自家晒谷坪上，他们或端着饭碗，或嚼着奶糖，或扣着衣扣，或拽着抹布，都张着嘴如痴如醉地望着天空，看着天空姹紫嫣红青出于蓝金碧辉煌五光十色五彩斑斓。

他们惊呼：“这色可齐全了，多气派！一年红红火火的好兆头啊！”

他们惊疑：“谁家这么阔绰了？这么多烟花一把把放出去了？当了大官？还是发了横财？”

她们惊艳：“天哪，把这些色裁下来给我做件衣裳吧！”

他们各种各样的声音都是兴奋不已的，夜空下，叫好声像是海里汹涌的浪潮一般，此起彼伏、连成一片。还有从各家孩子手中蹦出来的噼噼啪啪的掌声，像是谁家锅里爆黄豆的声音。

那时的天空也像是受到了感染似的，绽放了更为耀眼的美丽。五彩斑斓的亮光才如流星般划过天空，从盘龙村的东南角又冲出一支烟花，烟花冲将出去在空中绽开了一朵朵绝艳的花，像是在舞台上突然响起的欢庆音乐，花朵四散开去光辉不已。仍旧是各种颜色轮番上阵，像是各种颜色的水果砸在了漆黑的墙壁上，爆破出各种各样鲜艳的汁水，一时间漆黑的天空中百花齐放、五彩斑斓、十分耀目。

在美丽降临的时候，艳羡的盘龙村村民们忍不住兴高采烈、七嘴八舌地讨论起来，好像每一朵烟花都是自己放的似的。但经过一波更为美妙的高潮袭击，盘龙村村民们变得哑口无言，他们大张着嘴，痴呆地望着天空，互相默契地守候着彼此，心旷神怡地享受着，只有陶醉的表情在他们脸上有如春草般晃动。

那个令人陶醉的夜晚最后是在一片欢呼中声结束的，他们欢呼不仅是因为看到了从未有过的美丽，他们的欢呼是因为村里有喜事值得他们真心实意地喝彩。在那场烟花即将拉上序幕的时候，在一朵朵如花似锦绽放的烟花之中，蹿出来一个个巨大而闪亮的字眼，像是仙女从百花丛中飞舞出来，令人惊艳。盘龙村村民们张开的大大小小的嘴里发出一声声巨大的惊叹，他们万众一心的惊叹声，像是一个巨大的空洞吸进了一片汪洋。在一片汪洋般呼啸的惊叹声里，不识字的人看见识字的人像是吸取日精月华那样张大嘴巴喊道：

“愚——公——号——祝——新——年——快——乐！”

二十七

这一年午夜跨年，愚公水泥厂给盘龙村的人们送来了新年的集体祝福，祝福是以大放烟花的方式送出去的。收到祝福的盘龙村村民们先是受惊似的一怔，接着便恍然大悟地点起头来，他们哈哈嘿嘿呵呵笑个不停，还生怕别人没有看见烟花似的，纷纷对旁边的人说道：

“是水泥厂，对了，是愚公水泥厂放的烟花，真好看。”

所有人都欣慰而骄矜地点着头，像是古代教书的先生看见自己得意的弟子。这时，从蔚为壮观的点头之众中陆续走出来几个不一样的人，他们的不一样在于他们的神情，他们没有点头，而是啪啪拍着巴掌，他们是赵家的当家、张家的儿子、李家的女婿、王家的表侄、孙家的堂弟……他们穿着水泥厂的工装。这些人像是从豆荚里剥出来的豆子一样，陆陆续续从人群中站了出来。他们接下来所创造的欢愉场面，就形成了盘龙村村民们日后谈论起来都忍不住点头称赞的集体回忆。

穿着水泥厂工装的盘龙村村民们集体站到了他们的父老乡亲面前，像是一个橘子从中间剥开，盘龙村村民们在那时正好显出一边一半的均匀来。一半全是男人，一半是老少妇孺；一半人红光满面，一半人欣欣然地望着他们的红光满面；一半人像是从箩筐里挑出来的豆子，饱满而健硕，一半人是剩在箩筐里的良莠不齐。站在一半对面的另一半人，显然有了不同于对方的气质，那些作为水泥厂工人的村民们仿佛都变成了他们的厂长张和平，他们表情优雅，话语之间充满了正式与昂扬。在这些工人半个多小时的正式讲话里，一群人像是出扑克牌似的你一句我一句，讲述着愚公水泥厂兴建三年多以来的种种心酸和艰难，又以怎样的“愚公精神”攻坚克难，最后苦尽甘来。他们像是感谢自己的母亲抚育他们一样，温情地感谢了愚公水泥厂对他们美好生活的塑造。他们像是感谢自家贤淑的堂客一样感谢了盘龙村村民们，他们在说出对父老乡亲的感谢时，说自己这话不是替自己说的，是替水泥厂说的。他们强调道：

“最后，我谨代表愚公水泥厂对各位父老乡亲表示诚挚的感谢，谢谢大家，没有你们的支持就没有我们的今天。在这里，我们祝福大家新年快乐！吉祥如意！”

说完，盘龙村的一半人对着另一半人深深地鞠了一躬，他们鞠躬直起身的时候，从工装的衣兜里掏出了一把东西，那动作快得像是在某个堂客身上揩了一把油。一半人像是跳舞似的向另一半人把手中的东西撒了出去，落到眼前另一半人才知道那是糖，糖像下雨般从天上撒落，引得好几个堂客们像孩子一样失声惊叫。像是开闸后从上游涌向下流的河水，一半人欢呼着涌向了另一半人。跑着腿的人朝天捧着手，捧着手的人嘴里叼着糖，嘴里叼着糖的人手还在地上刨，手在地上刨的人还往别人的胯下钻，被人钻了胯的人被惹得哈哈大笑，哈哈大笑的人坐在别人背上倒骑驴，倒骑驴的人摔在了地上四脚朝天，四脚朝天的人还在哎哟哎哟地大笑，还站着的人看见有人四脚朝天或者倒插葱般倒在了地上，忍不住捧腹大笑，他们像放屁似的扑哧一声笑便把口中的糖喷了出去，身边的人被喷了一脸糖水，举起手来、扬起巴掌拍在了自己脸上，他们把糖水在脸上抹匀了，闭着眼睛瞎笑……

一时间，盘龙村村民们像是把笑当作比赛似的，用尽全力发出了各种各样的笑。他们欢笑微笑大笑嬉笑狂笑仰天长笑，老头弯着腰笑，老太太趴在老头背上边咳边笑，大姑娘抿着嘴笑，小孩子被踩着了手也破涕为笑，一群堂客们扭着身子笑成了一堆又一堆，含着糖的人捂着一张圆鼓鼓的嘴失声地笑，他们笑出了口水，笑出了鼻涕，笑出了屁，手指缝里还笑出了糖，索性又放开了手笑得前仰后合，最后，当他们笑出了眼泪，就不笑了。

那些含着眼泪笑到最后的人，都是水泥厂的工人，他们几乎要额手相庆了。他们拍着彼此的肩膀称赞道：

“嘿！兄弟！这次干得不错！”

对方也双手作揖谦虚道：

“承蒙兄弟关照，这次有所进步，下次接着努力！”

一时间，盘龙村的夜空下充满了喜庆气息，他们奔走相告、额手相庆、哈哈大笑，盛况空前，仿佛天大的好事已然降临。

盘龙村那个久违的瓦匠，雷兄弟俩的父亲就是在那个时候进到村里来的。相比九年前，时间在中年“张瓦匠”的脸上并没有显现出任何痕迹，但是他却不知为何长出了一种“虚假”的感觉来：“张瓦匠”进村时梳着一个光亮的板头，他在寒冷的冬夜里，像身处春秋时节那样穿着崭新的西装，手上拎着一个标有“万宝路”三个字的行李袋，他像是功成归来一样阔步走在盘龙村的马路上。盘龙村的夜空下像是泡着滚开的水一样咕噜咕噜地冒着人们各种笑声，这让“张瓦匠”自豪的脸上变换成十分诧异的表情。他就像是一个多月以前走进村里的方三姑那样，左顾右盼、抓耳挠腮，看着村里一帮子人像是得了笑病似的笑出了各种模样，不知道村里正在发生一件么子事。他急需看到一张熟人的脸，给他一个科学合理的解释。

盘龙村在大街上奔走的村民也看见了“张瓦匠”，但他们的看见只限于他们的眼睛，他们的脑袋却没有同样迅速地反应，他们的脑袋只认定为这是一个男人，很熟悉。他们想，村里的青壮年男人都是水泥厂的工人，这个人四肢健全也八九不离十了。这些水泥厂工人的脑袋里像是区分着一对双胞胎里的哥哥和弟弟那样，辨识着眼前这个男人是村里的水泥厂工人，还是外面来的水泥厂工人。虽然直到“张瓦匠”走近，他们也没能够在脑海里清晰地得出这个问题的答案，但是这一点也不妨碍他们向“张瓦匠”致以美好的新年问候，他们对“张瓦匠”友好地点着头，像是每个老师在放学后都会布置给孩子家庭作业一样，这些看见“张瓦匠”的盘龙村村民们点完头后，都如出一辙地向“张瓦匠”说上一句：

“新年好！”

出于礼貌，“张瓦匠”也回敬给他们同样的动作和话语，所以，“张瓦匠”走在路上的时候，把头点得像是鸡啄米，嘴巴上络绎不绝地回着人家的话，像是一只正在咀嚼的骆驼。

再往更热闹的地方走，成群成群的穿工装的男人挤成了堆，挤得人声鼎沸。像是一个柑子被放进了一堆橘子里，谁也没有察觉到这细微的差别。“张瓦匠”走到他们中间的时候，水泥厂工人们都把他当作了自家的工友兄弟。有一个穿着灰色工装的年轻后生率先拉住了“张瓦匠”的手，热情地说道：

“大哥，这次真是干得不错！厂里面给我们这帮人长脸了呀！”

面对莫名而热情的招呼，“张瓦匠”在寒风中满脸尴尬，他的手放在年轻后生的手里呵呵笑着。他呵呵着一张脸，呵呵地问道：

“兄弟，请问你是？我好像不太熟。”

那人也挠了挠脑袋，突然红起脸来，他像只老鼠似的，吱吱嘬嘬了好一会儿嘴巴，才吞吞吐吐地说道：

“兄弟，不好意思，我前几天在厂里工作时不小心磕了一下脑袋，现在还感觉走路晃悠呢，最大的毛病就是脑子有点不记事了，但是我敢肯定呀，我肯定认识你，咱们村里抬头不见低头见的就那么几张脸，你这张脸就跟煮过似的在我脑袋里熟着呢，只是兄弟，这几天脑子真有点不好使，你是？……”

“张瓦匠”张着一张嘴刚想说话，人堆里又窜出来一个人，嘴里还含着一口糖呢，一张嘴哈出一口奶味，这兄弟奶味十足地对“张瓦匠”夸赞道：

“兄弟，厂里给你发的奖金是不是多些？穿上这么好的一身行头了？不过，你这身也挺适合我的，贵不贵？改天我也去换一身穿穿。”

之前拉着“张瓦匠”的手的那个工人插嘴道：“老三，你跟他熟？”

那个叫老三的人摇了摇头：“刚不是你俩在说话吗？我和他不熟不要紧，可是你俩熟啊，再说这大哥这么面熟，肯定是我们厂里的呀，可是，你怎么没穿我们厂里发的衣服啊，我看着新发的一套就挺适合过冬的，你怎么不穿啊？或者你是从山外面进来工作的？……”

突然，这俩穿工装的人像是想起了什么，咧开了嘴，异口同声地喊道：

“这不就是‘张瓦匠’吗？”

这两个人在说话的时候，像是投掷垒球一样扬起了自己的巴掌，拍在了“张瓦匠”的肩膀上，其中那个叫老三的人还无比热情地埋怨道：

“张大哥，总算让我想起来了，是你呀，你怎么不吱一声？报个名姓上来？出去有八九年了吧？兄弟我还真一下子想不起来了，只觉得面熟得很。”

“张瓦匠”也哈哈笑着觉得可乐，他也认出了眼前的两个人：“你们是老王家的老二和老三吧？这么大了都？二十好几了吧？想那会你们还是十三四岁的孩子呢，不错不错，现在长得人模狗样了。”

听了这话，两个年轻后生像是两条死鱼似的，朝天翻着白眼，他们说道：“张大哥可别倚老卖老啊，就比我们大十多岁，这话说得……”

“张瓦匠”仍在哈哈大笑着，却不接他们的话茬，纠算起他们别的毛病来：“你们俩王八孙子还真会装呀，不记得你张大哥就不记得了呗，不认识就不认识呗，瞧你们那话说的。”

两个年轻后生听了之后都红了脸，但“张瓦匠”的话像是一杯好酒，不仅能让人红脸，还挺上心的，一下子就打开了两个孩子的心扉。在年轻一代的盘龙村村民们眼里，兄弟之间就应该这么说话，直截了当，痛快。于是，再跟“张瓦匠”说话的时候，他们就把不装腔作势了，他们大大咧咧、口无遮拦地说道：

“瓦匠老表，你这八九年都到哪个窟窿里去了？跟跑上山的猪似的看也看不见了？”

相比较他们对“张瓦匠”的好奇和关心，“张瓦匠”对村里此刻的状态显然有着更大的疑问。“张瓦匠”听他们说话时，瞪大了眼睛东张西望，他没有回答两个年轻后生的问题，反问道：

“村里今天在搞么子？这些个房子、路么子的变化我不吃惊，在外面早就这样了，村里改变也是迟早的事，只是这些人现在是搞么子了？跟笑疯了似的。”

这时，这两个作为水泥厂工人的盘龙村村民又开始神情严肃了，好像又回到了一个多小时以前他们对着全体盘龙村村民们说话时的情景。面对着村里这个唯一没有听说过他们故事的人，两个后生觉得很有必要向他讲述一下村里现在的美好景象，以及以前的风云变幻。于是，两个年轻后生你看看我，我看看你，在“张瓦匠”面前开始了他们冗长的表述。

两个年轻工人的表述是冗长而热情的，他们像是绝大多数老人一样热衷于向人诉说以前的故事，说起话来，像上膛的子弹一发不可收拾。而太久没有回来的“张瓦匠”有着与他们的表达欲相对应的求知欲，对于周围的事物，“张瓦匠”像是孩子需要一个老师那样，需要一个科学合理、有头有尾的解释。一方热衷于表达，一方乐于倾听，一方有故事要抖出来，一方有疑问需要人作解答。双方便像是一群母鸡里的三只小狗似的，迅速一起从人群中走了出来，去别的地方谈论他们的事情去了。三个人坐在村里的老槐树下，像是要在野外烤野味似的，燃起了一簇薪火说起话来，从人头攒动、摩肩接踵聊到门可罗雀、人声杳杳，从寒风呼啸的跨年夜聊到曙光微明的新春。

新的一年的黎明醒过来的时候迷蒙得像是一个喝了酒的醉汉。又或许是因为整个村庄在跨年夜里整晚没睡，晨风里的一切显得神色恹恹，空气中微明的雾气十分冷涩，像是某个生病的母亲滴下来的稀薄的奶水。张一雷和张二雷就在这样如奶水般稀薄的晨雾里行走，像是两条在外晃荡已久、饥肠辘辘的野狗。因为困倦，他们揉了揉自己的眼睛，便看见空中的雾气像是丝带那样飘荡着，雾气飘荡过去，他们的父亲“张瓦匠”像是从天而降似的出现在他们眼前，这使得雷兄弟俩不得不更用劲地去揉了揉自己的眼睛。这时,可以真实地看见,他们的父亲穿着一身崭新的西装,坐在路边的大树底下,他的对面是两个穿着灰色工装的年轻工人,他们在一起守着一堆即将熄灭的火,那堆火看上去很脆弱,好像一阵风就能把它熄灭似的,但是坐在火堆旁的三个人已经轮番打了好几个呵欠,都不见那堆火像是死去般熄灭。

张一雷站在原地张了张嘴,他想招呼自己的父亲但是没有叫出声来,他回过头看了看自己的弟弟张二雷,张二雷也看看他,两个人都没有叫他们的父亲,他们只是继续看着,看见像是叹息一般微弱的火光照在他们父亲脸上,使得父亲的脸看上去就像泪流满面一般湿润。雷兄弟俩就这样远远地看着,不知道站了有多久,他们站着的时候就像刚出生的羔羊一样不知所措,直到"张瓦匠"转过脸来看见他们。

"张瓦匠"从火光中抬起脸来只是一次惯性地转头,他一夜没睡,一个姿势保持了太久,他习惯性地扭了扭脖子。他一扭头,便看见了自己的两个儿子,他们像是晨风中的两棵树一样湿漉漉地站在雾气里,就站在离他不远的马路上。尽管雷兄弟俩长高了很多,甚至都已经长出了一些稀疏的胡子,作为父亲的"张瓦匠"还是一眼就认出了他们。"张瓦匠"从火堆旁站起来的时候,向对面的两个人莫名其妙地喊道:

"这两个一模一样的孩子不是我儿子,难道还是你儿子呀?"

睡眼惺忪的两个人被"张瓦匠"的喊叫吓了一跳,准确来说是吓了两跳,一人一跳。像是被压下去的弹簧立即会弹起来,那个叫老三的人想都没想、立马回嘴道:

"谁说是我儿子了?"

话还没说完,只见"张瓦匠"的影子飞也似的从他们眼前掠过,眨眼之间,他们眼底下就只剩了一个标有"万宝路"三个字的行李袋,刚想抬起头,"张瓦匠"的身影又飞也似的从他们眼前掠过,卷走了那个万宝路的行李袋。等坐在原地的两个人再转过身去看时,"张瓦匠"已经一只手搂着一个孩子的肩膀,不留一个回眸地在他们眼中远去了。父子三人等高的背影在晨雾中行走,虽然没有衣袂飘扬,但三人在黄泥马路上高低起伏的背影还是给人一种飘飘欲仙的感觉。

当天清晨,"张瓦匠"带着两个儿子回到了他们以前的家,时隔九年,老房子已经变得如秋天的落叶一般充满陈旧的气息。原先长得像老太太豁嘴的大门还在,也依旧像是一张嘴,但是,现在已经变成了一条恶狗或是僵尸的嘴,里面长满了参差尖锐的牙齿，大门的边角有许多倒刺或者尖角呲出来。从这个“狗嘴”里走进去，堂屋里的一切倒像秃头脑袋上的跳蚤一样明摆着。屋里的器具不知道是什么时候被人拿了个精光，四面墙壁互相支撑着插在土壤里，枯萎了的几株野草长在地里，显得十分孤单。张二雷看着这几株野草，心想：如果它们也有脚的话，大概也希望长到热闹一点的地方去吧，最好是能被同伴包围着的地方，有阳光，雨水充足。

还有更让张二雷意想不到的。草会因为冬天的到来而枯萎，这是常态，可本来就已经沦为窗户的木板也会枯萎吗？墙上的窗户、窗户下的窗台、灶台上的木板面、房间的门框……这些以木头为材料的东西，都好像是熏干了的腊肉一样瘦骨嶙峋，所有的线条都像饿坏了似的往里弯着。那个时候，想象力丰富的张二雷第一次意识到，一些他原本认为没有生命力的东西也会有它的生命周期，会萌芽、会勃发、会盛大、会衰老、会消亡殆尽。

“张瓦匠”在那个破旧不堪的家里，找了一处原本放着床的空地坐了下来，他没有像张二雷想的那样，深情而又惆怅地望向四周，他甚至没有发出一声像样的叹息。相反，“张瓦匠”是迫不及待的，甚至是喜不自胜地把雷兄弟俩叫到跟前，从那个标有“万宝路”三个字的行李袋里拿出了两身衣服、一个瓷娃娃。张二雷注意到衣服就是父亲身上穿的那种西装，瓷娃娃上面闪烁着奶白的光。“张瓦匠”像是一个用毛线给孩子织了衣物的母亲那样，拿起了崭新的西装在雷兄弟俩身上比划起来。两件西装的颜色各异，但尺寸是一模一样的，雷兄弟俩的个头和体型也是一模一样的。可衣服就是比人小了一个尺码。所以，当“张瓦匠”将衣服在张一雷的身上比划了好一会后，他不无遗憾地说道：

“唉，没想到你兄弟俩都长这么高了，早知道就给你们买大一号的衣服，唉，我应该早想到才是。”

张一雷像童年时因害怕父亲而一言不发时一样，如今的张一雷也依旧一言不发，但这次好像并不是因为他害怕。他觉得他们的父亲已经九年没有回来过，好不容易回来了应该说些什么才是，比如说他们的妈妈，或者静姝姨也挺好。张一雷等待着，等待着父亲先开口，他想他们的父亲可能正在酝酿情绪。在父亲酝酿情绪的时候，张一雷选择一言不发。

“张瓦匠”抬起头来看看张一雷，遗憾地咂了咂嘴，又低下头去看了看手上的西装，不住地咂咂嘴。在确定张一雷穿不了新衣服之后，“张瓦匠”又把张二雷叫到了跟前，像是不知道雷兄弟俩的身高体型都一样似的，又是一阵徒劳地比划。最后，当“张瓦匠”拿着两身衣服，在两个孩子身上一共比划了四次之后，他也丧失了对这两身衣服的兴趣和耐心，任由两个孩子各自挑选了自己喜欢的颜色，张一雷选择了黑色的一身，张二雷选择了蓝色的一身。雷兄弟俩抱着试试看的心态穿上了各自的西装，看到效果的“张瓦匠”欣喜若狂，他忍不住啧啧赞叹道：

“啧啧，我就说嘛，这么上档次的衣服再差能差到哪里去，你们俩穿上后就是一表人才！”

“张瓦匠”似乎是满意了，但很快他又拿起了另一件东西晃到了雷兄弟俩眼前，一个奶白的瓷娃娃，长着一副胖小孩的样子，晃动的时候还有零碎物件相碰的哗啦啦的响声。相比身上令人憋屈的衣服，雷兄弟俩显然对这个东西更感兴趣，他们瞪大了眼睛想弄明白瓷娃娃里是么子东西在闹腾。“张瓦匠”把瓷娃娃在雷兄弟俩眼前晃了晃，适时地解释道：

“一雷、二雷，你们听好了，这是一个存钱罐，什么叫存钱罐，用来存钱的，存什么钱？可以是硬币，也可以是纸币，现在我已经在这个罐子里放了一半的钱，这个罐子从今天起就是你们兄弟俩的，你们要收好，罐子里的钱也由你们支配，你们拿去做什么我不管，种田读书交朋友什么的都可以，最好是能让钱生出钱来！明年的这个时候我还要来看这个罐子，到时候我希望的是里面能多出钱来，而不是变得空荡荡。”

十九岁的雷兄弟俩第一次听到他们的父亲如此说话，从没有过的神情，从没有过的观点，他每次提到“钱”这个字的时候眼里都闪烁着令人吃惊的光芒，那种光芒，只有张一雷在一条公狗的眼睛里看见过，那时候那条公狗正往一条母狗的背上扑去。这让雷兄弟俩好像不认识自己的父亲似的，脸上的表情十分吃惊。雷兄弟俩你看看我，我看看你，不知道他们的父亲有何用意。在接下去的一个多小时里，雷兄弟俩依旧茫然不知所以，他们的父亲却展开了一个更为澎湃也更为复杂的讲说，在那一个多小时里，他们父亲的嘴就像是开了闸门的江水那样滔滔不绝。他一只手叉着腰，一只手在空中指指点点，像是一个激情四射的教师用教鞭戳着一块无形的黑板。他脸上的表情就像是一个设计师，正站在一块空地上，手里拿着一副宏伟的蓝图那样神气活现、气势昂扬。

雷兄弟俩不知道他们的父亲从什么时候开始，变得如此能说会道，与之前的沉默寡言判若两人。在此之前，他们认为只有一个教书先生才能让人学会很多东西，产生如此大的变化，但他们的父亲“张瓦匠”显然不是。好像毛毛虫在一定时间就会长出翅膀，蝌蚪在一定时候就会长出大腿，他们的父亲凭空就长出了这么一个本领，这让雷兄弟俩不得其解又不能置信，只好睁大了眼睛看着父亲的每一个动作，更多的时候他们是看着父亲上下翻动的嘴唇，像蝴蝶的翅膀那样快速而灵活。于是，在那个早晨，雷兄弟俩站在破旧房子里，有史以来第一次那样如痴如醉地望着他们的父亲，就像两只从乡下流浪出来的猫在城市的海族馆里看见一尾游动的热带鱼。那个时候的"张瓦匠"在雷兄弟俩的眼里，就像清晨雨后的太阳一样闪闪发光，让他们受到了光辉的照耀。

二十八

正月初一的盘龙村浓雾重重，天上明明是有太阳的，可就像风儿吹不进糨糊里，阳光照不进浓雾里，只能感觉到天上隐隐的光，一个太阳像是橙子似的挂在天上。那个早晨走在盘龙村大街上的人们就像走在一个明亮的蒸笼里。张家父子三人从自家破旧的屋子里出来，走进了这个巨大的蒸笼。那时候，他们像是从工厂里批量生产出来的工具那样，长出了一样的神情和步伐，这是两个孩子被他们的父亲所感染的结果。

盘龙村村民们看见张家父子三人各穿着一身西装走在马路上，他们肩上的两片海绵垫子就像是河蚌的两扇壳一样扇动，这使得三个人看上去就像是一直在抖动着肩膀。每一个站在马路边上的盘龙村村民们都看见了，每个人都忍不住跟张家父子三人打了招呼，他们打招呼的时候忍不住哈哈大笑。

有人哈哈大笑："瓦匠老表，新年好！新年新气象呀你这是，你是么子时候回来的？"

"张瓦匠"回答说："新年好！我昨天回来的。"

有人捂着嘴笑："嘿嘿，这不是我们村瓦匠吗？几年不见，孩子们都跟你一般高了，瓦匠老表这几年在哪里发财啊？"

"张瓦匠"回答说："呵呵，这几年只是在外面混饭吃而已。"

有人把"张瓦匠"拉到一边："哎呀，我的老表呀，兄弟跟你说句体己话，谁身上没有过一两个伤疤？谁还没经历过一两件烦心事？你那个事都过去好几年了，再说你那个也压根不算个么子事，是时候给自己再找一个了，兄弟跟你说个好事，村里后山上有个姑娘……"

"张瓦匠"插嘴道："兄弟，谢谢你的美意，我在外面找了。"

……

父子三人一路走过去的时候，周围的人问了“张瓦匠”许多话，“张瓦匠”也回答了同样的问题很多次。“张瓦匠”回答别人的问题时，听得最认真的其实是他的孩子张二雷，两个孩子从童年走出来，时光慢慢雕琢他们，相比于张一雷的大气和粗糙，张二雷显然拥有一颗更细腻的心，他像是一盘柔和的沙在每个石头般独立而强硬的家人之间不易察觉地流动着。盘龙村村民们问的每一个问题他都想问，但父子之间分开九年，有许多话不知道为什么就不好意思问了，生怕一开口就显得突兀。于是，张二雷认真地听着“张瓦匠”给别人的每一次回答，可十多次听下来并没有使得他对父亲了解得更多，张二雷感觉他的父亲像是一扇坚固的闭合的铁门，有来者一而再再而三地叩门，他能听见大门上传来带有铁质属性的回响，可有回响的时候，正是说明这是一扇没人打开的大门。直到最后，有人问起“张瓦匠”的家事，张二雷的父亲和母亲，还有他的父亲和后母。“张瓦匠”只言片语的透露，让张二雷听得胆战心惊。那个时候，张二雷才发现自己一直以来对于父亲的了解并不多，特别是这九年以来，他对父亲的了解就像是没写的作业本一样空白着，这让张二雷感到十分难过。

张二雷的难过致使他沉浸到了自己的世界，他低头走路时的样子就像在思考一件十分要紧的事情，他一个人走在后面，张一雷和“张瓦匠”仍并排走在前面，昂首阔步的样子好像走在康庄大道上。从那时候起，村里人就察觉出了这父子三人的不同气质来，就像是在一筐苹果里区分出青苹果和红苹果的不同颜色来。

与此同时，盘龙村村民们也从父子三人的走路中察觉出了更加不可思议的东西——他们感觉自己第一次被“冒犯”了。当“张瓦匠”带着他的儿子们走在盘龙村的黄泥马路上，村里人都看见了他们走着路，那个时候，作为水泥厂工人的村民和作为工人亲戚的村民都会想到，“张瓦匠”一家三口正走在一个有着工业区、农业区和居民区的新型村庄里，这三个区就像城里女人头上的辫子一样清晰利落地划分着，更为养眼的是，新年里这个女人的头发上还点缀了各种各样的花和发卡。在“张瓦匠”一家三口走的马路上，也就是不久以前方三姑差点迷失的那条马路上，这一切布局和点缀清晰可见。盘龙村村民们想这一家三口应该感到意外和骄傲，他们的眼里应该闪烁光芒，他们的嘴里应该满是赞叹或者疑问，或者一句话也说不出来，像是塞了一个无形的拳头一样张大他们的嘴巴。

盘龙村村民们自鸣得意地看着周围的一切，自鸣得意地看着“张瓦匠”一家三口，他们等待着这父子三人的赞叹时是那样胸有成竹，就像一朵骄傲的向日葵抬着头等待太阳从云层里出来一样。他们一路看着“张瓦匠”，一路跟他攀谈，觉得他有些什么话要问才对，可“张瓦匠”和他的儿子们什么都没问，“张瓦匠”一路上都在回答问题，他的两个儿子各带着一个表情听着“张瓦匠”的一路回答，他们甚至没有充满惊奇地去看那耸立在工业区的几座高大建筑。这让盘龙村村民们感到十分意外，他们一脸惊奇地看向四周，周围的一切发展到今天让他们都觉得惊奇，怎么“初来乍到”的“张瓦匠”不惊奇？盘龙村村民们一脸疑惑地望了望“张瓦匠”一家三口，又望了望站在身旁的同乡，他们为“张瓦匠”的“有眼不识金镶玉”感到十分荒唐。于是，当“张瓦匠”一家三口快走出盘龙村时，盘龙村村民们的眼睛仍然直勾勾地盯着张家父子三人，可父子三人却只留给他们一个渐行渐远的背影，哪怕工业区烟囱里的烟和烟囱底下的声音一起冒出来时，父子三人也没有回过头来看一眼。

方家砖屋里的两个孩子——白果和白丹也在“集体瞩目”的泱泱大众里看着雷兄弟俩。一直待在盘龙村的两兄妹习惯于目睹雷兄弟俩的外出，在他们眼中，雷兄弟俩就像院墙墙洞底下刨出刨进的狗一样在盘龙村窜出窜进。可这一次，白家兄妹俩望向雷兄弟俩的时候，他们突然意识到了不一样的东西——雷兄弟俩确实和自己不一样了，白家兄妹认定了自己和雷兄弟俩是不一样的，这是一种感觉，突如其来，恍然大悟。可究竟雷兄弟俩哪里不一样呢？十六岁的白果看看十三岁的白丹，找不到答案。白丹看看白果，找不到答案。兄妹俩再去看雷兄弟俩身上的西装，西装是与众不同的，可这就是答案吗？再去看雷兄弟俩走路的气势，气势是有别于他人的，可这就是答案吗？再去看看雷兄弟俩身边的父亲，父亲是他们独有的，可这就是答案吗？白家兄妹俩没有找到答案，他们抓着自己的脑袋使劲地思考着，直到雷兄弟俩从盘龙村村民们堆里脱离出去，消失在那条通往山外的马路上。

被那种突如其来的感觉所迷惑的白家兄妹俩变得思绪迟钝，就像被一根大树桩拦腰截住的小溪流一样缓滞。这样的迷惑像是盘旋在鲜花上空的蜜蜂一样，在白家兄妹俩回家的路上一直围着他们嗡嗡作响。白果和白丹一前一后地走在回家的路上，他们像是老成痴呆的老人家那样，嘴里嘟嘟囔囔念念有词，可是各自都听不清彼此在说些什么。快走到方家晒谷坪上的时候，白果像是参透了什么天机，突然一拍大腿，没头没脑地向白丹喊道：

“白丹，我知道了！就是那种突然变得陌生的感觉，我感觉雷兄弟俩变得陌生了！我不太认识他们了！”

如果说改变是陌生的开始，当雷兄弟俩做出了不同于白果、白丹兄妹俩的改变，那么，雷兄弟俩此后的日子便在行往陌生的路上一去不复返了。在盘龙村变化的数十年里，白家兄妹俩和雷兄弟俩走上了各自不同的人生之路，经历了各自的巨大改变，直到时光把他们雕塑成彼此的陌生人，不被旧人所熟悉，也不同于以往的自己。十六岁的白果已经有了这种关于时间造物于无形的感受，他认定了雷兄弟俩变得陌生。十天之后，白家兄妹俩已经忘记了对于雷兄弟俩的陌生感，因为他们并不会经常想起他们。但那时候，关于雷兄弟俩的消息却再次传来，继盘龙村上一批去山外念中学的细伢子之后，雷兄弟俩也去了山外念书，他们念的书更为高级，他们将要念的是高中，他们将要去的地方更远，是在整条盘龙山脉在大地上消失的地方，一个如女童胸脯般平坦的地方。听说这是他们的父亲“张瓦匠”安排的，听说他们参加过高考的小姨张静姝也只读过三分之一的高中。这一则消息传到白家兄妹俩耳朵里的时候，村里的大多数人已经听到了这个消息，此时，已经历过外部世界数次动荡和变化的盘龙村村民们已经学会了静观其变，他们中的少数人甚至有了城里人的姿态，少言寡语，不论是非，没有张家长也没有李家短。当然，此时的盘龙村村民们也今非昔比了，他们再没有那么多可以用来磨嘴皮子的闲碎时光，他们有很多要忙活的事情，或者叫作工作。他们现在显然已经明白这些事情远比磨嘴皮子更有价值，更何况，雷兄弟俩读书的事只是一件无关自己的小事。所以，当白家兄妹俩听到雷兄弟俩读高中的消息时，并没有听到附属在此消息后面的任何言论。

关于雷兄弟俩去读高中的事情，白果和白丹兄妹俩是听村里的孩子说的，孩子和白果一样大，他们都是在村里读小学的，白果和白丹兄妹俩已经从小学毕业两年了，这个孩子也同样在村里务农两年了。孩子带来雷兄弟俩的消息时是非常振奋的，他像爆豆子似的，冲到白家兄妹俩面前张嘴就来，他噼里啪啦地说了念高中的许多好，就跟他已经念过高中似的，他也说了山外的许多好，就跟他是山外的似的。因为这些好，这个孩子在说起雷兄弟俩时忍不住啧啧赞叹，最后才长舒了一口气说道：

“我爸爸昨天跟我说也要送我去念高中呢！”

白果和白丹兄妹俩一言不发，眼睁睁地看着孩子爆豆子似的说完了一番话，白丹还看见孩子说他要去念高中时咂巴了一下嘴，好像是刚刚吃完什么可口的美食，仍然自顾自地意犹未尽、回味无穷，这使得看着他的嘴一张一合的白果、白丹兄妹俩忍不住吞了吞口水，白果在吞口水前还想说些什么的，可孩子说完自己要去念高中后就跑着离开了,好像是立马要赶着去上高中似的。白果因此把到了嘴边的话又吞了下去,白果努力吞咽口水和话的样子,像是一只正在河边吞食鱼虾的长脖子白鹅。

就这样站了良久,兄妹俩失落地转过身来,迎头便看见他们的姐姐白池站在大门口看着他们,春日黄昏时候的风从大门口往里灌,把白池宽大的单衣吹得像是一张破了洞的窗户纸。白果、白丹兄妹俩朝他们的姐姐走去,看见姐姐正用从来没有过的眼神看着他们,好像若有所思,仿佛疑惑不解,还带着一点不能置信的难堪。白果、白丹兄妹俩你看看我,我看看你,把头摇得像风中缓缓摆动的垂柳。最后,是他们的姐姐先开了口,白池像是很久不见两个弟弟妹妹,用力地喊道:

"白果! 白丹!"

姐姐很少喊他们的全名,她一般是称呼他们为果儿、丹儿的,这不平常的称呼使得白果和白丹停住了脚步,站在了离白池所站的大门五米开外的地方,认真地点了点头,像是聆听着老师的教诲一样庄重地等待着白池的问话,可姐姐又像是忘记了为什么喊他们似的定住了,她的嘴在风中空张着,仿佛是要把一句很重要的、掏心窝子的话放出来。白果、白丹兄妹俩认真地等待着,看见姐姐的头发在风中飘荡,像是一株在汹涌的波涛里狂舞的水草。直到寒冷的风把白池的眼神都吹得迷离,她才像是隔了很远似的冲两个弟弟妹妹喊道:

"果儿! 丹儿! 来,回屋里吃饭了!"

二十九

转眼春天到来,盘龙村已经褪掉了如旧棉袄般沉重而破败的冬装,萌芽的春草在大地上疯长。天空上飘着一两朵闲散的云,它们背后的蓝天像是刚从湖水里新长出来的,散发着润泽而透亮的光芒。盘龙村到处洒满了星星点点的绿色,村庄周围原本绿得发黑的大山像是被雨水冲淡了似的,无由地变成了清新亮眼的绿。不远处水泥厂的灰色建筑里冒出灰色的烟,让人不由得想象起某家人烟囱底下正熏着腊肉。桃花在山脚下吐蕊,柳树突然从池塘边伸出长长的手,泥土在人们脚下散发出翻新的气味,一群牛在田野里慵懒地甩着尾巴。风儿吹动,使得一切事物像刷在宣纸上的颜料一样,成片成片地绚烂开去。

一日清晨,一轮红日从淡蓝如水的天空中飘浮而出,盘龙村的许多房子戳在土壤里,立在天底下。人们和牛群稀疏地散落在绿草坪上。白池从砖屋屋檐下钻出脑袋，她拧着眉头长吁了一口气之后，闭着眼睛对着天地间幸福地笑了笑，又转身进了屋里。

白池走向西屋的时候没有立即敲门，她抬头望了望天空，收回目光时便看到了西屋门框顶上有一片细小的空洞，像是海滩边上一片凝固的稀松沙土，那是白蚁蛀蚀后的结果。白池抬起手在门上叩了叩，有粉末般的木屑纷纷落下，她轻声喊道：

“妈，起床了吗？吃早饭了！”

方三姑从屋里走出来，让白池看到了她脸上纸灰般枯槁的颜色。自从方三姑回到盘龙村，她的脸色就一天比一天差，直到白池在这一天看到方三姑的脸色时，不由自主地想起了自己死去的母亲，为了这闪过的片刻的记忆，她心里不由得一惊。但相比之下，方三姑对于自己枯槁的脸色似乎浑然不知，她木然地从西屋走了出来，用几乎茫然的眼神看了白池一眼，白池看到从她背后露出来的西屋的一角，那一角有和其他房间无异的灰色墙面，地上放着一把漆过的圆板凳。但那些目睹也只是一眼掠过罢了，方三姑随手带上了门，像一个真正的老人那样，缓慢地向厅屋走去。

方三姑坐在桌子前，木然地端起了碗，一切动作都像是一个睡梦中的人的梦游活动。那时候的方三姑已经成了一个听话的老太太，很愿意听从白池的安排。但是偶尔，她也会变得像没人疼爱的孩子一般无常，狂躁、失落、古怪、冷漠、泪眼汪汪，这一切情绪像是海滩上的潮水一样，在方三姑的脸上来来去去、反复无常。正因为方三姑一生的个性都是难以令人捉摸的，她在老年时偶尔显现出来的慈祥显得格外温暖和温柔。

已到而立之年的白池面对自己的婆婆，显示出母亲般的温柔来，她看着认真吃饭的方三姑，抬起了自己的右手，在她苍白的头发间耕了耕，说道：“妈妈，我跟你商量一件事好吗？我想送白果和白丹两个出去读书，你觉得好吗？”

方三姑像是没听见白池的问话似的，继续吃着自己的饭，一旁的方芳也配合着奶奶，不时地往她碗里夹菜。倒是白果和白丹兄妹俩停止了吃饭，惊讶地从碗里抬起了头，他们目瞪口呆地看着自己的姐姐，眼睛闪烁出感动的泪光。他们听见他们的姐姐继续向方三姑说道：

“妈，这三年你和卫东都不在家，我心里空落落了很长一段时间，虽说我们家里的条件比其他人家都好一些，房子牲畜都有，可是你们走后，我就觉得这个家是真正贫瘠了，但是这三年里又着实发生了很多事情，我觉得很费解很诧异，但是读了这半年书以来，我又渐渐想明白了很多问题，我觉得人的一辈子很短，但是这个世界却很大，我们要尽可能多地去了解、去认识一些事物和道理，但是对于我来说，我已经没有了这样的妄想，但是家里的细伢子……”

在那个春季的早晨，白池第一次以如此深刻而平静的口吻跟方三姑说了许多话，每一句都是她从前不曾说过的话，但每一句都是在她内心里埋藏了很久的话，如同娇嫩勇敢的花蕊从花苞里自然地敞露出来，白池所说的话都从她肺腑里吐露出来。这充满感情的话语使得白果和白丹兄妹俩的泪水从眼眶里倾泻而出，泪水滴在碗里，要把两碗干巴巴的白米饭泡成两碗水汪汪的汤饭。

在白果兄妹俩眼泪汪汪的时候，方三姑却像饿坏了似的，一直目不转睛地扒着自己碗中的饭，直到白池结束了她动情的讲话，用征询的目光看向自己。方三姑在那时，就像是一个木讷的学生听完了老师对全班的讲话一般，事不关己地站起身来。白池看着自己的婆婆充满了疑惑和不解，她不知道眼前这个看似懵懂而脆弱的老太太在想些什么。于是，她也站起身来，拉住了方三姑的衣袖，再次征询道：

“妈妈，你说我先把白果和白丹送出去，再把方芳送出去好吗？”

方三姑仍像是没听见似的，继续想往前走，直到感觉到白池拉住了自己的袖子，她像一个着急的孩子一般开了口：“你拉着我干吗呀？放开我，我不想跟你说话。”

白池听完婆婆的话，不由得感到十分惊讶和诧异，在此之前，她早已明白方三姑从山外回来就像变了一个人似的，虽然不知道这种变化的原因是什么，但是她全然接受了这种时间对人的改变，她觉得如果有什么值得诉说的事情和心情，方三姑还是会说给她听的。就像多年以前在家做女儿时，母亲张草一般不跟白池倾诉什么衷肠，什么都咬紧牙关自己去做，但是到了一定关头，母亲还是会把有必要的事情说给白池听的。如今也是一样，方三姑不说，白池就不问。但是面对此刻的方三姑，白池显然是难以理解和接受的，由于惊讶，她忘了追问方三姑，一个人目瞪口呆地愣在了原地。

方三姑像是一个全然投入到自己世界的孩子，不管不顾地甩开了白池的手，步履蹒跚地向自己的西屋走去。可在那个时候，方三姑的古怪和狡诈就像妖精的狐狸尾巴一般暴露了出来，她蹒跚走路时发出了自言自语的声音，因为每一句都和刚刚白池所表述的想法有关，这又使得她的自言自语听上去就像对白池的回答。方三姑嘟嘟囔囔地说道：

"你要想读书自己去弄钱，别到我这里拿钱，我要等儿子回来，等郑正崽崽回来，我的钱要给他们花……"

白果和白丹不知道他们的姐姐白池，是怎样弄到那笔给他们读书的钱的。他们也不知道，那一天早晨，白池坐在桌子前向方三姑说了一顿掏心掏肺的话，到底是不是为了从方三姑那里拿到一笔钱，一切无从得知，白池似乎生长出了一种滴水不漏、四平八稳的做事能力。在十六岁的那年，开始懂事的白果突然意识到，姐姐白池似乎有了母亲张草当年的沉默和独断，但是比起母亲张草沉默时的优柔、独断中的无奈，白池显然更为坚韧、聪慧。她像一个成熟寡言却有着十足担当的大男人一样，在弟妹俩毫不知情的情况下，解决了一切问题。直到仲春时节的一天，白池把白果和白丹叫到东屋，开场白是："有事，我跟你们好好说说。"

在那个寻常的春日早晨，白池坐在床沿上，带着一对累坏了似的黑眼圈，深情慈爱地看着两个弟弟妹妹，她的思路和表达却在那个早晨显得格外清晰，让弟妹俩也不由得变得意志坚定。兄妹俩记得那个早晨，白池的嘴像山里流淌而下的涓涓细流那样一字一句说了很多。他们死去的父亲、母亲、离家的方卫东、阴晴不定的方三姑、九岁的方芳，像是漂浮在溪流上的树叶那样不时在白池嘴中出现。其中白池自己对知识的理解，对山外世界的向往也像溪流所途经的堤岸那样贯穿了始终。那是弟妹俩第一次知道，姐姐脑海中已经有了对山外世界如此细致而透彻的理解，好像她是作为一个山外人在对山里的孩子提出了见解，这样的疑惑一直伴随着白丹和白果在山外求学的整个时期。白池讲着自己的见解和期待，在细水长流的叙述中将弟妹俩送到了结论的彼岸。她总结道：

"这一次，我是让你们去外面好好读书的，山外是一个截然不同的世界，你们要从那里多获得一些知识和智慧，一定要争气，读出点出息来，才对得起妈妈，对得起姐姐，知道吗？"

白果和白丹兄妹俩用力地点着头，他们点头的时候像是两根在捣蒜的棒槌，恨不能把向他们的父亲、母亲作的承诺，也一块把头给点了。

白池在那个时刻也像一个如释重负的担脚汉子，她耸了耸肩，朝天仰着脸呵呵地笑了。她笑着摸了摸弟弟妹妹的头，说道：

"对了，你们还要记住，不管你们离开家有多远，有多久，要记住这里是你们的根，姐姐永远在这里等着你们回来。"

虽然知道了读书的种种好处，但白池也没有料到，她自己替弟妹俩作的决定，在往后会成为改变他们一生命运的转折点，让两个孩子在即将被磨砺成一个祖辈那样的山里人之前，像突然拐弯的单车一样，走上了一条截然不同的人生道路。

人如若真心想做成某件事，一定会做到的。所有事情似乎都能成为这件事的有利因素，所有人似乎都能为这件事摇旗呐喊。天助自助者，有时候事情就是那样一帆风顺。

整个人类历史，已有很多人以肉体凡胎做成了许多艰苦卓绝、意想不到之事，不论宏图伟业、家国天下凡此种种，只说这世俗日常中的事业、感情、人际交往等等琐事，历史长河中不断有人打开新的局面、创造新的境遇，万代千秋，不胜枚举。而现今人们经历的每一件事情，前人早已历经，今人苦费思量的许多事，前人都已找到方法。人力之极不可想象。发自于内心的力量亦是无穷。生而为人，要是真心想完成一件事情，心灵会带给头脑和身体无穷的力量，让你有能力去攻坚克难、持之以恒，你所接触到的任何事物都可以提供给你解决问题的灵感，所有被你愿望所打动的人都能给你提供帮助，且冥冥之中一切能量都自会转换，皇天不负有心人。

就比如白池，她在三十岁那年春天所愁苦的事情，只是人类困境中极其微小的一个小小插曲，然而天助自助者的道理也很快得到彰显，身边有些人有些事的出现突然被转变成了有利条件。

那年仲春时节，明明所有要出远门的村民都在初春时节走了出去，白池不放心弟妹俩独自走出山去，正在出山安顿弟妹和在家照顾婆婆女儿之间犹豫不定，正月里走出山去的李加禄又从山外回来了，让白池找到了托付的对象。

李加禄回来的时候，盘龙村里的人们像白天和黑夜的固定划分一般，有了泾渭分明的区分。那个时候是春忙时节，在以往的春天里，每个家庭的男女老少都像是一群刚长成出窝的狗，双脚蹦跶、成群结队地跑向田间地垄，在泥土里把双腿染成黄色，又亲手将黄泥覆盖上一层绿色。这年春天，一切都不一样了。那些豆腐块似的、原本站立着男人双腿的水田，被插上了女人的腿，还有老人和孩子们手脚并用的四肢。而那些身强力壮的男人，他们早已把双腿从稻田里抽出，大步流星地走到水泥厂的操作间和采石场。女人们在水田里犁田、播种、插秧、取笑、相互泼水扔泥、跟执拗的水牛闹得人仰牛翻，像蚊蝇经常追逐水牛那样，七嘴八舌地谈论男人。这让本该充斥着男人汗水和大嗓门的地方，听上去就像胭脂铺里那样充满了女人味。女人的笑声、女人的咒骂、女人高低起伏的各种互问互答，飘荡在盘龙村春发的大地上，像桃红、梨白和柳絮那样飞在春天里。

李加禄背着一个背包走在盘龙村的黄泥马路上，这次，他没有直奔他偏僻的家，而是走向了盘龙村新兴的水泥厂。那时候，整个盘龙村都像热锅上的蚂蚁一样忙活着，李加禄因此而显得像一个无聊而懒惰的闲人，他穿过了盘龙村的农业区走向了工业区，这两个区中间隔着一片小树林似的防护带。农业区的人声鼎沸，人的叫骂声和牛的哞哞声飘荡在阳光下，一直随风飘进了小树林。李加禄走在小树林里，农业区传来的声音像是追着他似的，从他身后传来。前面也有声音，工业区的声音像是某个山坡有一堆石头正往下滚，轰隆隆地朝李加禄扑来。这两种声音一前一后地夹击着李加禄，在某些时刻还混合在一起缠绕着李加禄。李加禄不由得抬头望向天空，一簇簇新绿的树叶将天空打碎成无数片剔透的碎片，阳光从这些碎片里争先恐后地倾泻下来，好像某个勇士的万箭齐发，在树林里穿插了无数条杂乱无章的光柱。那时候，风在树叶底下穿梭，忽而跑过来撩动李加禄的头发，草丛也在舞动，其中有花的叶茎在颤动不已。李加禄闭上眼睛，听到树林里有风带来人的声音，似乎很遥远，小树林因此而显得空空荡荡。

李加禄走到一排灰色的厂房底下，有许多灰尘如阳光下某人抓下来的头皮屑一样在空气中纷飞，一会儿就落满了李加禄的肩头。他仰头望见厂房正上方挂着一块红漆牌子，牌子上斗大的字写着：愚公水泥厂。李加禄听见了厂房里的声音，就像那里面忙碌的人们一样嘈杂和混乱，那些声音也像是受不了似的，轰隆隆地从厂房的大门里和窗户里蜂拥而出。李加禄看见大门内和厂房窗户里有灰色的人影飞快地闪过，一次又一次，一批又一批，像是医院产房里慌乱不已的护士。

这时，厂里的工人也看见了李加禄，李加禄看上去有一些来路不明的意思，虽说愚公水泥厂自开办以来总是受到村民们的参观，可是村民们都是成群结队、叫叫嚷嚷的，李加禄独自站在厂房下举目四望，似乎众里寻他。这使得几个忙里偷闲的水泥厂工人有了几分好奇，他们站在窗户旁，看见李加禄从身后的背包里拿出了一个四方四正的黑色盒子来，接着，他又从口袋里掏出一块白色手帕在黑色盒子上擦了擦，然后把黑色盒子端到了眼前，他把脸躲到了黑色盒子后面，像是要从门缝里看人那样眯缝了一只眼睛，另一只眼睛从黑色盒子后面投来目光。突然黑色盒子上曝出一道亮光来，李加禄又换了一个方向，躲在黑色盒子后面又闪出一道光，直到李加禄像侦察地形的探子一般，在厂房底下变幻了好几个姿势。站在窗户旁边的工人们才一拍脑袋喊道：

"原来这小子弄的是一个照相机呀！"

李加禄没有听见厂房里人们说的话，人们也不知道他为何要到这里来摆弄他的照相机。那时的盘龙村不再像以前那样，闲来无事对一切刨根问底凑热闹，爱往人堆里扎。他们像总有忙不完的事情的创业者那样，知道了一个陌生人在干什么之后，并不进一步地好奇去弄清楚他为什么要这么干，这些工人像是什么也没发生，什么也没看见似的，戴上口罩，跑进了一团毛茸茸的灰尘里，继续忙活他们的工作去了，只是偶尔有人分心，他们才向窗外瞄一瞄，那时他们会看见一个来路不明的人，像一个闲来无事、在天光底下晒太阳的老人家那样，在他们灰蒙蒙、轰隆隆的厂房底下摆弄照相机。他的身边不时有赶去救火般慌张的工人跑过，他们有的像娶亲背媳妇似的，身背着一包水泥，有的像上街打架那样，手拎着一把铁锤，可是他们都像没看见李加禄似的，往他们眼睛看着的方向直奔而去。偶尔还窜过一两台声嘶力竭的拖拉机，使他忽而坠入雪花漫天般的灰尘里。整个水泥厂在那时，却像是暴雨前一堆正在滚滚翻腾的巨大云团，李加禄不慌不忙、平平稳稳地处在那个漩涡里。

那一天，李加禄从水泥厂离开以后，无所事事地带走了满身的灰尘，他继续穿过小树林似的防护带，走向了正在插秧的人们。他出现在村民们面前时，像是一个刚刨完土的母鸡，全身上下落满了灰尘。但李加禄仍然犹如那天的天气一样怡然自得，他走到水田旁，像孩子看着蚁穴里爬出来的蚂蚁那样，蹲下来看着撅屁股插秧的人们。白池就是在那个时候看见李加禄的，她像是等待了李加禄很久似的，她的身体从水田里抽离出来，朝李加禄飞奔而去，在离李加禄三米开外的地方就喊道：

"李加禄，你可算回来了，能帮我一个忙吗?！"

于是，白果和白丹在那个春日的下午再次见到了李加禄。那是他们第一次如此近距离地看见他，这个大龄未婚男人头发乌黑、面皮洁净，还有一口白牙齿能笑出温和的笑容，这使得李加禄在白果兄妹俩的眼里看上去，就像一块没用过的抹布那样干净。

白丹和白果朝着水田旁走过去时，他们的姐姐白池正在一旁和李加禄说着一些什么话，他们俩面对着面，不时还会凑到彼此耳边去说一句好像十分重要的话，白池说话的神色看上去非常认真与诚恳。在那个时候，一男一女这么说话是略微有伤风化的。于是，在白丹和白果兄妹俩看向他们的姐姐时，水田里撅着屁股劳作的人们，也不禁偏着脑袋往白池和李加禄的方向看去，那时水田里嘈杂的声音突然低了下去，变成了一群蜜蜂采蜜似的嗡嗡声，一直到白池和李加禄朝田埂上走去那声音才渐渐消退。

田埂上站着白果、白丹和方芳，他们看着白池朝他们走来时，像三只听话的狗崽看着他们的主人。白池走到三个孩子身边，当着他们的面，向李加禄说出把弟妹交付给他了，那时，她不是把白果和白丹的手放在李加禄的手上，而是从裤腿里掏出一块红帕子交到了李加禄手中，那块红帕子鼓着一个大包，看上去像放了一笔为数不少的钱。那时候，白池脸上的笑容就像孩子一样异常灿烂，白果和白丹兄妹俩你看看我，我看看你，高兴得差点蹦了起来。

那个春日的午后，李加禄还帮白池一家拍了一张照片。在一片热闹的劳作场面的背景之下，白池、白果和白丹从高到矮站成了一队，方芳被安排着站在了最前面，他们像演员进行着一场重要的彩排一样，反复编排了队列，练习了彼此的笑容。这使得他们在一片忙活的人群之间显得格外矫情，撅着屁股劳作的人们都发出了各种各样的嗤鼻声。但那个时候，白池一家四口都有着很开怀的笑容，就像那天的阳光一样灿烂。这是成年的方芳日后回忆起来，第一幅关于一家人的画面，第一次鲜明的童年记忆。白池在镜头前止不住地缕头发，好像她的头发已经被风吹乱了很多次似的，实际上她只是紧张自己刚从田里汤汤水水地出来照的相会不好看，白果和白丹也紧张兮兮地捏着自己的裤腿，好像是站在严厉的老师面前。禾苗在他们的脚底下像潮水一般浮动，天上的云朵被风吹着飘动，整个天空，同着云朵一起旋转。当李加禄打了一个响亮的喷嚏，像是一条刚从河里爬上来的狗甩出一身水来似的，他的头上甩下来一片飞扬的灰尘。白池一家的欢笑声在当时的阳光下响起，使方芳日后回想中的童年闪烁不已。

三十

也是从九岁那年的春天开始，方芳对于时间河流里的一切都有了十分清晰的记忆，她的大脑里形成了一个资料详细的档案库，每一个时间节点上都有数据，生活中发生的每一件事情都能在她脑海中转变成存档的电影。方芳对于时间和事件敏锐的记忆力，像是人体上生长起来的某个器官一样突然出现，并在往后的日子里得到不断的完善。当成年后的方芳回想过往，从九岁起自己就有了春天柳絮般稀松的回忆，那时候的回忆如同柳絮一般，悠长地纷飞在她今后漫长的人生里。在成年以后，她才知道这是自己独有的天赋。

她记得，拍过照片的那个春日下午过后，她的舅舅白果和小姨白丹就离开了家，离开了盘龙村。就像章回小说的结尾，仿佛无常的人生世事，每一件事情的结束都是另一件事情的开端，每一处终结都伏藏着一处发轫，此起彼伏层出不穷。作为童年玩伴的白果和白丹离开盘龙村之后，母亲作为榜样的形象突然变得鲜明起来，那时候乘坐着童年这列火车即将驶入站台的方芳，刚开始生长出她对外界的人与事物的刻意观察和思考。有如无记忆的婴儿刚从娘胎里出来，本能地睁开眼睛便看到周围的人。九岁的方芳在脑海里开始储存她人生中将会反复玩味一生的记忆，一抛出目光便看到了守候在她身边的母亲，母亲的形象和黏贴在这一形象上的生活本身将会作为永恒的记忆存储在她的脑海。

方芳降临到这个世界上，见到的第一个人就是白池，那个时候的白池是作为一位母亲与方芳相识的，方芳永远不会见到少女时期的白池，更不会知晓少女白池有怎样的柔弱与天真。与肉虫的破茧成蝶截然相反，由少女变成母亲的白池，经历的是从烂漫而柔弱的心灵之上长出一层应对生活的厚重之茧来的过程。所以，当九岁的方芳开始像画人物素描一样在脑海中勾勒母亲的形象，她能清晰地看到自己的母亲气定神闲、克勤克俭的模样。在母亲这个角色上扮演得愈趋成熟的白池，像是生长在风中的劲草一样，生长出了十足的力量和韧性。两个弟弟妹妹离开之后，白池像是孩子用手中鞭子抽动的陀螺一般，在时间的平原之上马不停蹄地转动，她从田里到家里，从家里到山上，偶尔还要从山上下来，像是治水时三过家门而不入的大禹一样，路过方家砖屋走向另一端山脚下的盘龙村小学。白池的奔波和繁忙使方芳感到紧张，通过和村里其他女人的对比，她能清醒地意识到母亲如此高强度的劳动是多么艰难的事情，她担心母亲随时会像拉扯过度的皮筋一般突然崩裂。

方芳心中的惶恐始终没有成为现实，白池的身体和生活都没有崩溃，在无数个夜晚，她在劳动过后表现出来的恬静而专注的活力，让方芳十分惊讶又不禁释然。那个春天起，白池所住的东屋像是方芳开始储存记忆的大脑一般，慢慢堆积了许多书籍，白池像是很久以前放完牛背着满篓子的青草回来一般，每隔几天就会从那条通往山外的马路上背回来一些书，日积月累、春去秋来，东屋里就像大地上长满草那样堆满了许多书。方芳因此疑惑不解，她几乎要以为山路上什么时候已经如同丝瓜藤蔓上结满丝瓜一般，摆满了许多书。后来她才知道，这些书大半是白果和白丹托人寄给白池的，小部分是白池要求村人从外面带回来的。东屋里堆满的书，白池是在晚上像吞咽食物那样消化它们的，每每夜幕降临，白池就会挑上两三本好书摆在桌子上，像是在饭桌前提醒女儿吃菜一样，把书推到女儿面前说道：

“这两本都是很有营养的书，我前几天看的书上面作者就提及了这两本，你先挑一本，剩下的给我，咱们一块看。”

方芳看到，她的母亲在捧着一本书的时候，就像是面对着一个人，他们之间有着无话不说的交谈，在“交谈”的过程中，白池时而眉头紧锁、时而春风满面、时而敛色屏气、时而局促不安，偶尔还喃喃自语，这些表情都显示着白池求知时候的全神贯注。白池这一习惯的养成，对于方芳的影响是十分深远的，白池生养方芳成一个模样端正的孩子，方芳追随白池成为一名品性纯良的女性。

白池的修养和她在方芳心中作为母亲的形象，像是夏天撑开伞盖的树木一样渐渐丰茂和强盛起来。时间一点一滴流淌，当一切习惯成自然，方芳的心灵和通过这颗心灵所感知到的生活都渐渐平稳起来。在方芳日后的回想中，她从童年走向少年的那段日子，像是行云流水一般迅速而流畅，而她和母亲就是拿潺潺流水中两尾欢快游动的鱼儿。直到后来，奶奶方三姑的形象像是浮出水面的岛屿一般，在方芳的记忆中日益清晰起来。从方芳记事起，奶奶方三姑就已经是一个处在暮年的老人，那时的她像一块皱巴巴的干木耳那样，缺乏表情与生机，她的一言一行以及给予人的感情都显得十分生硬和古怪，只有在极少的情况下，她才像是卸掉一身盔甲似的，向她身边的人展示出真诚而温暖的笑容。方三姑的身边没有儿子，就像方芳那时候对父亲的记忆一样，是一片缺失的空白。

白果和白丹离开盘龙村整整三年之后，方芳十二岁，白池三十二岁，方三姑年过花甲。一个平常的夜晚，空气中依旧飘荡着春末夏初隐隐的暑气，方芳再一次产生了自己童年的重大记忆，那一天方三姑的失忆突如其来，在方芳脑海中留下了电影般深刻与强烈的回忆。那次记忆中方三姑的形象开始突变。方芳看到方三姑坐在厅屋的神龛下，她像生病似的皱起了眉头，她的眉心因此而生长出几条暂时的沟壑来，橘黄色的灯光照在她脸上，让她的脸颊和眉间的沟壑看上去都有被拉长的效果。这让方芳突然想起了母亲白池跟她讲过的阎罗王的模样，方芳因此将方三姑望得出神，在脑海中，几乎要将自己奶奶的模样与阎罗王的鬼脸相对应。突然，方三姑的神色一变，像是被一只无形的手拧了一把，腾的一下从座位上站起来，着急地说道：

“我儿子怎么还没有回来呀?这个时候也到了放学的点呀!他又到哪里玩去了?”

这时,白池突然跑进了这幅画面里,看着婆婆的表情,听到婆婆的言语,白池显然十分惊讶,她问道:

“妈,您怎么了?您是在跟我说话吗?您说谁玩去了?”

听到白池的问话,方三姑吓了一大跳,她倒吸了一口气,瞪大了如花朵般枯萎的眼睛,惊恐地望着白池如同对待一个突然闯进家门的陌生人。方三姑捧着胸口、惊慌失措地问道:

“你是谁?你到我家来干什么?”

方芳在那时候听到了自己母亲因为激动和震惊,发出了比方三姑更嘹亮的叫喊:“妈,你怎么了?”

显然,白池在那时候受到了比方三姑更大的惊吓,她不知道是什么原因导致她的婆婆突然变成了这样,既猝不及防,又不明就里。慌张的白池马上定下神来,她用轻柔却颤抖的声音向方三姑问道:

“妈妈,我是白池呀,你不认得我了吗?”

方三姑迷茫地问道:“白池是谁?我们家姓方啊……”

白池的眼睛里涌出了泪水,泪光在她眼睛里如同她的声音一般颤动,她嘴里说出的话仿佛也成了掉在地上的石头,每一颗都带着紧张的跳动:“白池——是方卫东的——堂客,方卫东——是你的——儿子……”

方三姑突然笑了,她笑的时候像个年轻姑娘那样捂着嘴,她是用普通话对白池进行答复:“哈哈,姑娘,你开什么玩笑呢?我儿子才多大啊?他还在念小学,哪儿来的什么老婆呢……”

……

在那个春末夏初的晚上,方三姑回房去睡了以后,白池让方芳在下屋睡下,自己一个人回到了东屋。在母亲走后,方芳偷偷来到了东屋门口,从白果和白丹兄妹俩曾经看见自己出生的那条门缝里,看到了坐在床沿上的白池。白池把双手捂在自己脸上,呜呜的哭泣声从她的喉咙里发了出来,泪水从她的手指缝里流了出来,泪水像哗哗的溪水一般流了很久。直到白池将双手拿开,方芳才看到,她母亲原本红润的脸庞已被洗刷得苍白,而她的眼睛像是两个成熟的桃子一般红肿,还闪烁着水淋淋的光。方芳在那个时候没有去安慰她的母亲,十二岁的她似乎也在血液里流淌着母亲的某种性格，不太会表达感情，什么都藏在心里，所以，当看到母亲和衣躺下之后，方芳也泪眼汪汪地回到了下屋。

在第二个清晨来到的时候，白池没有像往常一样叫醒方芳起来读书，以至于方芳起床时窗外的天色已经十分明亮。方芳从床上一跃而起，她心想母亲一定还处在悲伤之中。那时，她心里急切地想看到自己的母亲，又害怕再见到她那副泪流满面的样子。经过一番自我鼓励，她轻手轻脚地走到母亲的东屋，看到的却是一张空空如也的床，只有初夏清晨的阳光若无其事地铺在床单上。方芳心里“咯噔”了一下，她突然变得害怕起来。

慌张的方芳从砖屋里跑了出去，她来到盘龙村的黄泥马路上。那时候马路上热闹地走着各色人等，各色人等不仅仅是指不同身份的人，他们身上的颜色也是斑斓各异的，“愚公”水泥厂工人身着的灰色是主流，就像草丛里长满鲜花一样，人群中还流动着蓝色、红色、绿色、紫色等星星点点的色彩。除了各种各样的人，那时的黄泥马路上还走动着各种各样的牲畜和一些不是人的东西。马、牛、羊、狗、猪、鹅、鸭等牲畜照常地走在马路上，这些牲畜和“愚公水泥厂”没到来之前的牲畜隔着一个辈分的距离，它们也不再像它们的“父辈”一般自由，它们走在盘龙村的黄泥马路上时不仅感受到了拥挤，还得小心翼翼。因为马路上还有遛动的单车、横行霸道的汽车和乌烟瘴气的拖拉机。尽管时刻注意，“新一代”的牲畜们还是会经常挨上人类的大脚丫子和单车轮子，更有甚者，会在某个日常的早晨无辜地惨死在汽车的轮胎下，变得死无全尸。

方芳奔跑在这些窜动的生物和非生物之间，她要去寻找她的母亲，她希望在田间地头或者某个池塘边看到她母亲的身影。这样的想法使得方芳起初寻找的脚步是节奏分明的，她的双脚像是在快乐地蹦跶，又仿佛是在急切地赶路，总之，方芳每走一段路都要在路边上眺望一会儿，路边上躺着盘龙村豆腐块似的水田和明镜似的池塘。

方芳一次次抱着希望站到马路边上，又一次次充满失望地走到马路中间。可这并没有让她气馁，她加快了寻找的脚步，开始像山林中在队伍后面跟丢了的羔羊一样，不断地呼喊母亲白池的名字。马路上却并没有白池的应答，以至于到了后面，方芳呼喊的声音就像她的脚步一样越来越快。当这个十二岁的孩子沿着盘龙村的黄泥马路，从居民区跑到了工业区，日挂中天，她不仅跑出了满头的汗水，也跑出了满眼的泪水。

方芳来到了“愚公”水泥厂前面，那里是一片热火朝天的忙碌。人的影子在方芳眼里，像是夏日树枝上繁茂的树叶那般拥挤地攒动，人的声音在方芳的耳朵里，像是夏天时落在池塘里的暴雨那样纷繁。“愚公”水泥厂里堆的石头是唯一比人还多的东西，高耸的烟囱里飘出来的股股黑烟是唯一比人的腰身还要粗壮的东西。

虽然明知道母亲不可能在那座工厂里面，方芳还是忍不住号啕大哭起来。“愚公”水泥厂前嘈杂的声音像是滚滚洪流，把方芳的哭声淹没，只让人们看到她号啕的嘴型和奔涌的泪水。或者，准确来说，是很少有人看见她的，只有在工厂里偷懒的人才会望向窗外，而偷懒的人都是得不到高工资的，现在的盘龙村人需要用钱来提高生活质量。所以，水泥厂内几乎没有人望向窗外，看向窗外的人也来不及关心一个女孩为何要站在那里哭泣。在那个时候，方芳突然想起了自己离家多年的父亲方卫东，她的想起不是想念，而是想象，她想象母亲白池也许已经如同她的父亲般独自离开了盘龙村。想到这里，方芳更伤心害怕了，她的哭泣变得十分真心和专注，泪水从她眼睛里奔泻出来就像开了闸的洪水。方芳无人问津地站在太阳底下，变成了一个湿淋淋的小孩。

中午时分，陆陆续续有堂客们来到水泥厂，她们是来给她们的男人送午饭的。在“愚公”没进来盘龙村之前，堂客们要往田地里给男人送饭，如今要往水泥厂里给男人送饭。虽说送饭的人和吃饭的人都没有变，可是两者之间的地位差距却拉开得更大了。以前男人和女人所干的活计几乎没有差别，他们对于家庭的贡献几乎平等，男人和女人之间的地位因此而没有太大的差别。但到了如今，男人从家庭中走向了真正的工作岗位，为家庭收入作了大部分贡献，女人在那个时候便只好流连于灶台、猪圈和田间地垄之中，家庭地位逐渐下滑。于是，堂客们在那个中午向“愚公”水泥厂走来的时候都是哼哼唧唧的，她们在哼哼唧唧的同时，看见了泪流满面的方芳。她们纷纷问道这是谁家的孩子，为么子会出现在这里，为么子要在这里哇哇大哭。

渐渐的，方芳身边围拢了一大堆堂客们，她们像是发现了一个醉倒在路边的流浪汉一般，充满同情和好奇地议论出了叽叽喳喳的一片麻雀声响。由于长久的伤心哭泣，方芳那时候的声音已经沙哑，她想问问这些女人是否认识、是否看见了她的母亲白池。人群中却有人先认出了方芳。那女人问的第一句话正是方芳想知道的，她摇着方芳的肩膀问道：

“芳儿，你妈妈呢？”

十二岁的方芳抽泣着，朝那个女人点了点头，表示自己也想知道答案。

女人继续问道：“芳儿，你倒是说话呀，光点头有么子用？你妈妈在家吗？你回去问问你妈妈，么子时候能把我的钱还上？我想要送我们家二毛出去念书，等着用钱呢！”

女人的话音刚落，人群中便响起了一片混乱的感叹声，那是一群女人在表示她们的惊讶。她们纷纷向那个女人问道：

“怎么白池也欠了你的钱？她也欠了我的钱呢！”

很快，这群女人都表示出自己作为白池的债主身份来，像是刚刚得知某处地震的人民政府，她们你一言我一语，紧急地讨论起白池向她们借钱的来龙去脉来。方芳在那时候连忙停止了哭泣，她支起耳朵听着女人们在她头顶的议论。也是在那一天，方芳终于知道母亲在三年多以前，拿给白果和白丹去山外念书的钱是哪儿来的。她像是一个挨家挨户讨饭的乞丐一样，在盘龙村里向每个她熟悉的家庭里借了一些钱，这些钱对于盘龙村人来说都是少数，而且白池借钱的原因十分值得人们支持，她要送弟妹俩出去读书。所以，在很长一段时间内，盘龙村人对此事都没有放在心上，也没有放在口头上。

三年以后，在这个偶然的机会，当盘龙村的女人们得知了白池向每个人借钱的事实，她们利用“众人拾柴火焰高”的道理推算出白池所借数额的庞大。这群女人终于忍不住用“阴险、狡诈、瞒天过海”这样的词语来形容白池了。当这群堂客们商量着，给白池做出了定性，还是第一个跟方芳说话的女人，她像是突然想起了什么似的，吃惊而慌张地向方芳问道：

“对了，你刚刚在这哭，不是因为你妈妈跑了吧？她不是带着我们的钱跑了吧？”

这话一出，不仅把方芳吓得目瞪口呆，其他女人也像是乱了阵脚似的慌张起来。她们你看看我，我看看你，那种着急忙慌的样子仿佛已经丧失了一笔不小的财产。

在紧张兮兮的气氛之下，方芳“哇”的一声哭了出来。因此，那群女人更惊慌了，仿佛这哭声代表了白池“携款潜逃”的事实。盘龙村的女人都有“刨根问底”的正义感，她们像是一批围攻麋鹿的野狼一般，渐渐向方芳逼近，她们严厉凶狠的目光，使方芳深深地低下了头颅，泪水从她红肿的眼睛里坠落，在积满水泥灰的地上像是雨点坠入水中一般，溅起团团飞扬的尘埃。

在女儿被步步紧逼的时候，白池从水泥厂走了出来，她看见“愚公”水泥厂门口站着一堆女人的背影，但是她不知道她们团团围住的是自己的女儿。白池走上前去，拍了拍其中一个女人的肩膀，从这个女人转身的缝隙中，看到了自己哭成了泪人的女儿。白池一时间不知道发生了什么事情，她疑问地看向面前的这群女人，这群女人却像是终于用诱饵等来猎物上钩的猎人似的，双手摩擦着把白池围在了一个圈内。方芳像是一只捍卫母亲的弱小动物，冲进人圈里挡在了母亲面前，眼睛里使劲地投射出防卫的目光。

白池已然意识到了眼前的一切因何而起，她把女儿从身前扭到了自己的胳肢窝底下，另一只手掌立了起来，在前进的人们面前做了一个“打住”的手势：

“对不起，各位，我没有把实情告诉你们，这是我的不对，孩子这么小，你们弄哭她就是你们的不对了，今天，这件事我不追究，你们以后也犯不着用孩子来威胁我，还请你们手下留情，我这个月会把你们的钱一一还上的。”

那群堂客们还没来得及解释或者追问什么，白池已经带着方芳高昂着头颅走出了人群，让这群女人从她离去的背影中，看到了当年方三姑作为一个“寡妇”般存在的冷漠和决然。

方芳在回去的路上，主动和她的母亲说起话来，她心有余悸地问她的妈妈：“妈妈，你到水泥厂干嘛去了？”

白池笑着跟自己的女儿说：“妈妈去找工作了。”

方芳问：“妈妈在水泥厂找了工作吗？”

白池点点头。

方芳是个早慧的女孩，她在十二岁时就懂得了成人世界里的许多困境和难题，她忧心忡忡地向母亲问道：

“妈妈找工作是为了还钱吗？”

白池停下来慈爱地抬起手，在女儿的头发里耕了耕，然后又温柔地吹了吹女儿红肿的眼睛，她大声而坚定地向女儿说道：

“不！妈妈挣钱，是为了给奶奶治病！”

三十一

白池成为了第一个在“愚公”水泥厂工作的女人，这引起了盘龙村村民的集体注意，女人的嘴上又开始议论纷纷，她们接着三年半以前的猜想，继续发挥其集体智慧来。三年半以前，白池突然爱上了读书，容貌和穿着也越发年轻光鲜，这让盘龙村的女人给白池的心评判出了“跃跃欲试”四个字。现如今，白池为何能成为水泥厂唯一的女职工的问题，又在盘龙村女人心中长久地萦绕着，她们在探寻几天无果后，又拉出了以前的那个“结论”做起了文章。

传说有人看到了白池在一个夏日的早晨走进了“愚公”水泥厂，她走进水泥厂的目的和其他女人截然不同，别的女人是为了给自己的男人送饭，白池却是为了给别的男人送情。传说白池的“送情”并不是像其他女人一样拿出自己的腊肉、鸡蛋和水果，白池送出的东西是自己，送出的人情是自己作为一个女人的感情。传说白池送情的对象不是能给她钱的厂里职工，而是能给她工作的水泥厂厂长张和平，这笔买卖敲成，就意味着白池有了源源不断获得钱的平台。盘龙村女人一步步推导，让白池在她们想象中完成了“献身得工作”的一切动作。完成了集体创作之后，每个人开始对白池进行“定型定性”的评判：

“噢，我终于知道白池很久以前怎么突然爱讲究了，原来她才是真正的狐狸精，在水泥厂刚办成的时候就巴望着今天呢，她已经憋着这股子坏劲有两三年了，阴险啊！”

“我算是知道白池不出去找她男人的原因了，方卫东偷别的女人她心里不平衡，就想去偷别人的男人，所以她巴不得自己的男人出去了不要回来，对了，这方卫东从山里出去还指不定是么子原因呢！你们就能确保白池没对自己的男人做了些么子？”

“我也想清了白池为么子要把弟妹两个送出去念书了，什么培养之类的屁话都是借口，从方卫东、方三姑到白果白丹，她把身边的人一个个支开，不就是为了这一天吗？如今方三姑竟然不识相地回来了，白池心里也许说不出藏着多深的恨呢！”

……

在这些流言蜚语中，盘龙村的男人是相对沉默的，他们唯一确定的是，在那个早晨，白池曾经走进他们张和平厂长的办公室，在中午时又走出了办公室，她走出办公室时，是他们年近六十的厂长送出来的。但是，他们谁也不知道从早晨到中午的那段时间里，张厂长和白池做了些什么。在第二天的时候，白池就成了他们厂里的员工，做的还是厂长的秘书工作。这多多少少让这群男员工心中存下了疑惑，所以，当他们回家听到自己的堂客在如此议论时，也保持着一份将信将疑的态度。

白池也许是整个盘龙村里最后一个，听到关于自己的流言蜚语的人。那个时候，她已经在“愚公”水泥厂里工作了一年零六个月，一年多的时间里，她负责给厂里做每日的生产记录，用数据和文字呈现出厂里的生产水平。白池听到的流言蜚语并不是来自聒噪长舌的堂客们口中，而是在水泥厂的工作间里听到了男人们的议论。那时候的工人们并不把女人们的议论当做事实去传播，而是把它当做一个笑话去与人分享的。他们在心底并不相信会有这样的事情发生，不相信不是认为白池不会那么去做，而是不相信他们洁身自好、充满正义的张和平厂长会那么做。他们本能地相信一个盘龙村男人也许会偷女人，但是他们不相信从山外来的张厂长会做这等事情。

但是，他们当做笑话在讨论的白池的"风流韵事"还是被白池听见了，她站在一扇墙后面眼泪汪汪，泪水在她光滑的脸上肆意地流淌，白池哭得毫无声息。她在那次哭泣中显得尤为伤心和专注，她的伤心和专注并不是因为她觉得自己是一个可怜的人，她没有想到方卫东和张草，也没有想到方三姑和方芳，没有想到白果和白丹。没有想到这些人，白池也觉得尤为悲伤，这悲伤莫名其妙，这悲伤使得白池很想大哭一场。

白池在哭泣时抖动肩膀的样子是很久以后，才被水泥厂工作间的工人们看到的。他们看见白池的肩膀像是风中的树叶一般抖动，这种抖动是无声的，光从肢体语言上去看，工人们很难判断白池那时候是笑成了一副得意的样子，还是哭成了一副委屈的样子。人们在背后用手指点了点白池的肩膀，才看见她的泪流满面。这帮大男人不知道这个三十多岁的女人为何哭得像个十七八岁的小妹子，还没等他们发出疑问，白池像是一个可怜的孩子般发出了莫名其妙的倾诉：

"我再也听不到山上有人唱山歌了，我再也看不见有鱼从溪水里跳到岸上了，我再也闻不到太阳照干露水的味道了，再也没有萤火虫像星星那样闪烁，再也没有羊群敢在大街上肆意地奔跑，再也没有蛇能和我一起在路上爬行……"

白池边哭边说，越说越哭，好像她并不是在遗憾再也回不到以前的盘龙村，而是一个刚刚死了丈夫的女人，她在丈夫的棺材行将入土之前，用一桩桩的往事怀念起自己男人的好来。白池呜呜哭泣的同时，像是做法事时的道士一般咿咿呀呀地说了很多，把工人们说得一头雾水，满脸痴呆，因为他们不知道白池所说的这些话和她的哭泣有什么关系，人们也不知道如何去安慰她。只听见她用"再也没有"这样的句型，像是延绵不尽的山脉般，滔滔不绝地说了很多话，工人中有人反应敏捷地用新生的、充满希望的事物来给予她安慰道：

"没关系的，我们有了出去的路啊，我们有了谋生的工作啊，我们有钱了啊……"

……

白池那一次莫名其妙的哭泣，被张和平厂长知道了，也被盘龙村所有的女人知道了。当天上午，盘龙村工人们恰得其反的安慰使白池哭得越发伤心，谁也不知道白池在那时候，只想用尽全力地为盘龙村这个山村好好哭上一会儿。白池不能自已的哭声引来了很多工人，厂长张和平就是在人们纷纷安慰白池时出现的，他像是一个真正的长者那样，看到白池在众人的包围之下哭泣时，拍了拍白池的肩膀，引着她往办公室走去。白池本就是在张和平办公室工作的，可在白池和张和平独处的那个上午，他们办公室的门却像是母亲对待孩子的心一般，一直是敞开着的。但仿佛是心照不宣，也许是不曾在意，那天上午时，盘龙村的水泥厂员工们谁也没有走进那扇门。当他们再次看到他们的厂长从那扇门里走出来的时候，他已经作好了厂里“招聘女工”的决定。

当天下午“愚公”水泥厂便向村里发出“招收女工人”的通知。一时间，盘龙村的女人群情激动、笑逐颜开，她们欢欣鼓舞地庆祝着终于等到了这一天，仿佛那是“全体农奴大解放”的一天。

盘龙村的女人们在那一天，蜂拥进“愚公”水泥厂，还没被厂里招收成功，她们像是一群进村打劫的土匪一般，从厂房的工作间里翻出了或新或旧、也许是没有主人、也许是男人刚刚脱下来的灰色工装，穿在了自己身上，她们穿上工装以后像是穿上了晚礼服的宫廷女人，在水泥厂的工作间里就像在舞池中那样手舞足蹈起来……

扬起的灰尘把水泥厂的工作间变成了一个人间仙境般迷蒙的所在，张和平厂长出现在一朵“云彩”的后面，他的到来最先引起了男人们的注意和紧张，他们赶紧冲上前去捉住了自家发了精神病般的女人，他们或者抓住女人的手脖子，或者摁住了女人的肩膀，或者抓住了女人在空中舞动的头发，使工厂里响起了一片女人“哎呀哎呀”哼唧的声音。等到这些女人的声音如同当时的水泥灰一般完全落下的时候，张和平厂长才开了腔，他作为一厂之长没有对自己工厂的“扩招”作出解释和任何决议，他来到人们面前似乎也不是为了这件事。盘龙村的人们在那时都看见，这个年近六十的男人脸上出现了“哀其不幸”般痛心的表情，他说了一句在当时的盘龙村女人听来是莫名其妙的话：

“我知道今天白池为什么哭，我也知道你们以前在议论些什么，我没有什么好说的，只有一句话……”

张和平厂长在说出那一句话之前停顿了下来，他以领导惯有的眼神环顾了四周一圈，然后点了点头，仿佛对自己还没有说出的话作出提前的肯定。这引得工作间里的所有男人和女人都变得目光炯炯、屏息以待，一时间工厂里鸦雀无声，张厂长嘹亮的嗓音在那时候有了回响的效果：

"做人还是要读书嘞！"

"读书嘞！"的回响还像水面上的波纹一样扩散的时候，张和平厂长在众人面前离去了。他在厂房里往外走的时候，他身后的盘龙村工人们都鸦雀无声，张和平穿着皮鞋所发出来的脚步声，在那个时候带有某种空灵的回响。当他从厂房走出去时，厂房里发出了女人麻雀般叽叽喳喳的议论声。

盘龙村女人的议论也是全情投入的，她们议论的是张和平厂长之前的那番话。做人要读书，这是一句可简单可复杂的话，做人在当时的盘龙村人看来是指对人情世故的处理方式和心态。读书是细伢子的事情，是语文、数学这些板上钉钉的知识。在男人的引导之下，又经过长久的讨论，盘龙村的女人们最后弄明白了这句话的含义：张和平厂长一向非常注重一个人的知识水平，他认定的真理是，一个人想要做好人一定要先读好书。

让男人和女人都很惊讶的是，张和平厂长不仅知道了之前在盘龙村人口中纷飞的流言蜚语，还知道了白池哭泣的原因。除此之外，还有更令他们不解的，当张和平厂长把"白池的哭泣""飞扬的流言""做人要读书"这三个短语，放在一起讲出来时，所有的盘龙村人都弄不明白，这里面包含了什么样的意味和逻辑关系。在他们看来，这是三个毫无关联的短语，三件毫无关系的事情。而张和平厂长似乎还把这三个短语，像是组织具有"因果关系"的句子那样关联到了一起，这让盘龙村人很不好理解，他们不知道白池、流言和读书之间有什么关系，他们不知道张和平厂长为何会在白池哭泣之后，史无前例地作出"招聘女员工"的决定。

盘龙村的女人们通过自己的第六感，认定张和平厂长作出"招聘女员工"的决定和白池必定有密切关系。她们只是不确定，张和平对白池的听从，是因为受了这个年轻女人的魅惑，还是听从了这个深沉女人的建议。在很长一段时间的探究和思考之下，这群女人既没有找到白池"魅惑人"的证据，也分析不出白池让她们工作的原因。但是，那个时候的盘龙村女人已经像跑下山的猴子扔下苞谷一样，丢弃了她们从前对是非和成见的坚守，在前进的过程中生长出了对现实利益的注重。于是，得到了工作的盘龙村女人不再对白池指指点点，她们心中明白，不论白池是以什么身份和方法让张和平作出决定的，最终受益的还是她们自己。这就足以使得盘龙村的女人们在很长一段时间内，都保持着对白池表面上的和气与感谢。

成为与自家男人平起平坐的水泥厂工人，这对于盘龙村的堂客们都是一件莫大的好事。她们在穿上男人的灰色工装时，轻而易举地想到了她们在日后和男人们的平等日子。这样的心情和感受，使得这些堂客们在最初成为水泥厂员工的日子，出现了和她们男人当初一样的得意笑容。与她们脸上的得意截然相反的是，盘龙村的堂客们在最初的那段日子，内心和身体都完全招架不住工业生产的高强度和压力。有好几个中年女人，在她们的集体笑容还没有消散的时候，就以落幕的背影退出了“愚公”水泥厂。也是这批退出的人，在后来的日子里，成为盘龙村转型时期里最后的坚守，像土壤永远保持着水分那样，在她们血液中永远保留着，大山村民们天生出来的古朴、缓慢和坚韧。

人是一种很能适应环境变化的动物，稍微年轻一些的盘龙村女人都渐渐习惯了工厂的工作。她们几乎生长出了同她们男人一样的力气和品性来，开山、采石、工厂作业、运输……她们在从事每一项劳动的时候，都像是一块块被匠人锤打的钢铁，一边挨着疼，一边经历着深刻变化。

从忙碌中渐渐缓过神来的盘龙村女人，在这时候不禁对比起白池的轻松来。白池的工作不是体力活，却能受到厂里所有领导和部分工人的认可，那些不认可她的人也没有反对，就像他们对所有人和事情都不反对也不认可一样。这让盘龙村女人十分好奇背后的原因，她们不能确定张和平厂长跟白池是否有私情，也不能否认张厂长对白池的尊重。于是，盘龙村女人在那时候，又提起自己的精神和注意力观察起白池来，可是她们这才发现，白池不知从什么时候起，已经变成了一个如湖水般安静的女人，她每天都做着周而复始的事情，可每一天都带着新鲜而持久的微笑。盘龙村的女人在白池身上并没有发现，一般女人在勾引男人时身上所携带的妖媚和张扬。在后来的日子里，盘龙村女人又一次推翻了自己原先的想法，她们注意到张和平厂长会经常性地把目光向白池投去，但他的目光并不是给白池的，张和平的目光会长久地停留在她隽秀的笔记上、整理过的文件上、清晰的账目上……唯独没有停留在白池的脸蛋和身体上。

三十二

白池三十四岁的那年春天，盘龙村所有青壮年男女都成了“愚公”水泥厂的工人。虽说只是一部分人的再加入，可是从那以后的盘龙村，就像唱戏的演完了一出接着又唱第二出似的，这个小山村也彻底更换了新的背景。每天早晨，盘龙村的青壮年男女都会从自己家里走出来，像是一群刚从窝里出来的公鸡要去觅食一般，他们总是成群结队地向村子东边的“愚公”水泥厂走去。然后在黄昏来临的时候，又带着一身灰尘再沿原路返回。

于是，在每个早晨和黄昏来临时，盘龙村总会显示出勃勃生机。走在马路上的年轻男女多如牛毛，多如牛毛的人们走在马路上就像是一根根在春天的雨幕中穿梭的雨丝。那时的盘龙村人也是如同雨丝一般闪亮的，虽然每个人回来时都是灰头土脸的，但是他们脸上的笑容却是藏不住的，男人和女人都咧开嘴欢喜地笑，一笑便从脸上簌簌地掉下许多灰来。他们嘴里蹦出来的各种欢乐的话语和笑声，像是夏天盘龙山顶上的树木在风中哗哗作响。相比之下，村里的老人却寥落了，仿佛就是在盘龙村新山路修好的这四五年里，那些上了年纪的老人像一片片秋天的落叶般，纷纷从盘龙村的大地上凋零，永久地变成了这个山村新陈代谢后埋入地底的废物。

也不知道是因为工业的发达，还是因为那一批死去的老人，带走了盘龙村身上最后的农业劳动细胞。那时的盘龙村人虽然还喂养家禽家畜，但是再也没有人去山上打猎了，也很少有人有心情和工夫带着自家牛羊，进行一次散步般的放牧，再也没有人去移除野地里肆意的荒草，在那上面种出一片绿油油的蔬菜来，很少有人还能围着自家种菜的篱笆耗一个上午，山上几乎不再飘荡有悠扬的山歌，孩子们在木房子里的读书声也不再显得那么响亮……连原本还种得出一手好菜的老汉，也渐渐像野外长草的土地一般，荒废了自己的双手，他们孤独地坐在自家屋檐下，看见对面的盘龙山脉渐渐裸露出一块块岩石。那个时候，盘龙村的老人会想起大山也是有生命的，有生命的山脉正在慢慢老去。

方家砖屋里的方三姑就是那批独孤老人中的一个，方三姑孤独的原因和村里的其他老人不一样，她并不是因为没有人陪，她十四岁的孙女方芳是一个孝顺的妹子，她每天都在放学以后陪方三姑说话、散步。方芳也如同她母亲一般勤恳，方芳督促着自己赶早去上学、认真写作业。这样的性格和习惯使得方芳像春天的竹笋般，有了很好的成长势头。而那时候的方三姑却不认得自己的孙女了，她每天都能看见方芳和白池，可白池和方芳在她眼中却是陌生人，她总是皱着眉头或者板着脸问她们是谁，到自己家里来干什么。只有极少数的时候，她才会像遇到了熟人似的，向自己的媳妇和孙女乐呵地笑，笑完了又向她们投去孩子般信赖的目光，嘟嘟囔囔地问道：

“姑娘，你知道我们家方芳去哪儿了吗？还有白池？她怎么出去这么久了都不见回来？……”

起初的时候，方芳面对奶奶这样的提问是十分惊慌的，她从来没见过哪个老人嘴里会发出咒语般嘟哝的声音，她从来没见过哪个人会像被掏空了脑子一般，什么都不记得了。在那时候，方芳听到自己奶奶失忆的问话就会害怕地躲到一边，直到方三姑询问的目光不再看向自己。当时间在方三姑这样的问话里过去了一年多，方芳不再害怕方三姑因失忆而产生的古怪行为，这个十四岁的女孩对待自己的奶奶就如同疼爱一个孩子。当失忆的方三姑用信赖的口吻，向方芳询问方芳去哪儿了时，她按照奶奶的逻辑和理解，把自己表现成了另一个人，她温柔地说道：

“奶奶，放心，你们家方芳去念书了，她放学了就会回来的。”

方三姑听到方芳的回答以后，露出了幸福而踏实的笑容。仿佛一切是上天注定，各种事物之间最终都会回归到一种圆融的平衡。当初作为婆婆的方三姑，在白池面前展现了她极为严苛、冷漠的形象，如今轮到白池的女儿身上，暮年时候的方三姑在方芳面前却成了个十足听话的孩子。

然而，方三姑的顺从和温柔也只是面对方芳时才会有的。在面对白池和盘龙村的其他村民时，方三姑拘谨而漠然的样子就如同她没有失忆一般，可只有方芳知道，那时候她奶奶脸上的表情只是一副没有任何情绪的躯壳。

方三姑的失忆准确来说叫做老年痴呆症，这是白池从书上看来的，老年痴呆没有很好的治疗方法，白池无可奈何地看着自己的婆婆一点点失去了记忆，变成了一个虚弱的老太太。方三姑在失去了对家人的辨识力之后，终于在一个春日的午后，丢失了自己身上如同某个器官般存在的习惯。

多年以来，方三姑所在的西屋屋门紧闭，如同自闭而固执的孩子不肯开口一般，那扇门从未当着白池的面敞开，这曾经一度让白池陷入深深的疑惑。方卫东和方芳都到过西屋里，白池从未在他们的反应里看到他们对那间屋子的诧异，甚至连一句像样的感慨也没有。白池因此也就渐渐丧失了对西屋里可能存在某种秘密的好奇与追问，只当是方三姑对于自己的一种排斥。多年以后，当白池对于西屋里的一切再没有探究的欲望，方三姑却自动打开了那一扇门，或者准确来说，方三姑是在打开那扇门之后，像平常无数次忘记白池和方芳是谁一般，她在那时忘记了要把门关上，也就从此丢掉了自己坚守多年的习惯。

在那个春日的午后，白池站在离西屋敞开的门十米开外的地方，把背光的西屋想象成了一个黑黢黢的黑洞，她长久地呆站在那里，好像一不小心走进去就会被吸进黑洞里，永坠深渊似的。方芳看到自己的母亲长久地站在那儿，不知道她又是因为什么走了神。方芳走到白池面前，惊讶地看见她母亲原本填充有炯炯目光的眼神，在那一刻像是被谁掏空了似的，只剩下一片虚无的黑暗。

白池最终还是向婆婆的西屋里走去了，她向前走去的步态微微颤抖，让方芳看见她身上的灰色工装上飘散出轻烟似的粉尘。那时候，失去了记忆的方三姑正在院子里漫无目的地游荡，她嘴里自言自语的样子好像在跟人说着一件很重要的事情。被母亲留在原地的方芳，走向了她的奶奶方三姑，她让自己的脚下也生出了漫无目的的步伐，配合着方三姑在院子里的游荡。

走了很久以后，方三姑像是一个警觉的孩子，突然察觉到有人在背后注视着自己，她低着头侧了侧目，看到地上一双走动的脚丫和自己的双脚并行在一起。方三姑这才从自己的世界里抬起头来，在看到那双脚丫的主人方芳后，她脸上露出了与熟人见面时的亲切微笑。那时，白池惊讶的感叹声从西屋里传来，中断了方三姑和方芳之间亲切的眼神交流。

方芳拉着方三姑的手走进西屋，看见了白池环视屋子时目瞪口呆的表情，这使得方芳也忍不住疑惑地看向四周，灰色的墙壁仍然灰不溜秋地立着，一幅因发黄而变得字迹模糊的书画孤独地挂在墙上，墙角里还是那条红漆圆凳，凳子对面的桌子上，一面玻璃镜子上还存放着以前的灰尘。唯一不同的是，方三姑的红漆顶床再也没有以前整齐，从床顶上放到床沿的帐子早已没有了优美的弧线，一床大红被子凌乱地包裹着枕头，初夏细小的蚊子在帐里帐外自由飞行。方三姑在那时缓缓走向自己的顶床，脸上仍然带着一无所知的表情，她在床上坐下以后仿佛是察觉到了床的不平整，不住地用手抚摸着自己凌乱的床单，嘴里还像是心有余悸似的嗞嗞地喘着气。但是，在当时的白池母女看来，方三姑那时候的任何动作都和她失忆后的说话一样，没有了任何功用和实质意义。

这房间里的一切，包括方三姑的抚摸动作，在方芳看来都如同过往的日子一样惯常，没有显示出任何值得人惊讶的异样。她不知道自己母亲从没见过奶奶的房间，也不知道白池当初对这间房曾有过的疑惑。因此，对于方芳来说母亲白池当时出现的惊讶表情是莫名其妙的，方芳疑惑地问她的母亲：

“妈妈，怎么了？有哪里不对吗？”

白池从目瞪口呆的表情里醒过神来，她若无其事地看了看自己的女儿，用惯常的口吻回答道：

“哦，没什么，看你奶奶忘了关门，我进来给她关一下。”

方芳还是皱着眉头，她追问：“妈妈，我看你的表情好像有点吃惊啊，刚刚在外面还听到你像惊讶地感叹了……”

方芳话还没说完，她就看到了母亲转身离开的背影，她向院子里走去的时候还携带着远去的声音：“没什么呢，我是发现奶奶的房间里没有了熏香的味道，也不知道是什么时候开始没有的，我只是有点好奇而已……”

白池对女儿的回答是不真诚的，与她轻描淡写的好奇不同，白池在那时是深感震惊和意外的。在白池初嫁到砖屋里的几年，曾经对西屋赋予了极其丰富和持久的想象。就像古时进京赶路的穷苦书生，在富裕人家的院墙外望见小姐雕梁画栋的闺楼时，他一定会穷尽自己作为一个年轻人和读书人的丰富想象力，猜测那闺楼里的小姐有着何等的美丽和温柔。那时的白池一度沉浸到了对西屋的夸张想象，直到她通过这种想象把婆婆对她进屋的阻扰，推想得顺理成章的时候，白池才安心地停止了她对西屋里一切的想象。

白池停止想象多年后，西屋的现实情况摆在眼前，屋里的一切和她之前的想象截然相反，现实脱离了她的想象。白池也弄不明白，自己心里是一种恍然大悟，还是重生疑惑的感受……

白池没来得及仔细揣测自己的心情，村里一个人的到来夺走了她的注意力。“野嫂嫂”回来村里时，盘龙村民人几乎是把她当作一个不认识的山外人来问候的，那个时候的盘龙村村民早已习惯盘龙山外的人，像是出入自家茅房一样在村里窜出窜进。可“野嫂嫂”坐着汽车回来的情景还是引起了盘龙村村民们的侧目。那时正是水泥厂下班的时间，满身尘埃的盘龙村村民走在黄泥马路上，一辆黑色汽车停在了他们面前，车里面出来一个红光满面的女人，看得出女人的年龄有四十多岁了，可她却没有一副四十女人的正经穿着：女人的上衣没有正经的领子，她的脖子和锁骨坦荡地暴露出来，衣服的下摆扎进高高的裤腰里，她的胸脯和屁股因此显得硕大，这种穿着在当时的盘龙村村民眼中是相当轻浮的。盘龙村的男人们因此目瞪口呆，女人却眉头紧锁，她们纷纷猜测着眼前的这个女人是哪里来的狐媚幺蛾子。虽然在她们的猜测中充满了对这个女人的鄙视，但是她们在口头上却表示尊重：

“大姐，你好！请问你是来我们村里找谁啊？”

女人这时张开了嘴哈哈大笑，让盘龙村的男人们看到了她波浪形的头发，在脑袋上像是一朵风中的花儿那样乱颤。女人乐不可支地说道：

“哈哈，你们连我都不认识了吗？”

女人话音刚落，汽车里一前一后出来了两个人，那是已长成了青年的雷兄弟俩，他们穿着整齐的西装和四年前人们所见的风度已经有了显著的区别。雷兄弟俩站到人们面前，二雷戴着一副眼镜露出了斯文的笑，张一雷竖起了大拇指感叹道：

“看着乡亲们都大有变化了呀，比我前几年回家有精气神多了！”

盘龙村的男人们你看看我，我看看你，好像是在照镜子一般，想在别人身上找一找张一雷口中“乡亲们”的变化。只有女人们还对车上下来的女人耿耿于怀，她们纷纷向雷兄弟俩问道：

“这位是？……”

张一雷大大咧咧地回答道：“我妈！”

……

如果没有得到张一雷的解释，盘龙村的女人很有可能会在私下的讨论里，把“野嫂嫂”说成是一雷或者二雷带回来的比自己稍大的对象。

盘龙村的女人继续往家里走时，“野嫂嫂”成为她们活跃气氛和交流情感的重要工具和主题，就像全家人吃饭时的那道下饭菜一般，占有十分重大的意义和作用。在她们热火朝天、叽叽喳喳的讨论过程中，话题的开端是开门见山的：

“她作为一双二十多岁的儿子的妈，也穿得太放荡了吧？这怎么能让人看得下去？”

就着这一主题的开端，盘龙村的女人你一言、我一语，像是古代王孙公子哥在斗鸡比赛时争着下注一般，嚷着抢着表明了自己的看法，在一片高分贝的吵闹声中完成了讨论的主体部分。由于女人们的声音嘈杂、讨论激烈，那时候盘龙村的男人们像是一群遭到了轰赶的公鸡一般逃之夭夭，在盘龙村的黄泥马路上扬起了滚滚灰尘。

白池就是在那个时候，站在自家的院子里，直接看到大门外那群带着一团尘埃奔跑的男人。那时走出来的白池也不是为了看热闹，她想问的是她请假回家的这个下午，厂里面可有人找她。白池还没来得及开口问，男人们就从砖屋门前跑过去了，她放眼望去，不远处的马路上还有一团女人，脚下踩着一片云彩似的尘埃朝这边走来。白池望着她们，想在她们走来的时候问问厂里的情况。

女人们走来了，她们的嘴上忙得不可开交，白池看到后不由得吞了吞口水，就像人在极其拥挤的地方找不到空间落脚一样，白池也找不到插嘴的空隙。她朝盘龙村的女人们招了招手，女人们的眼睛和她们的嘴巴一样专注，她们没有看到白池的招呼，白池听到她们在那时候发出的定论：

“她作为一双二十多岁的儿子的妈，也穿得太放荡了！这真让人看不下去！”

三十三

“野嫂嫂”回到盘龙村以后的景象，给了白池心中残酷一击。“野嫂嫂”回来后的作为就像她回来时的穿着一样，带着某种高调的不安分和做作。她在那个回乡后的黄昏，在自家门前发出了高亢的感慨声。面对自家几乎要荒芜成废墟的房子，“野嫂嫂”的感慨并不是用来形容它的破败的，她用诗人般抒情的口吻向盘龙村的人们预告了，这座房子即将要发生的翻天覆地的变化：

“啊！我亲爱的家，我再也不要让你受委屈！我要用钢筋水泥、木头砖块以及美丽的鲜花，让你变成一座美丽的殿堂！”

从那天开始，盘龙村人便看见“野嫂嫂”一家像是冬眠前的黑熊一般，在自家门前堆起了高高的建筑材料。已经到了残花败柳年纪的“野嫂嫂”，在那时候把自己打扮成了春花一般模样，她每天都会换上一身从来没有穿过的衣服，好像一朵每天都开放的花。时间久了，盘龙村的村民们都注意到了这一点，女人对此嗤之以鼻，男人却保持着相对的尊重，他们在私底下评论“野嫂嫂”像是一朵花，一朵永开不败的花，可再转过身去看“野嫂嫂”的模样时，又觉得用“永开不败”这样的词语去形容她，实在是有失妥当，她没有鲜花的水嫩和光洁，也没有支撑起“永开不败”的充沛活力。那时候，盘龙村的男人们自行放弃了之前的形容，而换成了另一种比喻：

“要是花的话，也只能算是那种永开不败的塑胶花吧！”

男人们的这些讨论都是在私底下进行的，比如说工厂里没有女人的时候，在自家院子里没有堂客们的时候，因此，盘龙村的女人都不知道男人们的讨论。可他们议论的对象“野嫂嫂”却像是有心灵感应似的，在他们下班后走在马路上的一个黄昏，把目光直勾勾地向他们投来，在此之前他们刚刚得出了“野嫂嫂”是朵塑胶花的结论。男人们因此而感到吃惊和心虚，他们放慢了行走的脚步，“野嫂嫂”却荡漾着她那肥大的胸脯，朝盘龙村的男人们走去。

白池站在自家门口看到了这一幕，那时的她也刚刚下班回来，还没来得及进屋。她便看见“野嫂嫂”路过她家晒谷坪，胸脯一起一伏地朝着一帮子男人走去。男人们的目光像是慢慢聚焦的相机一般，随着“野嫂嫂”的越发靠近，他们把专注的目光定焦在了野嫂嫂肉感蓬勃的胸脯上。白池看到男人们脸上的表情就像要吃腊肉的狗一样，如痴如醉十分渴慕。野嫂嫂走到男人们面前，张开嘴好像滔滔不绝地说起了什么。那时候白池离人群的距离很远，她只能看到男人们像细伢子听老师讲课一样的表情，“野嫂嫂”像老师一样说话的嘴型，但是她并不知道他们具体在说些什么。直到“野嫂嫂”从男人们面前离去，盘龙村的男人们得以继续往家里走去，白池在他们路过自家晒谷坪时听到了他们的议论：

一个稍微年长的男人疑问：“按理来说，‘野嫂嫂’他们家不是什么厚道人，现如今她们起房子要我们帮忙，这忙应不应该帮啊？”

另一个年轻男人回答道：“可‘野嫂嫂’说这忙可不是白帮的呀，每天都给我们工钱啊！”

年长男人更为难了：“就是这钱的问题，要说不给钱还好，这给了钱不就是拿钱看轻我们吗？把我们看得没有仁义，还要用钱管着我们吗？”

年轻的男人犹豫道：“可这就像我们在厂里做事拿报酬一样啊，给‘野嫂嫂’家起房子，不仅帮了人家忙，还挣了钱啊，这钱可是工厂上一天班的两倍啊……”

几个人异口同声地提出反对：“你要真去了，厂里的活计怎么办？”

年轻男人回答道：“张厂长对我们那么好，能够请假的嘛！”

其他人接着异口同声：“你也知道张厂长对我们那么好?！”

……

男人们的疑虑和为难是恰如其分的，在盘龙村早有不成文的规矩，村里的人无论哪户起屋盖房，村里闲着的其他村民都可以来帮忙出力，那家的邻居和亲戚都是有帮忙的义务的。来帮忙的村民们也不图钱，起房子的那户管上他们一顿饭，就够他们认认真真地干活一天了。如今“野嫂嫂”家开了两个先例，不仅率先在村里修起了自家的第二栋房子，而且还要用钱来请乡亲们给她帮忙，一给就是他们在水泥厂上一天班的两倍。盘龙村的男人们因此陷入了左右不定的犹豫和激烈的争论，女人们也跟着举棋不定。一时间，男男女女就这个问题而产生的争论，就像是旺火上面煮的小米粥一样，让盘龙村里变得沸腾。

煮沸了的粥慢慢冷却，终于从水中沉淀出小米来。那个春天行将过去的时候，盘龙村的男人们在立场上分化出了比例相同的两拨。稍微年轻一些的男人们来到了“野嫂嫂”荒芜的老房子前，开始了他们乒乒乓乓地敲打。年长的盘龙村男人们和所有女人们，从“野嫂嫂”家门前的黄泥马路上走过，向那些干活的男人撇去了鄙视的目光，但这丝毫没有影响到年轻工人们的热火朝天，他们在那里一敲打就是半年。

那时候的盘龙村人似乎已经忘记了“野嫂嫂”和白池之间的往事，他们的嘴里没有了议论之声，甚至当他们看见白池眉头紧锁地看着“野嫂嫂”家热火朝天的场面时，人们也没能想起她们之间曾经的瓜葛来。方芳也不知道在她出生之前和年幼时，曾经发生在母亲身上的往事。她看见，母亲望向明艳的“野嫂嫂”和她们家如火如荼的起屋现场时，脸上呈现出难过而失落的表情，十四岁的方芳也不再追问、思虑太多，进入少女时期后，母亲在她心中多思、深沉、温和的形象就慢慢固定了。在后来渐渐远离故乡的人生之路上，方芳回想她的母亲，白池的形象总是像宽阔蔚蓝的大海一样，在她的心头长久地澎湃。

秋天来到时，“野嫂嫂”家的屋子修到了一半，砖屋里有好消息传来，让白池忧愁的脸上出现了阳光一般灿烂的笑容。

盘龙村里的时光过去了四年，砖屋里的两个孩子白果和白丹即将回来村里，村里在那一年有好几个伢子考上了大学，白家兄妹俩榜上有名。这是老支书龙根红带回来的好消息。那时候，村里有人考上大学已经不再是非常隆重的事情，村里也不再派车风风光光地接他们回来。但白池心中还是感觉到了莫大的幸福，弟弟妹妹参加了两次高考，第一次的结果并不理想，第二次他们终于要载誉归来，白池心中很是激动，她为自己当初作过的决定感到欣慰。白池和方芳欣喜异常，但这个好消息在传话者龙根红的嘴里只是随口带过。龙根红来到人们前面的时候一路小跑，像是一头被人鞭策的小马驹，他口中咋咋呼呼的叫喊声跟着他的步伐一路小跑，如同贺喜的炮竹一般欢快地传到盘龙村村民耳中，当一个个盘龙村村民闻讯跑到龙根红身边，这一位已经略显老态的村支书终于停下了自己如小马奔腾般的脚步，在盘龙村的马路上蹲下身来有如牛喘。渐渐围拢来的盘龙村村民也跟着蹲了下来，仿佛要帮助他们的村支书喘气似的。许多盘龙村村民一齐蹲下身来，龙根红的周围便开出了一朵由灰尘构成的细微蘑菇云来，这使得他连连咳嗽。霎时，五六只大手掌一齐拍在了龙根红的背上，那时他的背部有鱼在案板上一般的强烈起伏。龙根红蹭地一下从地上站了起来，像是一条打挺的鲤鱼，他面色通红，嘴里的口水喷薄而出，宣告的又是另一桩事了：

“出大事了！千百年来的大好事！咱们村的李加禄当官了！他在河滩镇当镇长了!!! ”

盘龙村的李加禄成为了河滩镇的镇长，这一好消息以惊雷之势在人群中炸开。人们欢欣鼓舞、眉飞色舞，在那天傍晚，盘龙村村民先是激动地把李加禄的名字喊了一遍又一遍，接着又兴奋地把李加福的名字喊了一遍又一遍，期间，人们对于河滩镇的评价像是春日天空中细长的云彩丝那样，藕断丝连地穿插在他们的叫喊和议论声中。直到夜色全黑，人们激动得扑闪扑闪的眼睛也看不见他们对人激动得说个不停的嘴巴，团成了堆的盘龙村村民才像一个个从蒜薹上剥落的蒜瓣一般，依恋不舍地从人堆里脱离出来，让一片七嘴八舌的嘈杂声像钻进一片落叶下的蚯蚓那样，窸窸窣窣地消散在夜幕之下。就像是刚步入青春期的少年无意中触碰到女孩的胸脯，当天的盘龙村村民感到一种前所未有的奇妙刺激。那个时候的人们才像是突然发现了新大陆一般，意识到自己除了钱，竟然还潜藏着一种对权力的欲望。

这一则消息，除了使得盘龙村村民获得了短暂的兴奋，更给予了李秃头一家长久的刺激。从众人得知消息的那个黄昏，直到所有人都消散在夜幕之中，李秃头和他的堂客唐客都不曾闭上呵呵发笑的嘴，他们咧着两口黄牙几乎要笑成两张巨大的马嘴。

龙根红没有通知村民们成为镇长的李加禄即将回来，他只是轻描淡写地告诉村里几户有孩子考上大学的人家，他们的伢子或者妹子在这几天将一起回来。由于要在厂里上班，白池把在山路口等待白果和白丹回家的任务交给了方芳，方芳带着方三姑往路上走时，“李秃头”和他的堂客唐客也出现在了马路上，他们穿着整齐的水泥厂工装，“李秃头”的工装里还打着一根领带，堂客的手挽着“李秃头”的手，他们在那时候看上去就像城里的一对干部两口子。

方芳挽着奶奶方三姑，唐客挽着“李秃头”，他们在同一时刻到达山路口，那时通往山外的山路已经不再崭新，它像是一件被人穿过很久、质量不错的衣裳，有些陈旧的痕迹，但是习惯了的人用得很得心应手。方芳站在悠长起伏的山路的起点上，各种各样的单车形成主流，汽车和拖拉机穿插其中，在马路上放出缕缕黑烟，最后像时间一样消散在风中。山路上的一切都显示出纷繁奔腾的样子，方芳来山路上的次数屈指可数，她从来就没有产生过走出大山的想法，也很少有到山路上来的需要。这一次，她搀扶着奶奶，看着眼前如河水般奔腾的一切，不由得产生了一种激动难平的澎湃心情。方芳站在山路的起点上，就像一个行将腐朽的老人回想起他的青春年华，他会看到自己站在人生的起点上，对未来未知的一切曾怀有怎样不安的激动和彷徨。

方芳沉浸在这种想法中激动难安的时候，“李秃头” 适时地让她回归了清醒，“李秃头”摇了摇方芳的肩膀，自作多情地说道：

“芳儿，你来这搞么子？等我们家加禄？你是不是也觉得我们加禄真的很了不起？”

方芳诚实地摇了摇头，解释道：“不是的，我来接我小姨和小舅的，他们考上了大学，这几天就要回来了。”李秃头听完以后不屑地撇了撇嘴，方芳接着适时地提醒道：

“叔叔，龙支书没说李加禄叔叔这几天会回来，你觉得是否有必要在这里等下去？”

方芳对“李秃头”说的话，没有使得“李秃头”放弃自己的等待，他像是没听见这话似的，在马路上东张西望。倒是他的堂客唐客在那时反应激烈，她鼻子里发出了猪鼻子里才有的哼哼声，轻蔑地说道：

“我们家加禄在外面忙，我们知道，可是他好歹是镇长了不？镇长的行踪怎么能轻易告诉一个村支书？再说了，我们在这里等着可不仅是光等着，我们没准看上哪台汽车就坐车去河滩镇了，加禄肯定也在那里眼巴巴地等着我们去呢！”

唐客的鼻子和嘴巴分别发出声音之后，眼睛又派上用场了，她轻蔑地看了看方芳，又像是刷油漆似的，沿着方芳的肩膀，扫了她身边木然的方三姑一眼。方芳捏着奶奶的下巴，让方三姑的脑袋高高昂起，自己也一扭头，嘴里哼哼了一声，让自己的脑袋在唐客面前昂得高高的。

虽然“两个小组”的人都互不认可，但是他们的等待是同样徒劳无果的。方三姑和方芳祖孙俩、“李秃头”唐客两口子走上山路的时候，尚是一天中太阳刚爬上山头的时候，直到太阳又疲惫地从山上落下，秋天黄昏云朵吹出来的风弄得山上的树木咯咯直笑，也不见他们等待的李加禄或者白果兄妹俩，在山坡上露出一个拳头大的身影来。“李秃头”唐客夫妻俩正准备下山，他们路过方芳和方三姑祖孙俩的时候，鼻子里双双发出了猪的哼哼声。不远处汽车喘着粗气跑来的声音覆盖了他们的哼哼声，汽车跑来的时候还冲他们按了喇叭，李秃头赶紧回过头去，看见一辆黑色的汽车朝他们驶来。

兴奋不已的“李秃头”大喊道：“我的个亲兄弟啊，你可算回来了！”

方芳也怔在了那里，她瞪大了双眼，看见从车上下来一个张二雷。显然，他那时对“李秃头”热情的呼唤感到一头雾水，这使得张二雷在四周环顾了一周之后，指着自己的鼻子向“李秃头”问道：

“加福哥，你在喊我？”

“李秃头”连连摇头，那时的他并没有对自己的错误呼喊作出否定，他否定的是张二雷的听觉。方芳在那时，听到了“李秃头”对张二雷有板有眼地回答：

“我没喊你，我喊你大爷！”

“李秃头”扔下自己的解释之后，心安理得地完成了对这件事情的交代。那时候，他的堂客唐客也显示出了与他的无比默契，堂客挽起了“李秃头”的胳膊，他们在方三姑祖孙俩和张二雷面前扬长而去。

张二雷一脸茫然与惊异，就好像不知情的人吞下了一口鸡屎，却不知道自己嘴里是什么味道，又不由得去品尝嘴里的味道想弄个究竟。张二雷摸着自己的脑袋想弄明白在自己眼前的是个什么情况。方芳在一旁咯咯地笑出了声，方三姑看见方芳在笑，像个刚学说话的孩子一般，也窝着一张缺牙的嘴吼吼地笑了。方芳乐不可支地向张二雷解释道：

“加福叔在这儿等他弟弟呢，他弟弟在外面当了镇长，加福叔巴望着他回来，人家两口子等了一天了，好不容易看到个车冲我们这来了，可人家一扑上去就看到个你……”

张二雷听了之后，还仿佛真感觉自己错了似的，摸着自己的脑袋不好意思地笑了笑，说道：

“嗯……也是我啦，没有跟他说，我是在向你们按喇叭的。”

方芳疑惑地问：“向我们？”

张二雷又摸着自己的后脑勺点了点头。二十三岁的张二雷在点头的时候露出了害羞的笑容，使方芳在他脸上看到了少女般的红晕。

就是在那个秋日的黄昏里，方芳第一次坐上了汽车，她坐在张二雷的汽车里摇摇晃晃，听张二雷细水长流地说了很多话。张二雷的叙述是平静而温和的，就像他带给人们的感觉一样，但这温和的叙述里，却包含着许多在当时的方芳看来十分惊心动魄、九曲回肠的故事。

四年前的春节，雷兄弟俩的父亲“张瓦匠”回到了盘龙村，给了十九岁的雷兄弟俩以深刻的教导，也给了兄弟俩一个改变命运的机会——去一个名叫新都的县城读高中。可最终改变雷兄弟俩命运的并不是新都县和高中。

了仿佛来自梦中的凄厉哭喊，哭喊高低起伏，他们的身体随之震颤不已。梦中传来的声音像是谁划破了嗓子喊出来的，他们的耳朵像是被划破了一般疼痛。最先从地上一跃而起的是一个中年男人，他是来张静姝家最频繁的人，张静姝叫他“今心哥哥”，称呼他没来过的堂客叫“你太太”，在后面的日子里她还称呼他女儿为“令爱”。在雷兄弟俩的印象里，“今心哥哥”的说话和行为就像他的名字一样温柔而文雅。但是在那个夜晚，张二雷却惊奇地看见了他的凶猛和刚烈像是炸药一般爆发。

张静姝的哭喊声、张一雷的呻吟声中，突然加入了“今心哥哥”的吼叫声时，客厅里的人们犹如遭遇地震般，狂奔进了张静姝的卧室。那时候，“今心哥哥”像是一只狂怒的狮子，将张一雷一把从赤裸的张静姝身上扯了一下，让人触目惊心地看见他的拳头如雨点般落在了张一雷身上，张静姝伤心欲绝的疯狂哭喊使“今心哥哥”泪如雨下，张一雷在他的拳头之下像是一条被扔进油锅里的泥鳅一样弹跳颤动……被吓得清醒过来的人们扑上前去，像是加入一场混战中似的叫喊连天，将厮打得难分难解的两个人，像是扯落人体的两条大腿一般分离开来。人们合起来把“今心哥哥”压在身子底下的时候，只见他脸上的泪水像是决堤的河水一样滚滚流淌。唯独张二雷扑倒在赤裸的张一雷身旁，他看见自己的哥哥像是一条在案板上被刀砍伤的鱼，浑身湿淋淋，从伤口里汩汩流出鲜血。

“今心哥哥”在地上哭得力气全无的时候，他的那群好朋友才慢慢从身上生出力气来，他们有了力气以后做的第一件事是抬起了张一雷，他们抬起张一雷的时候，连同张二雷也抬上了身。张二雷被抬着经过了张静姝，他看见这个三十多岁在那一刻搂着自己颤抖不已的张静姝，她的身子底下绽放着一朵纯洁的殷红之花……

雷兄弟俩被张静姝的客人像是丢出两个烂拖把一般，扔出了张静姝的家。在那个秋风呼啸的夜晚，张二雷抱着自己血迹斑斑的哥哥颤抖不已。多年前他们的父亲暴打他们的母亲后，童年雷兄弟俩的呼喊从张二雷的嘴巴里喊出：

“静姝姨，求你不要把我们扔到外面！求你开车把张一雷送到医院去！”

在张二雷喊得喉咙嘶哑的清晨，有呼啸的汽车行驶到了雷兄弟俩面前，但那辆车不是从医院里来的，那是一台庄严的警车。

事发四年多之后，张二雷回忆的口吻略显平静。他把事情始末原原本本地讲给了方芳听之后，接下来四年的事情，他便如掠过光影一般只作了简短的叙述。

张一雷进了牢笼，雷兄弟俩的“高中行程”已然成了破碎的泡沫。他们的父亲“张瓦匠”闻讯归来，“张瓦匠”那时候体现出来的耐心和包容，让张二雷热泪盈眶、永生难忘。“张瓦匠”将他在新都县的工作移植到了河滩镇，一手成立了河滩镇的首个房地产公司。“张瓦匠”在一头埋进房地产行业的时候，还一手培养了文学青年张二雷成为了一个地产新人。半年前，张一雷从牢里出来，他的极度自卑和自责，在那以后转化成了极度的自负和虚荣。为了回到盘龙村还能体现所谓的价值和尊严，张一雷除了在父亲手下从头学过，还煞费苦心地找回了他的母亲“野嫂嫂”。十三年里，“野嫂嫂”杳无音讯，张一雷半年的寻找工夫白费。开始在男女之情里肆意妄为的张一雷，是在河滩镇一个男人们取乐的“烂屋子”看见他母亲的。找到“野嫂嫂”的张一雷如获至宝，他把自己的母亲像是捡垃圾一般，从“烂屋子”里带了出去。“张瓦匠”为此气得大病一场，父亲病愈之后，张一雷嘻嘻哈哈地将“野嫂嫂”带回了盘龙村，让她为他们全家重新建造一个美丽的家园。

张二雷开车送方三姑和方芳祖孙俩回家，汽车的路程原本只要十多分钟，张二雷却把车停在路上一直到天黑，天黑之后才将祖孙俩送回家去。在那两个小时里，甜、酸、苦、辣、咸一起涌上方芳的心头，这个十四岁的女孩第一次感到如此百感交集。与此同时，她又不禁震撼、感动于张二雷对自己的坦诚，尽管年少，方芳也知道在成人世界，这是一种近乎勇敢和疯狂的坦白。临到家门口的时候，方芳含着眼泪对张二雷表示了敬佩，她在表示敬佩的时候表现得像是一个熟通人事的成年人：

“张二雷，我要感谢你，不是因为你送我和奶奶回家，而是因为你的坦率让我敬佩，你对我和奶奶的信任让我感动！谢谢！”

张二雷在那时候出神地望着方芳，过了好几秒，他才反应过来似的，说了一句在方芳看来不知道算不算是回答她的话：

“方芳，不用谢我，如果真要谢的话，明天就让我一起去接白丹吧，还有你的小舅。”

三十四

方芳对重回盘龙村的张二雷感到奇怪，奇怪他直言不讳的坦诚，奇怪他要去接白丹白果，奇怪张二雷对他们家突然变好。方芳并不了解张二雷，在她童年的记忆里关于张二雷的印象，如同八十岁老人的性别一样模糊难辨，他的形象总是和着张一雷一起出现，而张一雷和张二雷与童年时期的方芳接触不多，他们对于她而言，就像是大河那边两棵遥远的柳树。时间过去，因为某种因缘，两端的人和物会慢慢靠近，他们之间有一个很好的摆渡人。

秋天的风刮到山上时，树木们就变换了颜色。从前一年四季都有松柏常青的群山，不知道从什么时候开始，渐渐剥落了一些绿色，斑驳的黄色渐渐爬上了山。从前群鸟在山上鸣叫的声音是一支婉转的乐曲，如今也剥落了大半，鸟在山上的叫声也显出沙哑的失落来。从前在土地中度过一生的老人们，也渐渐在土地上像熟透的果实一般掉落，永久地埋葬在了土壤之下，新一代的盘龙村青年们极少有全身心投入到土地之中的人，因而，在那一年的秋收季节，稻田里飘扬出来的劳动号子就像土地上的金色一样稀稀落落。只有捡稻谷的细伢子在田里咿咿呀呀地唱着吴老师教的歌：

月光光，海光光，
担担水，洗学堂，
学堂洗到漾漾光。
东一拜，西一拜，
拜到南京太世界。
世界多，捡田螺，
田螺高利开白花。
姐姐戴金花，
妹妹戴银花，
哥哥骑白马，
绊到桥底下，
捡只漉死马，
娘一边，爷一边，
公公奶奶冇一边，
担起扫把打王天，
王天底下一眼塘，
两只草鱼尾巴长，
大的留着吃了，
小的留着讨婆娘，
讨个婆娘懒又懒，
灶背地拉屎做柴烧，

门背地射尿掺坛子，
公婆嗅到臊，
跑过来劈两刀，
公婆嗅到臭，
跑过来揪两揪。
……

就是在那个时候，细伢子唱歌的声音和晨光一起飘散的时候，张二雷开着车在砖屋门前按了按喇叭，在田埂上忙活的人们，远远地看见方芳像是一只蹦跶的兔子从自家屋里跑了出来，一跃跳上了张二雷的汽车。这情景让田埂上的人们大骇，他们虽然没有想起张二雷的母亲“野嫂嫂”、方芳的父亲方卫东之间的过往，但是他们看到的是一个十四岁的妹子，奔向了一个二十三岁的年轻后生，这情景和它背后的可能让田埂上的人们目瞪口呆。在那个上午他们向白池的转述中，那一场景更是充满了埋伏重重的危险气息，直到看见白池的脸色由红润转为惨白，他们才停止了那种添油加醋、捕风捉影的叙述。

张二雷开车和方芳一起上山，是真心实意地等待白丹和白果。张二雷将目光殷切地投向远方时，方芳在想象白果和白丹小时候该和雷兄弟俩有着多深的情谊。方芳是个聪明的孩子，她在那时候向张二雷提议干脆去河滩镇接他们回来。没想到张二雷却没有为方芳的提议叫好，他的回答在当时的方芳看来是固执得愚蠢的：

“方芳，虽然我有车，但是我不想开出去，就在这里等他们，在这里等比去外面接好。”

秋日中午的阳光照耀，方芳便只好陪着张二雷在山路上干等，风和落叶一起飘到他们眼前。方芳突然生出一种莫名的尴尬来，她觉得有一种什么不对劲的感觉在心里如蜜蜂般嗡嗡盘旋。方芳转过身想往回走，张二雷却在一旁惊讶地大喊大叫起来：

“方芳，你看！你看！那个人，那个人是谁啊？”

张二雷喊叫时带着筛糠般的颤抖，让方芳感到浑身鸡皮疙瘩凸起的恶心感觉，她忍不住拔腿就跑，张二雷一把拉着了她的胳膊，方芳的巴掌落在了张二雷脸上。张二雷挨了巴掌仍僵着脑袋看向山路前方的目瞪口呆的表情，让方芳诧异不已，方芳撇着脑袋看往张二雷目光所及的方向。那一瞬间的转头，她看见了让她永生难忘的画面。

盘龙村山脉宽阔的马路上，走来一个衣衫褴褛、瘦骨嶙峋的男人，他奔跑的时候左右摇晃，让人担心他干瘦的身体是否会因经受不起这种晃动而翻倒在地。男人的奔跑没有倒下，倒是他浓密的长头发在奔跑中狂乱地飞扬，让方芳想起了村里狂风骤起时狂舞的白茅草丛。男人向方芳和张二雷走来，准确地说他是向他们身后的盘龙村走去的，男人大颗大颗滚落的汗水和他近乎狂奔的步伐，显示了他走向盘龙村时的急切心情。因为急切和气喘吁吁，男人的身体像是筛糠一般颤抖着，他甚至把自己的左手支撑在了大腿上，以保证自己不会颤抖得倒下，这让男人看上去很像一条跛脚的狗。男人跑到他们跟前的时候，方芳不由自主地想往后躲，张二雷却发出了口齿不清的惊吓声，男人也吓了一大跳，他猛然回过头来时，让方芳在他的眼睛里看到了她七年前消失的父亲惊吓而胆怯的眼神。

感觉热血冲刷到头顶，方芳眼里有泪水奔涌而出。张二雷慌张着大喊大叫方卫东的名字，那时候的方卫东像是一个被人发现了的在逃犯一样，看见张二雷和方芳朝他扑来，惊慌失措地跑开了。于是，那个中午变成了方芳人生中永恒的记忆，她永远不能忘记自己是怎样追着自己的父亲一路跑去，连张二雷折回去开车也没能追上她和方卫东。

在方家砖屋门前，因听闻村里人说张二雷接方芳出门这一事情后满脸苍白的白池，这个焦头烂额的母亲正准备去寻找自己的女儿。方芳的哭喊声却从前方的马路上传来，让白池在那一刻经历了心惊胆战的慌张，她几乎以为张二雷已经侮辱了自己年幼的女儿。慌张无比的白池朝女儿的声音飞奔而去，在方家砖屋门前，因听闻村人说张二雷接方芳出门这一事情后满脸苍白，这个焦头烂额的母亲正准备寻找去自己的女儿。方芳的哭喊声却从前方的马路上传来，让白池在那一刻经历了心惊胆战的慌张，她几乎以为张二雷已经侮辱了自己年幼的女儿。慌张无比的白池朝女儿的声音飞奔而去，春天山村的风在她头顶呼呼作响，她的头发像是大海上被掀起的风浪一样起伏波动。

方卫东没有跑进白池的视野，不是因为方卫东没有正面跑向白池，而是那个时候白池的眼睛正在竭尽全力地寻找她的女儿。她的双眼迎风睁开，她的目光像是一支离弦的箭直奔靶心那样，准确无误地落在了女儿方芳身上，她看见了自己的女儿在黄泥马路上跌跌撞撞地奔跑，方芳眼睛里有从远处就能看见的红色，泪水从红的眼睛里哗哗流下。接着，白池听见了方芳声嘶力竭的喊叫，这声喊叫使得白池在三十四岁的年纪上，像个中风的老人那样摔倒在地。白池应声倒地，在此之前她听到她的女儿朝她大喊大叫：

“妈妈，那个人是爸爸！快捉住爸爸！”

方芳的喊叫骇人听闻，住在盘龙村黄泥马路边上的人家纷纷跑出屋来，以为光天化日之下有什么命案正在发生，他们跑出屋来时看到的景象着实把他们吓得魂飞魄散，他们看见一个女人像是挨了子弹似的砰然倒地，一朵由尘埃构成的蘑菇云在她的身边升腾而起，女人倒地之后像是磨刀石上的菜刀一样，与马路发生的激烈而短暂的摩擦使得盘龙村村民们心惊肉跳。人们惊骇而恐慌的声音像是长了翅膀似的从他们喉咙里飞扬出来，飞向盘龙村湛蓝的天空。

白池倒在地上的模样确实是可怕的，她还来不及看清在风中奔跑的方卫东，她没看清楚那是意气风华的方卫东，还是失魂落魄的方卫东，她还来不及确认这是回心转意的方卫东，还是执迷不悟的方卫东，只因为突然听见女儿的呼喊，她就生出了巨大的悲恸。巨大的悲伤使她如受重创般摔倒在地，也使得她忘记了倒地后的疼痛，她的身体像是被遗忘了似的瘫在地上，她的耳朵在那时却拥有了猎犬的特质，她听见方卫东朝她跑来的声音像是被单上慌张的跳蚤那样在大地上弹跳，她感觉整个世界濒临崩溃般剧烈震颤，从地上升腾起来的灰尘如游蛇钻进了她的眼睛，泪水如同决堤的洪水一般滚滚而下，白池闭上眼睛听见方卫东轰隆的脚步声像是某种宿命般朝她碾压而来。

经历了“惊心动魄”奔跑的方卫东，回到砖屋后像是耗尽了毕生精力一般，开始了他死亡一般的沉睡，任由女儿方芳怎样呼喊也没能醒来。白池在那时对方卫东进行了十分悉心的照料，彻底暴露出她对对于自己的丈夫，彻底而不知悔改的深爱和无底线的宽容。

方卫东沉睡了三天两夜，那段时间里白池一刻都不曾合眼，她在方卫东倒在床上的第一时间请来医生为他看病，医生说他只是睡着了，他最终会像吃饱了的婴儿一般，从足够舒适的梦境中睡到自然醒。放下心来之后，白池疼惜地为方卫东擦去了满身的泥垢，为他换上了干净的衣服，那身旧衣服连同从方卫东头上剪下来的头发，她一并用白布包起来收到了柜子里，她自己在做这一切的时候悄无声息，连方芳踏进东屋一步她都会示意她噤声蹑足，生怕一不小心就吵醒了自己睡熟的丈夫。白池对丈夫小心翼翼的照料使她看上去十分迟钝，她在嘘声提醒着自己的女儿的时候,显然没有想起在方卫东沉睡的第一天,方芳曾经在他耳边发出了怎样嘹亮的呼喊。可方芳却清晰地记得,她看着母亲白池把食指放在了唇边,没有向她提醒父亲怎么都叫不醒的事实,她用不可思议的眼神看向自己的母亲,几乎从母亲对父亲的极致关怀中认定出她的昏庸来。

白池对待自己沉睡的丈夫如同照料一个昏迷的病人,她把茶水端到方卫东的床边,有如喂服汤药一般把茶水灌进了方卫东的嘴里。她细致入微地照顾着睡觉的方卫东,仿佛他是一个保家卫国从沙场上征战归来的英雄,又或者是一个为家庭幸福而奔波数年的好丈丈夫,以至于作为妻子的白池必须用如此体贴的照料来回报丈夫做出的巨大牺牲。可方卫东不是顶天立地的英雄,也不是一个顾家爱家的丈夫,他是一个背弃家人、不负责任的孱弱男人。尽管如此,白池对待方卫东还是如同一个失而复得的稀世珍宝。这让早慧的方芳很难想象,假如自己的父亲方卫东是一个尽职尽责、伟岸豪气的大丈夫,不知道那时他还将会得到母亲白池怎样似火的热爱与狂热的深情。

方卫东在第三天的清晨醒来的时候,白池的双眼已经熬得通红,她的眼周围像是城里女人涂了口红的嘴唇一样色彩浓重,在她即将被女儿方芳推到床上被迫休息的时候,方卫东以一声女人般弱不禁风的咳嗽声引起了白池的高度注意。方芳那时候才刚开始认识她的父亲,她惊讶地意识到,他在母亲白池心目中竟会有如此巫师般的魔力,只要他稍稍花出些力气做做小动作,就值得母亲白池费尽全身力气去做出应答。方卫东睁开眼镜后,像是一个病重的正经患者那样理合乎情理地找白池要了一碗温水喝。方卫东向白池要水喝的要求不是通过言语传递出来的,他甚至都没有张开嘴说出只言片语,他只发出了一声虚弱的咳嗽,然后抬起手来摸了摸自己的脖子,犹如战士一般严阵以待的白池就将温水端到了他的面前。她抱起方卫东的脑袋喂他喝水的样子让方芳心中像是打翻了五味瓶一般五味杂陈,她不知道自己应该是被母亲的伟大所感动,还是应该为母亲全力付出的愚蠢而生气。

方芳是爱自己的母亲的,在这个秋天到来之前,她觉得自己并不认识她的父亲,她觉得母亲对于父亲毫无原则的付出近乎愚蠢,方芳为此对母亲感到失望和生气,她像是一个正经的负气孩子那样,背负着自己积攒已久的坏情绪走出了家门。在此之前,她看见她的母亲白池喂父亲喝完了一大碗温水,在她的父亲喝完水之后,母亲还用手擦了擦父亲的嘴角。方芳负气出走,她的背影旁边没有母亲的背影，她孤零零地走在盘龙村的黄泥马路上，秋日清晨的太阳正从山上升起，橘红的晨光像是从老天爷嘴里哈出的口气，从一团云朵里吐了出来。方芳没有回过头，“闻”到老天爷醒来第一时间吐出的口气是什么味道，她低头看着自己的双脚与黄泥马路互相摩擦，一颗受伤的石子在她脚下独自滚出了很远。

渐渐，秋日的晨光如渔网撒下，笼罩着群山环绕的盘龙村。地上的人们开始繁忙起来，一群群、一队队的盘龙村村民如同一条条爬行的蛇一般，在明亮的晨光底下显现出蜿蜒而恣意的行踪来。盘龙村村民们成群结伴、嬉笑打闹着从方芳身旁经过，在清晨柔风的鼓吹之下，他们的灰色工装在方芳眼前显示出船帆迎风般鼓荡飞扬的活力。方芳在那时就像是几年前走在黄泥马路上的牛羊一般，她小心翼翼地在这些工人们的身旁穿插而过，那是人们在受拥挤时惯常的行为，可如今盘龙村成群的牛羊早已连被拥挤的份儿都没有了，它们都像是被按进坑里的菜秧苗那样，被永久地关押在了各家的牛栏里。灰色工装们在方芳眼前鼓荡飞扬着离开之后，张二雷的汽车扭进了她的视野。

张二雷的汽车从山路上奔驰下来，方芳听见汽车发出的鸣笛声像是汽车下蹦跶的轮胎一样欢快，让方芳不禁想象到，坐在驾驶位上的张二雷应该有着怎样一副喜笑颜开的模样。自从张二雷回到盘龙村，重回到方芳眼前，方芳对他是存有疑虑的，他对于张二雷存有疑虑就如同对待一个看不太懂的数学公式。如同无垠的大海之上，一波海浪推翻了另一波海浪，方芳对于母亲的失望被张二雷给的疑惑打压下去，她站定在马路边上，等待着张二雷的汽车像是草原上撒欢的野马一般朝她奔驰而来。

汽车还没有停到方芳跟前的时候，张二雷的脑袋就从汽车里像是出墙的红杏一般探了出来，方芳看见张二雷探出窗来的面孔上有笑脸如春日的鲜花那样盛放，她听见张二雷在不远处热情地把自己的名字喊了又喊，方芳对此感到不可思议、胆战心惊、十分尴尬，在车子驶到自己眼前的时候，方芳几乎要像见了人的兔子一般拔腿就跑。一个女孩熟悉的呼喊把方芳逃跑的心拽了回来，那声音喊：

“芳儿，我们回来了！可算是见着你了！”

四年前，白丹暂停在方芳脑海中诉说和呼喊，在这时生灵活现地延伸出来。时隔四年之后，白果和白丹在方芳的脑海里接上了当初戛然而止的记忆。他们以及其热烈的方式重新回归到方芳的视野。

车刚停下来，张二雷就飞快地下到车外，他打开了后座的车门，车上的行李包裹就像柿子被拍出来的汁水一般喷薄而出，白果和白丹跟着一堆行李从车上趔趄下来，那时他们的脸上早已奔腾出许多泪水，把方芳弄得哇哇大哭。就这么互相看着，白家兄妹俩也咿咿呀呀地张着嘴，哭得说不出一句完整的话来。张二雷的手掌在那时轻轻抚摸着白丹的肩膀。

白家兄妹俩和方芳相聚时的快乐只能用泪水来表达，他们带着欢乐的泪水一直流淌到走进方家砖屋。经过汽车十来分钟的奔驰，方芳才觉察出来，张二雷抚摸在白丹肩膀上的手掌有着怎样爱恋的含义，所有困惑迎刃而解。

三十五

白丹和白果回来的那一天，白池经历了七年以来最大的打击。

白家兄妹俩泪拆两行地走向方家砖屋，他们泪拆两行的时候脚下的步伐却如同草地里的野兔一般欢快，他们嘴巴里还发出了小溪哗啦般欢喜的哭泣声。十八岁的白丹拉着方芳的手，白果和张二雷像是两只在沙漠中负重的骆驼似的，在砖屋门前的黄泥马路上艰难地行走。不远处“野嫂嫂”家修建中的房屋伫立在侧，对比之下方家砖屋显得寥落而陈旧。白丹走到砖屋门前，像是面对恋人的脸庞一般把砖屋的大门摸了又摸，脑袋埋在行囊下的白果在那时率先走进了砖屋，他像是一个欢快的胖子那样沉重而欢快地蹦跶着，同样看不见路的张二雷却像是拥有心灵感应，他没抬起头，默默地站到了哭泣的白丹身旁，安静得像是一只等待主人回家的狗。方芳在那时候闻到了山里秋天时节，落叶围绕在树根旁边的温暖气息。

方芳引着白丹走进家门时，觉得自己身上肩负的责任十分重大，走出盘龙村四年的叔叔和小姨回来了，她觉得对于母亲白池来说这将是一个十分重大的时刻，足以让人喜极而泣。更重要的是，张二雷将会陪同白丹一起走进砖屋，这对母亲白池来说将是突如其来、甚至是措手不及，方芳将要调节的是这种可能形成的尴尬或者不快的局面，方芳在心中这样明确了自己的职责所在。在此之前，她看见张二雷并没有把行李放下的意思，白丹脸上也没有表露出任何为难的神色，他们像是一个家里的两个人一样自然地走进了砖屋。为此，方芳心中产生一种捍卫他人爱情的神圣感，她走进砖屋时的表情因此而显得庄严。

张二雷跟着白果把行李摆在了厅屋，他心疼地握了握白丹的手，转身走出了方家。方芳松了一口气，可又不禁产生出些许遗憾。她感动地望了望白果和白丹，把他们引进了母亲所在的东屋。白果和白丹一脚迈过东屋低矮的门槛，就仿佛跨过了时光隧道，熟悉的场景在他们眼前重现：年近不惑的方卫东佝偻着身子坐在床上，孱弱得让人不禁想上去扶他一把，疲乏的深情在他脸上摇摇欲坠，白池坐在对面的桌子旁，桌上堆积的书埋没了她的脸庞，她头顶飞扬的一丝白发在眼光里闪闪发亮。白家兄妹俩在那时看到了时光在亲人身上雕刻的痕迹，白池和方卫东显示出各自的秋草般的衰弱。一时间，百般滋味上心头，白家兄妹俩忍不住酸楚得泪下。兄妹俩双双喊道：

“姐姐，姐夫！我们回来了!”

在白果、白丹兄妹俩朦胧的泪眼中，姐姐白池像是陷在深深的回忆里一般，缓缓地从书堆里昂起头来。她的眼睛如同秋天波光粼粼的湖面一样蓄满了泪水，嘴巴却像是白天的昙花那样闭合着。显然，在白家兄妹俩进屋之前，已经有什么事情发生在白池身上。某种负面而强烈的情绪如惊涛骇浪般冲击人心，在人脸上留下海啸过后般狼藉的痕迹。

方芳忍不住着急地喊：“妈妈，叔叔和小姨回来了！你怎么了？”

白池缓缓地将脸转向方芳，仿佛从旧时光里走出来那样迟缓，方三姑当年失忆时的神态仿佛流淌到了白池此刻的脸上，她神情恍惚地问道：“谁？回来了？”

方芳失声尖叫：“叔叔和小姨啊！”

白池缓缓地点点头，仿佛听清楚了，她的耳朵听见了弟妹俩回来的消息，她的心却被忘在某个角落没有做出反应。于是，当她再转动目光凝神看着弟弟妹妹二人时，她眯瞪着双眼的表情就像弟妹俩都化成了稀薄的空气，眼睛里没有这亲如手足的两人。

方芳害怕地跑到母亲面前，她摇了摇母亲的肩膀，大颗大颗的泪水便从白池的眼睛里，如同山上滚落的石头一般簌簌地落下。母亲这样的神态把方芳吓坏了，她不知道是什么事情让坚强的母亲突然出现这幅脆弱的模样，方芳再一次大喊大叫：

“妈妈！妈妈！妈妈……”

白果和白丹兄妹俩跑到了姐夫面前，他们想要问个究竟：

“姐夫！姐姐怎么了？她怎么成了这幅模样了？你什么时候回来的？你这几年都到哪儿去了？”

孱弱的方卫东眼神闪躲，像是一只受了惊的兔子，他慌张地把自己的脑袋甩得像个拨浪鼓。

白家兄妹俩更加惊慌了，他们的手都抓住了方卫东的胳膊，好像刚学做菜的学徒面对一只在案板上猛烈弹跳的鲤鱼。剧烈的摇晃使得方卫东的身体如狂风中的树叶一般乱颤，白家兄妹俩在那一刻听到了方卫东无实义的哇哇的吼叫，沙哑而惊慌的声音像是一只被人踢了的鸭子，他用手指着自己的脖子，像是被逼到绝境而自卫的人用枪指着侵犯者的脑袋，白家兄妹俩清晰地看见在那时颤动在方卫东脸上的恐慌与急躁。

仿佛水落石出、好像拨云见日，方卫东成为了一个哑巴的事实昭然若揭，白池脸上濒临崩溃的神情找到根本原因。方芳不能想象在她"负气出走"之后，她的母亲因为父亲失声的事实经受了怎样的五雷轰顶。方芳第一次面对母亲近乎奔溃的神态，她不知道有什么厄运将会再次降临，一种剧烈的不安感在她心中，犹如海浪中的船只一般摇晃动荡。方芳惊慌地看着泪水像河水一样在母亲脸上畅流不止，泪水渐渐如蒸发的水滴一般消失的时候，母亲渐渐从悲伤中清醒过来，仿佛某个疲惫的流浪者缓缓从黑夜中走出来，不仅从沉滞的黑夜中走了出来，这个流浪汉还看到了拂晓时分光辉灿烂的太阳。泪流干后，希望和振作的光芒在开始白池眼中闪动，她环顾站在自己身边的亲人，仿佛仰望着雨后的太阳，彩虹般耀眼的光芒在她眼中闪动，她的嘴角有盈盈的笑意如春水荡漾：

"果儿，丹儿，我总算是把你们盼回来了！芳儿，你看，我们一家人都回来了！"

全家团聚的晚上，方家三天以来第一顿正经的晚饭摆上了厅屋的桌子。白池在准备晚饭的时候手忙脚乱、热火朝天，豌豆镇定地躺在碗里，一点都没有显示出对豌豆荚"剜心"的心疼，白菜在白池手上被撕得细碎、死去的母鸡躺在地上仍瞪着一双大眼看人，鲤鱼呆在水盆里哑口无言……一样样、一碗碗的事物被白池强按在灶台上，台面上因此显示出一种"年夜饭"的虚假的繁荣来，虚假的"年夜饭"丰盛异常，几乎要把七年来的"年夜"都放在一个晚上过了。

白果和白丹站在灶台旁看着他们忙碌不已的姐姐，她虽然有些手忙脚乱、但显然已把"这方土地"全部占为己有，她像是君王统治四方一般，灵活地指挥着自己的双手伸展到灶台的任何一个角落。白果和白丹就这样垂手守候在侧，看着他们的姐姐热火朝天地忙活，不允许任何人插手，兄妹俩把跃跃欲试的手压扁了都插不进，他们只好像两根插在菜地里的竹竿一般干巴巴地伫立在原地。直到白池像是春风吹开一朵朵花儿般，把菜一道道做好端上桌去。

一梳月亮怯怯地从云层里露出羞涩的面容，她探出半边脑袋窥望着盘龙村静默在地上的万物。曾几何时，这里的草木都像是庄户人家未长成的小女儿一样，比别处的草木都小了一号，安静得近乎羞怯。时光从村里慢慢流过，灰尘和喧嚣就逐渐如花香般飘散四处，如今盘龙村的一切都如同火气颇大之人刚刚睁开的睡眼一般，看上去混沌而迷蒙，还带着某种生命体分泌物的荤腥味道。月光之下，再也没有村民如小家碧玉一般坐在天底下静静坐着，黄泥马路上和大街小径之上仍有人迹匆匆，许多人像是白天那样不知疲惫地忙活着，对身边的一切像顽石一般粗心大意。

月亮挂在树梢上的时候，方家厅屋的桌子上齐整地摆上了六个菜，二十一岁的白果、十八岁的白丹、十四岁的方芳便也齐整地坐着，他们眉头紧锁地看着他们对面的方卫东饿坏了似的大口扒着饭。失忆的方三姑由白池搀扶着缓缓走进了厅屋，那时的方三姑嘴里嘟嘟囔囔像是一个口吐泡泡的刚出生的婴儿，白池小心翼翼地把婆婆让在了神龛底下的座位上，她看着方卫东埋在饭碗里的脑袋郑重地说道：

"卫东，这是妈妈，要告诉你一个不好的消息，妈妈失忆了。"

白池说这个话的时候，她的神态是对待耳聪目明的人的惯有模样。可白果、白丹、方芳三个孩子却不禁瞪大了眼睛，一种等待谜底揭开的紧张感在他们脸上微微荡漾。

方卫东缓缓从饭碗中抬起头来，他悲哀地看着自己白发苍苍的母亲，悲哀的泪水从他的眼眶里簌簌落下，饭粒从他咧开的嘴里喷薄而出。被注视的方三姑仍低头注视着她面前的饭碗，对周围的一切显示出彻底的无知无觉来。方芳看着她父亲的泪水落到了碗里，便也泪水长流起来，白丹的嘴里发出嘤嘤地啼哭声，她是为了姐姐而感到心酸，她不能想象姐姐曾经受过怎样的身心劳累。

白池在那时候是镇定的，她坐在方三姑的身旁率先端起了饭碗，她像一个庸常的堂客们对待一桌庸常的晚饭一般，对一家人劝诫道：

"吃饭吧，味道应该很好的，鱼是现杀的。"

一家人便纷纷端起碗来，厅屋里响起了蚕吃树叶般沙沙的声音，声音高低起伏、不绝于耳，让人想象许多又白又胖的蚕在蠕动。渐渐，方卫东吃饭的声音却来越大，他一边涕泪横流、一边大口咀嚼，大口吃饭的吧唧声、痛哭的悲泣声、粗喘气的呼呼声在方卫东的嘴巴里相继发出、轮番出现。方芳从来没有看到过一个人的嘴巴会如此忙碌、如此能干，吃在嘴里的不会掉、心里的情绪还能通过吃着的嘴巴表达出来。方芳吃惊地看着父亲“三管齐下”的嘴巴，又交换意见似的看看桌子上的其他人，母亲和叔叔、小姨都埋头吃着饭，仿佛没有听见方卫东嘴里的声响，方芳便也低下了头。

方芳不知道，在她低下头的时候，方三姑的脑海里发生了怎样剧烈的动荡和变幻，好似风起云涌、仿佛千年雪山消融。方卫东狼吞虎咽、悲伤哭泣的声音在厅屋里久久盘旋，方三姑缓缓地从碗里抬起头，她仿佛是遇着了十分费解的事情，使劲地看着方卫东，像是一张在吸水的干枯已久的海绵。方三姑用尽全身力气盯着方卫东，她的额头有汗水渗出，她将方卫东看了一遍又一遍，认了一回又一回，如果说目光也是有形状和材质的话，那么当时方三姑扎在方卫东身上的目光足以让他千疮百孔。

直到坐在一旁的白池突然从碗里抬起头来，她仿佛是察觉到了什么，瞪大了眼睛看着方三姑斜转着的脑袋和目光，就好像破案的侦探面临着开棺验尸的那一刻，当时白池神态和心理都近乎发慌、几欲生恐。然后她在那一刻听见方三姑嘴里发出了紧张的嘟囔声：

“不知道，不知道……这是不是我儿子？”

方三姑微小的声音从喉咙里挤出，如惊雷炸响，桌前的所有人都屏住了呼吸。方芳看见她母亲的嘴巴里也发出了嘟囔的声音，母亲的声音像是春风吹吹拂花朵一般，缓缓地吹进了方三姑的耳朵：

“既然不知道，你就应该问问他。”

白池说出这句话的时候，一家人都变得胆战心惊，他们紧张得连呼吸都不敢进行了，生怕自己呼出的一口气，就会将方三姑游丝般虚弱的思绪吹得灰飞烟灭，他们缩着脖子、捂着嘴巴全神贯注地看着方三姑，他们看到了方三姑额头上渗出的细小汗水，方三姑装满汗水的皱纹几乎要挤到一起，她颤颤巍巍地站起身来，她颤颤巍巍地伸出了自己的手，她颤颤巍巍的手摸在了方卫东的额头上，一家人听见方三姑用颤颤巍巍的声音喊道：

“你是不是我儿子？……你是我儿子啊……方卫东，你怎么这么老了啊！”

说完之后，方三姑像是一个受尽委屈的孩子那样，发出了呜呜的哭声，这个年过花甲的老人在那一刻老泪纵横，哭声从她的嘴里像是受惊的小鸟一般飞向天空，口水随着她嘴里的哭声一齐蹦出嘴来。当方卫东泪流满面地向方三姑伸出手来的时候，方三姑的委屈仿佛到了极点，她没有以同样伸手的姿势去握住方卫东，方三姑的手抬了起来颤抖地捂住了自己的眼睛，泪水从她的手指缝里汩汩流出，她的双手看上去像是一块湿哒哒正在滴水的沉重的毛巾。

三十六

方家的独子方卫东，方三姑穷尽一生抚养、挂念的心血终于千里迢迢地回来。他像是一只幼时就飞出山的鸟儿，谁也不知道他出走的原因，谁也不知道他七年来落脚何处，如今这只已然飞倦的鸟儿重又飞回原地，当年轻的光泽和神气在他脸上如同旧时光般一去不复返，青春褪落之后的成熟并没有如期而至，他脸上只剩下青春剥落后的虚无与暗淡。年近不惑的方卫东，满脸萧索，一身颓唐。

方卫东好似一只归巢的鸟儿，重又来到母亲的翼下，使得方三姑如春来的枯木一样，重新焕发出生命的光彩与朝气。方三姑像是一个病重的人由于药物的治疗，她的头脑和身体重又得到了健康的光顾，只是健康来到她身上的过程，如同那年代一个男人得到女人的爱情一般曲折而委婉，方卫东回来以后，“健康”在她身上来来回回，失忆的病态便在她脑海里反反复复。

方三姑重拾记忆的道路走得并不容易，砖屋里的一家人由此而付出的等待也显得艰辛。在方卫东刚回来盘龙村的秋末的日子里，方三姑表现出的平复如旧的短暂时刻，让砖屋里的一家人看到了令人兴奋的希望曙光。一个在人们的想象中本将在失忆中过完一生的人重又获得记忆，仿佛一个垂死之人竟然不治而愈，这在任何年代和地域都将带给人以惊奇和振奋。于是，在方卫东回来的那一段日子里，砖屋里的一家人都来不及对周围的其他事物做出反应和感慨，他们只顾全神贯注地看着方三姑，看着她的神态或者听她的话语，以确定清晰的思绪和完整的记忆是否稳妥地安放在她的头脑里，就像钉子牢固地钉在了木块里。然而，头脑的清醒或者糊涂在一个迟暮的老人身上，并不是体现得那么明显的。犹如重大会议的召开，白池带着一家人端端正正地坐在方三姑面前，他们无声而专注地盯着闭目的方三姑，仿佛如临大敌，好似惊心动魄，他们常常屏息以待，方三姑闭着的眉眼在那时会突然睁开，向他们慈祥而温和地笑笑，好像是平常的老人在躺椅上眯着眼睛的某个时刻，调皮地睁开了半只眼睛，偷窥到自家的儿孙做了某件幼稚而可爱的事情，不由得展开了一个奶奶应有的疼爱笑容。

在白池一家看来，这个笑容里包含着亲人对待亲人的温度，好似否极泰来，仿佛守得云开见月明，砖屋里的一家人禁不住喜出望外、欢声雀跃，几乎要掉下百感交集的泪水。当方芳忍不住要拥上去抱住自己的奶奶时，方三姑的自言自语却像是一盆及时的冷水，恰如其分地浇在她头上使她的欢乐偃旗息鼓。砖屋里的一家人常常在欢喜之后，看到方三姑又安详而甜蜜地闭上眼睛，听见她像是一个心怀爱情的少女一般，面带羞红地低声喃喃道：

“先生，这个手帕你收着，任何时候看见这个手帕就要想起我，记住，我是你的人，我会在这里等着你回来……”

显然，有一个人正在方三姑的记忆之城里跟她对话，“先生”的音容笑貌比现实更为生动，正如往事般历历在目。那个人是谁无从得知，但是从方三姑的话语和神色中可以看出，那个人曾给过方三姑真切的幸福，而方三姑正幸福而彻底地沉浸在自己的回忆之中，不能自已、无法自拔、无法醒来。白池在那个微凉的秋天轻轻地叹息，她从心底羡慕方三姑沉醉的幸福，她含着笑落下两滴清泪，出门向喧嚣闹腾的水泥厂走去。白果和白丹兄妹俩也互相看了看，从方三姑的桌前退却……

冬天如窃贼般偷偷临近，显然，这一年的寒冷来得比以往要早，初冬时节的风呼呼啦啦地吹出隆冬的效果，山上的树丫在还没有下雪之前就被吹得光秃秃。没经过彻骨的冰冷刺激的盘龙村的村民们，在那时候忍不住搓手搓脚、往手里哈着热气，他们火冒三丈、跳手跳脚地骂骂咧咧道：

“这在山上开出去一条路，怎么就跟棉衣上拉出了条口子似的？她娘的冷风直往里边灌呀！老子攒了几十年的毛都冻掉了！”

曾经摇篮一般的山村变得不再温暖，被吹得瑟瑟发抖的盘龙村的村民们看着那条畅通无阻的山路，想象着从外面袭来的寒风正如同呼啸的海水一般，铺天盖地地朝盘龙村漫来，将会把他们浸得脊背发凉，这些忧心忡忡的村民就忍不住寒噤连连了。尽管天气这样凉飕飕，但当他们再次投入到水泥厂的生产工作之中，他们周围就又都笼罩上了一层热火朝天的气氛。

初冬时节，当白池再一次加入到水泥厂工人的劳动之中，水泥厂里已经到处堆满了来不及整理的水泥包，一如战争的横尸遍野。而这些在“尸体”上奔跑的工人，都没有注意到白池已经有整整一个星期没来上班了，也没有听闻方卫东回来的消息，曾经悠然的村民们成为了忙忙碌碌被生产劳动推着跑的工人。于是，当白池面容憔悴地出现在他们面前时，他们都忍不住以自身经验好心地向白池提醒道：

“白池，这年把两年来事儿太多了，都堆在身上，一看你这脸色就是被压得够呛，我前一阵晚上就总是咳嗽，脑袋昏昏沉沉的，前天索性扎扎实实睡了一天一夜，今天精神头就好多了，你也要注意休息啊！”

当忙碌的生活再次将白池推进工作间，白丹和白果也再次沉浸到了自己的心事之中，这两个年轻的村民、新诞生的读书人，都充满了对人生中某项重要内容的希望，他们一个在等待着大学的通知书，像是将军的军令状一般将他带离开狭小的家乡，到更广阔的天地间伸展拳脚。他们中的另一个却在满心思虑爱情之事，青春的荷尔蒙在白丹身体里躁动不安，她的心神化为了透亮清澈的水流向了张二雷。在心事的控制之下，这两个年轻人显示出了对家庭的不负责任。

方芳是唯一一个在这个家里投入了自己全部注意力的人，这个十五岁的少女以几乎天赋的敏锐和记忆，把几年来这个家里发生的一切深深地刻进了自己地脑海，她也观察到周围的一切是如何飞速地运转和进步，从而生出一种反省和失落过后的自强，十五岁的少女有了某种寒门贵子的气质和志气，她在陪伴方三姑的时候显得十分尽力。

那个冬天，家人的注意力一个个渐渐从方三姑的身上移开，一如当年的白池对待张草，早慧的方芳在一旁为自己的奶奶付出了无声的陪伴。方三姑在清醒和糊涂之间不断徘徊，仿佛是在梦魇与苏醒的夹缝中不住挣扎，天寒地冻的日子里，她像是梦呓似的自言自语。许多秘密从她的只言片语中像是腾渊的蛟龙一样跃出水面，让人震惊不已又感觉迷离扑朔。

方卫东的归来，让方三姑的世界经历了强烈的动荡。原先建立在她记忆之城里的高堂广厦在过去的时间里已然被夷为平地，出走的方卫东重又来到她的面前，就仿佛是从那个逝去的记忆之城中走出来的，在强烈的感情驱使之下，方三姑脑海中被夷为平地的地方重新经历着动荡和不安。她成了一个苦苦寻找的人，在自己沦为废墟的记忆之城中，寻找曾经在那篇土地上鲜活过的生命的生机。但在接近古稀的岁数上，试图重建自己的记忆之城，这对于方三姑而言，将是一次艰苦卓绝、极其混乱的修复。

方三姑的脑海中经历着重重险阻的时候，方芳在一旁付出了极其沉默而用心的关注，她时常看见努力搜索回忆的方三姑的神情看上去就像一个正在激战的将士，她的脸上大汗淋漓，嘴唇颤抖着好像即将说出一句激动不已、石破天惊的话，可每一句话说出来都成了一个老人激动而含糊的咕哝。当这种紧张的神情在方三姑的脸上愈演愈烈，回忆中的对话或者人物就会从她的回忆中跑出来。那时，方三姑仿佛身临其境、好似往事重现，她用对话的口吻自言自语道：

“先生，这些东西是你从哪里弄来的？这么多……这么好……”

方芳在最初的时候总会试图跟自己的奶奶对话，但是方三姑从从来没有得到过方三姑的应答，方三姑对记忆之城艰苦卓绝的修复，是她与自己的硝烟弥漫、不可自拔的激战。

方三姑经历“激战”的时候，她的嘴里也战火纷飞地呼喊：

“先生，快跑啊，子弹飞过来了……”

“先生，你怎么能先我而去呢？这世上我可只有你这么一个亲人了啊，你怎么能把我一个留在这孤零零的世上！”

“先生，你在奈何桥上等一等，我就要跟你到黄泉路。”

……

方芳屏息听着，方三姑的喊叫和这喊叫带来的画面使她胆战心惊。方三姑自顾不暇的喊叫持续了整整半个冬天，她所有的喊叫都是冲着那个被她称作“先生”的人而去的，她的喊叫里充满了惊慌和悲伤。方芳隐约感觉，奶奶口中喊叫的是她过往的经历，她试图通过奶奶的喊叫推理出曾经的那个故事，进入她的回忆里去展开对话。然而，方三姑的喊叫都是碎片，也没有关于往事藤蔓般可以追溯的时间脉络，一切听上去像是玉器摔碎在地上只剩下空虚的叮咚声响。

盘龙村的第一场雪落在地上的时候，方三姑对“先生”的诉说重新回归到平静，她像少女一般面带羞红地说道：

“先生，我终于把你的孩子生下来了，是个男孩，他的眼睛和鼻子都是从你那儿拿过来用的，嘴巴却比你的小些，偶尔看上去还像个女孩子，孩子是我们的心血，我想他就跟我姓，再用上你的字，他的名字就叫方卫东……”

到此时，方三姑口中的“先生”似乎现出真容，某些问题迎刃而解，一个女人年轻时候的往事，在她老去的时光里像打碎的瓷器一般，被支离破碎地呈现出来。

大雪开始在盘龙村纷飞的晚上，方三姑仿佛从自己地记忆之城中解脱出来一般，颤悠悠地走向了方卫东，在她无声的儿子面前疲惫地说道：

“卫东，妈妈睡了一觉，梦见了好些事，醒来看到你还在，妈妈这心里就踏实多了。”

方卫东低着头，感觉有影子从头顶覆在了他身上，他抬起了昏昏欲睡的脸，木然地看着自己的母亲。方三姑投在方卫东身上的阴影，使他的脸孔上呈现出一片虚无的昏暗，方卫东的身影在昏暗中一动不动，直到覆在他身上的影子在无声中缓缓褪去。

大雪在那个晚上无声地覆盖了盘龙村的大地，第二天，人们在天光中睁开眼，窗外已经是一片白茫茫的世界，但是这一年的雪白早已不是当初的晶莹透亮，像是古书中绝世美女的肤若凝脂，这一年的雪白是一片灰蒙蒙的迷茫，是老太太头上的白发苍苍，天地茫茫、一片清寒。方三姑就在那一天如春来的野草一样，彻底从自己的失忆中苏醒过来。白发苍苍的方三姑率先走进了厅屋，在天光刚亮的时候坐在了饭桌前。在一家人纷纷投来的疑惑目光之下，方三姑如孩子般扬起自己的脑袋，展现给人一张布满皱纹的枯黄的脸，像是一块存放已久的干竹笋片。在那时，她把面前每一个人的名字清晰地叫了一遍：白池，卫东，白果，白丹，芳儿。

站在方三姑面前的家人你看看我，我看看你，像古代被皇上赏赐的妃子一般受宠若惊，他们嘴里嗯嗯地答应着把头点得像是鸡啄米。与此同时，他们看见方三姑的脸上，在波浪涌动般的皱纹深处，竟然藏着令人惊心动魄的温暖笑意，笑容如初夏的荷花一般在方三姑脸上绽放。那时的方三姑看上去就像一张封存已久的老照片，照片上主人公的笑容栩栩如生，足以长久地温暖再次回忆这个场景的每一个人。方三姑在冬日清晨绽出无忧而舒畅的笑容，使方家砖屋在那个冬天开始有了万物复苏的蓬勃生机。

如同事物的物极必反，从失忆中苏醒之后，一生严苛、待人冷漠的方三姑，仿佛把应该匀称分布在人生不同阶段的笑容和乐观，一股脑地全堆在了垂暮之年。人们看到，当方三姑再次面对着脸上逐渐长出肉来的方卫东，她没有用不满或者痛心的眼光看向自己的失语的儿子，她对待哑口无言的方卫东如同一个垂首听话的乖孩子，方三姑慈爱而欢欣地看着方卫东，在儿子战战兢兢的目光中向他伸出颤抖的手，温柔地抚摸在他的脑袋上。清醒后的方三姑把儿媳也视如己出，面对三十五岁的白池，她嘴里的叮嘱变得十分慈爱，还具有某种商量的语气，在一个冬日的早晨，方三姑低声对白池说道：

“池儿，妈妈昏昏沉沉了这些日子，让你辛苦了，也不知道你有没有嫌麻烦，这么些年看下来妈妈终于真真地看清了你是个好人，你宁可自己受苦，也不肯委屈了家里任何人。池儿，你会得到福报的。”

白池忍不住鼻头酸涩，那么多生活的艰难险阻没打败她，方三姑一番温情脉脉的话让她泪水长流。

泪水长流的白池无比感激地看着自己的婆婆，她心里像是大地上生出各种杂草一样有百感交集，恨不能一股脑全倒出来和方三姑说上三天三夜，说到痛哭流涕。白池还没有张开口，方三姑的话语率先占领了她们的交流渠道，白池泪眼婆娑地听见她的婆婆继续说道：

“池儿，妈妈到了这个年纪了，再没有别的要求，只有一件事你一定要答应我，不管克服怎样的苦难，你务必给咱们方家添个孙子，孩子的名字就叫郑正，这是妈妈的心愿，答应我。”

……

方三姑在那个冬日清晨，和白池的对话中充满了感谢与期盼，甚至不乏恳求的意味。而在日后的事实证明，方三姑那一番话背后隐藏的心愿并不如她的语气一般温和，她对白池的要求是强烈而迫切的，近乎强制。白池永远也不会忘记，垂暮的方三姑为了那个名叫“郑正”的孙子，曾表现出怎样急不可耐的状态和锲而不舍的精神。

方三姑在那个冬日清晨向白池做完交代后，年近古稀的她给自己配上了一根拐杖，她拄着那根拐杖在屋里走来走去，就像农民依赖着爬犁在田里来来回回。方三姑在走来走去的同时，像是躬在草坪上修草一样，把砖屋里的一切打点得齐整而妥帖，让人在一尘不染的砖屋里看到了方三姑充满欢欣和慈爱的眼神。直到一个隆冬时节的黄昏，方三姑拄着自己的拐杖，用农民走进菜地的惯有步伐踱进了厨房，两个小时之后，这个年迈的老人像是变戏法似的，在厅屋的桌子上布下了一桌菜肴。寒冬腊月，夜幕降临，砖屋里肉香扑鼻。

白池走到厅屋的时候，一家人都已经坐在了桌前，气氛安静到令人紧张。方卫东脸上的表情苦涩，一线带有药渣的汤水挂在他的嘴角，他手中带有药渣的碗已经空荡荡。白池迷茫地看看方卫东，又看看方三姑，母子俩的目光都停留在那个药碗上。白池又疑惑地看看弟弟白果和妹妹白丹，弟妹俩也都全神贯注地看着方卫东，他们脸上的表情忧心地几乎要拧成一团。方芳的目光却在寻找她的母亲，这个早慧的少女忧心忡忡地抬起头来，用寻求安慰的眼神攀住了白池的眼神，她看着自己母亲的时候，她的两根眉毛蠕虫似的连接在了一起。

“妈，方卫东这是喝什么了？”白池紧张地问道。

方三姑受惊似的一哆嗦，抬起头来看见了疑惑不解的白池。她没有开口之前就露出了笑容，她笑着端起了桌上的另一碗中药，答非所问道：

“池儿，快坐下来吃饭，我手上这碗是给你和卫东熬的，你们喝了补身体。”

在白家兄妹俩和方芳的注视下，白池缓缓地坐到了桌前，她的目光路过了自己的丈夫方卫东，继而停留在了方三姑脸上，方三姑用恳求似的目光看着自己的儿媳，白池便一仰脖把药喝了下去，这使得她在接下来吃的每一口饭都吞咽出一种苦涩的味道，佳肴美味难以下咽。

然而，方三姑给的这桌让人回味无穷的“满汉全席”，苦涩的味道只是全局的“药引子”，五味杂陈的火候方三姑是慢慢熬出来的。喝完药的那个晚上，白池就明白了方三姑加诸在自己身上的是怎样一种灾难。

白池走进东屋以后，一种隐秘而强烈的冲动来到了她的身体里。她感觉自己的身体像是一片被萌芽的春草所掀动的土地，蠢蠢欲动且异常潮湿。白池的脸上由此呈现出一片醉酒似的潮红，但在她的理解中，自己脸上的热辣应该是羞愧难当的温度，这个腹有诗书的中年女人，早已经历了寡欲生活的多年洗礼，当生而为人的动物性本能再次来到她的身体里，并如同翻腾的蛟龙一般兴风作浪时，她羞愧而耻辱地想到自己如一只母狗一般携带上了狂犬病毒。

夜半三更，白池被自己的转辗反侧弄得筋疲力尽，饥渴和对饥渴的压抑在她心底如同死敌一般激战，白池的身体作为战场千疮百孔，泪水在她眼眶中火烧，羞耻仍像天空中的雄鹰一样盘踞在她心中。方卫东的嚎叫在那时候如惊雷般乍起，白池惊吓得从床上一跃而起，她看见方卫东抓着自己的脖子一阵翻滚，他脸上的表情狰狞而痛苦，好像正在和一个隐身的恶鬼在厮杀死战。白池被这一场景吓得不知所措，但白池的惊吓不是害怕，而是面对突发事件的措手不及、心慌意乱，她因此显得十分慌张。白池的脑袋在飞速运转的时候，方卫东的狼嚎鬼叫像是狂风一样把她吹得瑟瑟发抖。突然，傍晚时分方卫东喝药的画面来到了白池的头脑之中，方卫东大声的嚎叫像是一个有力的提醒叫人灵感迸发。白池在突然像猎豹一样纵身一跃，像捕捉猎物一般扑到了翻滚的丈夫身上，方卫东的嘴角有白沫像是趵突泉水般从他的嘴巴里噗突出来。白池不由得紧张起来，她像是与丈夫隔了十里长街一般在他耳边大声喊道：

“卫东，你是不是能说话了？是不是妈妈给你喝的药起作用了？”

方卫东从自己的挣扎里抬起头来，让白池看到了他似乎在痛苦说话的眼睛，就是在那个时候，白池欣喜地发现自己的丈夫虽然失去了喉咙的表达功能，但是却拥有了一双富于表达情感的眼睛。白池含着泪呼喊道：

“卫东，你是听懂我的话了吗？”

白池有些不知所措了，她的目光像是满地寻找答案一样在方卫东身上乱窜，“如果听懂了，你就点点头，如果没懂你就……”

白池的话还没说完，方卫东就点起头了，他把头点得像是鸡啄米，白池的泪水便落得像是六月的暴雨了，她心中原本燃有熊熊烈火的地方被淋成一片汪洋。

在那个寒风呼啸的夜晚，被白池视为重新获得听力的方卫东，其实一直就没失去他的听觉。在外漂泊的羁旅，方卫东如被剥皮的橘子一般失去了武装在自己身体上的健硕与生气，疾病和羸弱趁虚而入。虚弱的方卫东回到盘龙村后，颓丧和无力使得他对自己的听觉置若罔闻，只是偶尔他才像是从睡眠中醒来似的，把自己的耳朵当成具有能动性的器官，由此让砖屋里的一家人看到他对外界的反应。方卫东不能说话却是真，他像是失去青春一样永远的丧失了自己的语言功能。清醒之后的方三姑一如既往地关爱自己无能的儿子，与白池想象的不同，在自己喝药的那个晚上，方卫东喝的却不是同一种效用的东西，他喝下的是治疗声带的偏方中药。

那个夜晚过去，方卫东无实意的嚎啕依旧没能让他说出话来，只是偶尔哭丧般的呜呜声会从他空虚的嘴里冒出。白池在短短一个夜晚里，就被自己的惊恐和欲望折磨得筋疲力尽。然而，这一切都只是开始，方三姑为白池和方卫东铺就了一条大路，尔后又在那条道路上步步紧逼。像是坏透了的人的穷凶极恶，方三姑在那个冬天，为了名叫“郑正”的孙子付出的努力是煞费苦心的。

隆冬的寒风在盘龙村里呜咽，大雪像是夏日的阳光一样铺天盖地地撒下，雪在天空中纷纷扬扬，盘龙村的人们在风中像树叶一样颤抖，终于，年关将至，盘龙村有史以来最大的一场雪铺在了大地上。雪花片片飘落，盘龙村发出细弱的吱吱呀呀的声响，围绕着盘龙村的群山全军覆没，在大地上躺成了一环雪山，树木被雪压弯了腰，表示出对天地的臣服，新修的房子和老旧的房子一起白了头，池塘、山涧、小溪上都压着一层厚厚的雪，闷得没有了自己的声响，山上的野物似乎掩埋在了大雪里，踪迹全无，天空中也没有了鸟类飞行的痕迹，鸦雀无声。盘龙村的村民们却轻手飘脚地走在大雪之上，一个趔趄就滑翔出去一箭之地，像是泥鳅穿梭在泥泞里。

方三姑在这个时候就不出门了，她在家里摩拳擦掌、来回走动，好像为了什么事而十分着急。方三姑在着急走动的时候没有拄着拐杖，她任由蹒跚的步伐把自己弄得摇摇晃晃，但奇怪的是方三姑竟然像是一棵扎进土壤的树一般，尽管柔弱的躯干被风吹得东倒西歪，却始终不会倒下，方三姑摇摇晃晃地快步走着，她的手不停地相互摩擦，保持着和身体摇晃一致的节奏，嘴里喋喋不休地说着含糊的话，这使得方三姑看上去就像一个跳大神的道士。就像一切令人惊奇的时刻那样，方三姑这样的状态总是短暂的，每当从这样的走动中停下脚步，她都像累坏了似的一屁股坐在了凳子上，然后又垂着头沉默很久，直到旺盛的精力像在时光里做周期循环的春天一样再次来到她的身上，她会像从冬眠中醒来的野草一样伸展开身躯，以一个年迈老人的像样的步伐向厨房走去，那里像打铁铺子一样热火朝天地熬着中药。冬天撒下一块雪幕，方三姑像是变脸似的，在无人看见的地方上演着自己的独角戏，日复一日，陈仓暗度。

冬天夜长昼短，白池睁着眼睛看见长夜漫漫、自己生生吞下很多苦。白池仁慈以致苦楚，她一开始就明白方三姑给自己喝的是什么药，慢慢才知道方卫东喝的药是什么，白池在为了生育受苦，方卫东喝下的是村里常用来治疗哑巴的药，两者以彼此的效果昭示着同样的无济于事。方三姑并不因此而感到徒劳，最终，她像是亡命天涯的赌徒一样，无奈到勇敢，勇敢到孤注一掷。

大寒之夜，白池在院子墙角的雪地里偷偷倒掉第二十七碗药，方三姑的身影在她转身之后出现，白池心里不由得像重物落入水中一般发出“咯噔”一声响，接着她看到方三姑脸上的表情如同冰冻一般凝固，空气便像骤然遇到寒潮的水流一般凝结了。白池端着碗直视方三姑，不卑不亢地等待着婆婆将会有怎样的责难，时间在两人的对视中一分一秒地流逝，方三姑的脸上却慢慢释放出笑意，好像初春时节冰消雪融的湖面，开始有生动的涟漪一圈一圈荡漾开去，方三姑脸上绽放出一个灿烂的笑容，笑完之后，这个年近古稀的老人用溪水般清脆的声音欢笑道：

“池儿，你怎么能这么调皮呢？把妈妈给你熬的药倒掉？哈哈，调皮啊……”说着说着，方三姑的眼睛里笑出了泪水，她的声音继而变得颤抖不已：

“池儿，你倒掉了这个药，你就是弄掉了我的孙子啊，你怎么这么狠心啊……”

方三姑对白池提出了否定的评价，可人们责问他人时常有的激愤没有在方三姑的话语里出现，她像受了极大委屈似的掩面而泣，呜呜的哭声从她的指缝中倾泻出来，在那个没有月光的夜晚像是哗哗的河水一般流淌。从而让白池看到了她暮年时的阴晴不定、脆弱异常。白池站在方三姑跟前，看见泪水在她的指缝里像石头里迸出来的山涧一般，哗哗流了很久，含糊的嘟哝声像咒语一般从她的嘴里冒出。白池的脸色不由得变得铁青，那一刻，母亲张草死前给过的感觉莫名出现，在她因方三姑颤抖的心头兴风作浪。

直到方三姑的泪水像是太阳下的露水一般在她的脸上蒸发，白池不安地将自她送回了西屋，屋子的门黑黢黢地敞开着，屋子里看上去蕴含着一片无边无垠的黑暗，白池心里不祥的感觉使她在西屋门前却步，她在屋门一米开外的地方目送着自己的婆婆慢慢走进了那片虚无的黑暗，在她眼中，方三姑那样落寞的背影似乎是将要终生背离阳光。

偷偷倒药的事情被方三姑发现，白池心中涌出的愧疚使她惴惴不安，方三姑凄楚的神情让她几乎要把所有罪责加诸自己身上，但是另一方面，她又清晰地知道今天的束手无策是方卫东一手造就的。十多年前和“张瓦匠”搏斗的结果，是方卫东作为一个男人一蹶不振的开始。时间无法逆转，结局不能改写，方三姑的哭泣却历历在目，在那个大寒之夜，白池忍不住再一次背负起希望和压力，躺到了沉睡的方卫东身边。

那时的方卫东似乎睡眠很浅，他的嘴里不再发出呼噜呼噜的鼾声，睫毛在他闭着的眼睛上像冻坏了似的颤栗。白池把脸凑到他的耳旁低声说道：

“卫东，妈现在的样子看上去很不好，你知道她的想法，要不我们再努力一把，给她……”

方卫东闭着眼睛摇了摇头，翻过身把脸埋进了冬夜的黑暗里，沉默得如同在睡眠中没醒来过。窗外的寒风发怒似的呼呼作响，风声奔腾呼啸、一去千里，像是老天爷持着无形的巨斧在天地间挥舞，大刀阔斧，改天换地。

方卫东的拒绝并没有使白池死心，反而使得她心中的不安更加强烈，她支着身子注视方卫东的侧脸，黑暗中她的双眼熠熠生光。直到黑夜静得万籁无声，沉重的疲惫将她彻底掩埋，白池在黑暗中合上了双眼，还未咀嚼完全的情绪在她的梦境中继续翻滚沸腾，夜深人静，她的睫毛就如同方卫东眼睛上的那两排一般颤抖不已。

恍惚之间，白池像是被地震的废墟所掩埋一般，逼真的梦境将她深深围困，某人洪钟般响亮而沉重的脚步声在她的头顶回响，声音自上而下，萦绕耳边，像是鬼神驾着天雷滚滚朝她踩来，一时间白池感觉五雷轰顶，她从梦中惊醒，一身虚汗在她身上如水泼过。令人惊悚的是，沉重的脚步声却还在响动，仿佛鬼神已从梦中走了出来，白池被吓得浑身颤抖，虚汗从她身体上像树叶上的雨水一般甩落，耳朵听到的声音确切无疑，那脚步似乎属于一个长着三只脚的动物，第一只脚噗嗒一声迈出去，后面两只脚就像被拖动一般发出沉重的声响，那三只脚听上去就像三角形的三个点一般富有节奏和规律地循环，白池的身体像是随之发动一般阵阵颤抖，她一边在黑暗中慌张地左顾右盼，一边颤抖地将手摸向了一旁的丈夫，方卫东的身体在那时候像是死去一般僵直，白池像是被烫了似的缩回手来，黑夜几乎要尖叫。

白池的尖叫已经提到了嗓子眼，方三姑的声音却在她头顶响起：

“卫东，池儿，你们应该做点事了，你们应该为妈妈想想。”方三姑的声音犹如哀哭，带有遥远的回响，像是逝者的灵魂在悲壮地飞散。

白池虽然惊魂未定，但很快让思绪在自己的脑海中飞速运转起来，她像是雄鹰找到地面的狡兔一般把视线射向头顶，那时她看不见东屋顶上的楼板，但是方三姑站在楼板上的样子就在她眼前，方三姑拄着自己的拐杖仿佛用痛恨戳击地面，她的双脚在拐杖后面沉重地拖沓，仿佛那毛笔拖带出来的一抹抹沉重水墨。木质的房屋如同洪钟一般回响着悲哀的声响，张扬其事、骇人听闻。

三十七

方三姑说我老了，她的头发就变得如同那年冬天的大地一般雪白，她原本枯黄如树皮的脸庞上生出了土壤炸裂般的沟壑，眼泪在她无光的眼睛里干涸，脆弱却变换出另一种方式从她身体里流露，当她在病床上流干了泪水，一线细长的泡沫像是溜滑的面条一般开始从她嘴角溜出。

大年夜的前一天晚上，方三姑再一次爬上了砖屋二楼，如同豆油支撑着一根灯芯的燃烧，方三姑心中存在的强烈愿望，使得她对于白池、方卫东的催促显示出无比可贵的执著和顽强。方三姑颤悠悠地走在漆黑寒冷的冬夜里，木质的楼板在她脚下像是老水车那样发出吱吱呀呀的声响。东屋的楼板上有一条巨大的缝隙，缝隙里是一片熄灯后的黑暗，方卫东和白池的身影在黑暗中走动窸窣有声，方三姑眼见的他们像是两尾携游的鱼在污水中摆动，她提起拐杖敲了敲楼板，用这样的方式对白池和方卫东进行第十三次监督和催促。在此之前，她亲眼看着白池和方卫东喝下了各自的药，然而这药仿佛又是给方三姑自己喝下的，只有每天重复这件事她才会获得心灵的安定。

方三姑的第十三次催促没有用言语表达，她直接用拐杖敲了敲东屋的楼板，然后在楼板上放了一盏蜡烛，昏黄的烛光从二楼的缝隙中倾泻到东屋里，像是河水一般在屋子里缓慢流动。烛光从床沿流过，那里有方卫东和白池的肉体如未说话的嘴唇一般叠合，他们身上覆盖的棉被像音乐那般不断起伏，微弱的烛光在温暖的棉被上跳手跳脚，沙哑的呻吟从方卫东埋伏的面孔之下蹿出，听上去像是被捕获的禽兽从瓮中发出的呜咽。

方三姑两只手驻在拐杖上，拖着水墨笔画一般沉重的步伐向楼下走去，当她的嘴角抽出一丝艰难的笑意，右边胸口跳动着噗通有声的疼痛。方三姑忍着疼痛走到了楼板边上，簌簌的雪花从屋檐落到了她的肩头，那时，她的拐杖没有支撑在厚实的楼板上，而是直接戳在了空气中，她支撑在拐杖上的身体像是滚到悬崖边上的巨石一般，从二楼楼板边上掉了下去

……

大年夜躺在病床上的方三姑腰部僵直，她的面庞和身体有着同一程度的肿胀，而她的面庞看上去要涨破的通透柿子。方三姑把手捧在自己的胸口，一种不详的预感从那里如狼烟升起，她没有表达出自己对死亡的真实担忧和恐惧，而是叹了一口气，轻描淡写地说道：

"人老了。"

方三姑停顿了一下，像是重复般改口道：

"我老了，走路都不会走了……"

说完，方三姑的嘴巴像是忘了将其闭合一般空张着，双眼出神地望着围绕在她身边的儿孙。那时，一如当年母亲张草去世，白池白果白丹环绕在方三姑床边，方卫东和方芳作为血脉亲人坐在方三姑床边。那时他们与方三姑的目光如同钢笔与笔盖一般对接，他们亲眼看见方三姑慢慢变得眼泪汪汪，她含着眼泪继续说道：

"人老了，走着走着就会从这世上掉下去，掉到土底下再也爬不起来。"

人会从土地上掉下去。方三姑的话像是某个特殊的符号，惊叹反问着白池的内心。那时白池的心中像是参破天机一般猛然顿悟，这顿悟使她心灰意冷力气全无，这参破是由于方三姑的启发，也是跟方三姑的对峙，她真实地感受到了人世的飘渺与世界的虚无。当张草死前的画面和此刻的情境在白池眼前交叠出现，她悲哀地意识到这个世界存在的巨大谎言，人们一直以为自己是在大地上生活，便信以为真地在这土地上构造房屋、种植庄稼、行走跳跃，于是，人们站立在土地上的模样便踏实得像根须入土的树木一般，其实临到末了才知道，人一直是生活在时间里，时间如望不尽的河水滔滔，身处其中的人们无知无觉地被裹挟着往前，这样的前进与鱼儿在水中的游动无异，与浮尘在空气中的流浪一样，鱼儿与浮尘的漂流看似自由，但时间的主张于高远处控制了一切，人们的随

波逐流、随风飘荡终是无知无能，时间的规律一旦应验，万事万物必定在劫难逃、无处遁形，死亡最大的真实是人们在流动的时间里停摆并且坠毁，如成熟的果实从树枝上掉落，再不可重返枝头，且终将腐烂成泥。

白池因为这种想法而颤栗不已、悲从中来，几乎要涌出死到临头的泪水，她由母亲张草和方三姑的衰弱生出物伤其类的悲悯。天地悠悠，浮沉一世，人的一生如朝生暮死，生命终结时人不能与时间同归于尽。时间浩浩荡荡、一去无返、对深处其中的人们显出麻木不仁，因而，个人的死亡是何等的寂静无声、寂寞难耐。白池闭上眼睛，泪水仍然从闭合的眼皮底下流出，她听见自己的心脏在那一刻如土石落地般扑通作响，扑通的声响节奏分明、力量无穷、暖如朝阳。这响声拯救了她，想象中的画面如水落石出一般在白池脑海里浮现：她感觉到心脏在自己的胸腔里鲜活，每一次如土石般落地般的跳动都会掉下真实的土壤，慢慢在她的胸腔中沉淀出坚硬的土地，这土地无根而固、无可动摇、完全由白池自我主宰，无论何人何事都不能将她撼动分毫。于是，白池再一次感受到脚踏实地的安全感，这比站在实质的大地上更让人幸福与安稳。白池在心底无比幸福地自己说：拥有生命十分美好，人生却十分短暂，所以要抓紧时间好好活。

泪水灿烂了白池的脸庞，她在灯光下绽放出熠熠生辉的笑容，对方三姑说道：

“妈妈，越是时间短暂，心里越是慌张，越要踏实下来好好生活，妈的日子还长，生命的过程要好好享受。”

方三姑慢慢抬起头来，她双眼里的目光好像从乌云中透射出来的阳光，只是这么一束目光，方三姑的整个脸庞就变得如同雨后的天空一般，仿佛云开日出，好似豁然开朗。然而，开朗的表情在方三姑的脸上只是昙花一现，白池还来不及欢欣鼓舞，突然，方三姑的眉宇间皱出了一个“川”字，痛苦的神情在她脸上浮现，她的脑袋慢慢垂了下去，如同被水浸过的枯叶一般耷拉在了枕头上。

无疑，白池敏锐地察觉到了方三姑的心理，因而她的话恰如其分地安慰了婆婆的心理，好似箭中靶心，仿佛药到病除。然而，人非圣贤，百密一疏，白池猜测到了方三姑心理的病痛，却没有察觉到方三姑身体的病痛。

大年夜前一个晚上，方三姑一脚踩空把自己摔得浑身青肿，这不是致命的伤害，但却如星火点燃了导火索，所有的病症从方三姑的身体里爆炸而出，如子弹上膛般一发不可收拾。那一年冬天的大年夜，方家应该飘满饭菜香的砖屋被药味所充斥，一家人抽动着鼻翼口中涩涩发苦。

大年夜里，盘龙村没有落下纷繁的雪，但前几日的雪花仍作为陈时旧物覆在大地上，整个山村放眼望去白茫茫一片。冷风萧瑟，空气中出现了难得的清爽，当年飘荡在空气中的西瓜味一般的清香又重返回此时的夜色，寒风袭人，盘龙村村民们却尝到了空气中的丝丝甜味。这天的夜色实在是清朗，没有云彩的夜幕中冷月高悬，像是一轮高贵的汉白玉。树枝上挂满了冰晶，像是女人带有玉镯的丰腴手臂一般轻轻招摇。月光翩迁而至，落在树梢上嘤嘤有韵，冷风推着月光和音韵一齐飘荡，天底下悠悠晃晃的万物便像是在水中那般招摇了。

盘龙村村民们那时候在月色下的徜徉富于表演性。不知从什么时候起，那一批把身体扎在秧田里、野猴般窜在山上的村民竟全都销声匿迹了，能记起来的是近些年来一批老人搭伴似的纷纷去世，可当初唱着山歌的分明还有一群中年人啊，不知如今是因为他们走出了盘龙村，还是因为老去再也干不了当初的活计。总之，那时候的盘龙村随处可见的是年轻如初生、振奋如骄阳的面孔，这一批从忙碌中闲下来的年轻村民，不再像父辈一般抽烟抠脚，儿时低头面对黄土地的面庞如今仰向天际，作为工人的村民们像是作诗的古人一样，骄矜地仰起脑袋，抬起一只手仿佛要去触摸月光，月光清冽寒凉，从手指缝射下缕缕光亮，如树阴斑驳映照在人们脸上，盘龙村村民在那一刻感受到大自然久违的亲昵，这亲昵使得他们心旷神怡。

像所有大山里的人们一样，安静枯寂的山中生活使得他们热衷于制造热闹场面。在心旷神怡的时候，盘龙村村民也没忘记创造一个大年夜该有的欢欣场面，几乎是同一时间，站在月光底下的村民们像是听到哨声的士兵一般，纷纷撒开脚丫子向家里跑去，惹得冰碴在人们脚后跟一阵乱跳，被震得满地乱颤的冰碴还没一一落回地面，跑回屋里的盘龙村村民们又纷纷跑了出来，将安息在地的冰渣又震离地面。与此同时，一朵朵烟花以冰渣离地的速度被送上了天空，一时间，夜幕中闪现出乱七八糟的绚烂，人们鼓掌和欢呼的声音在大山里，如孩子们在教室里的吵闹般一哄而起。

窗外五颜六色，砖屋里的人心却七上八下。前一个晚上摔肿了的方三姑浑身青紫，到了大年夜晚上，竟然还有力气浑身乱颤，叫喊连天，方三姑呼叫着自己胸口疼痛，可是颤抖的手却在脑袋上乱摸，她一边摸着自己的脑袋，一边颤抖着大喊大叫的时候，眼睛却是闭着的，这使得方三姑看上去像是一个呜呜哇哇哭着要喝奶的婴儿。方芳和白丹试着用语言给她安慰，白池却从屋里跑了出去，方卫东在那时和方三姑的嚎啕一起追了出去，他拉住了白池的手，眼睛里的意

思再清晰不过,他在问白池要去哪儿。白池甩开方卫东的手喊道:

“我去请医生！你赶紧回屋守着去！”

白池跑回家来时气喘吁吁,她大汗淋漓的样子好像不是从户外的冬天里回来,而是穿越时光去了骄阳似火的夏天一趟。白池直奔方三姑所在的西屋,她奔跑的时候像是被疼痛折磨的方三姑一般大喊大叫:

“这真是雪上加霜的事！村里的两个医生都住到山外面去了！”

白池像方三姑那样喊着,西屋里的方三姑已经没了声响,取而代之的是风抽树叶似的呜咽声迎面而来,白池的一颗心惊得提到了嗓子眼。她飞也似的跑进西屋,看见白果、白丹、方芳跪在床边,三个孩子惊慌失措地回过头来,求助似的看着她,只有方卫东吓坏了似的一步步往后退去,他手上拿着一块涂满血污的毛巾,鲜血在他的手上像是从山隙里叮咚而下的泉水般滴落。方三姑一动不动地仰躺在床上,她的手像是经过剧烈挣扎似的从床沿垂了下来,她垂下手臂的半边肩膀赤裸在了冬天寒凉的空气之中, 苍白的头发凌乱地遮住了眼睛,她的嘴像是咬过活物的野狗一样,满是淋漓的鲜血。

方三姑在傍晚口吐鲜血之后,陷入了长久的昏迷,直到午夜时分,砖屋里的一家人都守候在侧急火攻心,在此之前,他们已经轮番上阵、像用完七十二变的孙猴子一般使尽了浑身解数, 方三姑的身体仍然像僧尼的凡心一般纹丝不动。于是,白池终于忍不住带着自己的满头大汗准备向山外走去,这将是白池第一次走出盘龙山,她的心中没有紧张和害怕,甚至没有想到这将是第一次出行,她在心里联想的是自己将要像从菜地里摘回青菜一般从山外带来医生。白池的步子刚从西屋里迈出,方芳的大喊大叫像是看门的家狗似的追了出来:

“妈妈,奶奶醒了！赶紧回来！”

昏迷了数小时的方三姑从自己的病痛中醒来,仿佛是经历了时光数十年的摧残,枯黄的颜色涂满了她的面孔,她的面庞因此看上去仿佛一片从开水里烫过又晒干的青菜叶子。方三姑微微地睁开了自己的眼睛,湿漉漉的泪水便如汗珠似的淌下,仿佛鱼类被捞到岸上后遇到了阳光的直射。方三姑用微弱的声音咝咝说道:

“白池,你给我生个孙子好吗？妈妈求你了……”

方芳把脑袋伏在方三姑的嘴边,把奶奶只剩下嘴型的话语一字一句叙述出来。那时,繁花的烟花仍在盘龙村的天幕上如火如荼地绽放,它们像是春来的花朵一样热闹,整个盘龙村在那时人声鼎沸、欢呼跃起,白池在方三姑面前点了点头，她坚定而专注的眼神像是给对面的人投去了一根救命稻草。

方三姑在午夜时分的清醒是短暂的，一如当初失忆的反反复复，昏迷和清醒在她身上如木匠手上的锯子一般来来回回。这一年的除夕过去，方三姑拄着拐杖的身影便在砖屋里一去不复返，她躺卧在自己的床上像是陷进淤泥般永远没能站立起来，直到生命像是檀香一般慢慢腾升出她的身体。

白池在方三姑的病体上费去了许多周折，她花了整整八天给婆婆身上每一处摔肿的地方敷了草药，然后细心地在这些地方缠上了白纱。当她终于让方三姑身体上每一处青肿的地方都掩藏在了纱布之下，婆婆的身体却像脱水一般迅速瘦了下去，好似要从这一圈圈纱布地下如金蝉脱壳般溜走。白池并不知道，她在悉心地治疗方三姑青肿的身体时，这个老人身体内有器官正如细菌滋长的水果一般慢慢腐烂。

当春来的阳光第一次洒满了盘龙村，方三姑再一次从昏迷中醒来，白池如以往无数次那样紧挨着她坐下。春光乍泄，清澈的阳光在西屋里流淌，方三姑不知怎的竟然生出了力气握住了白池的手，她感觉婆婆攥着自己的手像是一个落水的人，她看见阳光在婆婆微睁的眼眶里打转，闪烁得让她鼻酸，她听见婆婆微弱的声音：

“池儿，你有我的孙子了吗？”

白池在空中张了张嘴，一时间无语凝噎。但当方三姑用溺水求救似的目光看了她很久，这个仁慈的儿媳终于点了点头，泪水从她的眼眶里簌簌落下。

白池怀孕的消息像是一粒救命仙丹，自此以后，方三姑醒来的时间如同春来的白昼一般越来越长，醒来之后，亲人们常常能看见方三姑寻找的目光像难民一样在西屋里四处流窜，直到白池出现在眼前，她的目光才会停驻在儿媳的肚子上，继而露出幸福而踏实的微笑。

微笑在方三姑的脸上持久荡漾，白池的小腹像是少女的乳房一般渐渐隆起。经过笑容长久地停驻，方三姑的脸上逐渐有了活泛的迹象，终于在一个仲春的深夜，这个年近七旬的老人像是刚从蜜罐里走出来似的，脸上带着幸福而甜蜜的笑容，像个突然学会走路的孩子一般，独自个振作起身子来然后轻飘飘地走下床来。

那时白池和方卫东正趴在西屋的桌子上沉睡，这是他们守候方三姑的第四十九个夜晚，两个人的鼾声像是春天的柳絮一般细碎绵长。方三姑的身影在黑暗中向他们靠近，这个白发苍苍的老人在那时的动作异常敏捷，她无声地在白池身边蹲了下去，无声地把头探到了白池的肚子旁，她侧耳倾听白池隆起的肚子时幸福地笑出了声。

方三姑的笑声从桌子底下传来，白池和方卫东被吓得毛骨悚然，他们噌的一声从桌子上一跃而起。白池在黑暗中看见方三姑从桌子底下蹿出，嘿嘿地笑声从她缺牙的嘴里发出，带着银铃摇晃似的回响，方三姑那时的身影随着笑声前仰后合，像是一株在浑浊河水中摇曳的水草，她身上缠绕的纱布像是仙女的衣袂般有着飘举的趋势。这情境使得白池和方卫东目瞪口呆、汗毛竖起，几乎要魂飞魄散。

方三姑的意识却是清醒的，她口齿清晰地对自己的儿子和儿媳邀请道：

“卫东，池儿，你们坐下，妈妈有话要跟你们说。”

方三姑说完这番话之后就坐回了床上，安静的模样和刚才判若两人。方卫东和白池屏息坐下，听见他们的妈妈悠悠地问道：

“池儿，卫东，你们能闻到这屋里什么味道没有了吗？”

白池将头摇得像是拨浪鼓一般，然后她听见方三姑的叹息，像是从一个世纪以前传来那样悠远：

“这屋子里我先生的味道散尽了。”

方三姑如此叹息的时候仿佛在叙述一个鬼故事，或者说就如同见着厉鬼本身，坐在桌子前面的两人被吓得颤抖不已。但是话音刚落，白池分明看见了方三姑眼中的泪水，像是月光那样清晰而明亮地闪烁起来，这让白池心中生出十分的信任和安全感，这份信任足以使得她坐在此处耗费一生一世。

方三姑接下来的诉说平缓而温柔，她像是突然生出了许多闲情逸致，好似身康体健的人打发茶余饭后的时光，总之，她在大半夜里竟然悠闲地说起了别人的故事。然而，在白池看来，故事本身的凄美也无法掩盖此事对于方三姑本人的无关痛痒、一无是处。

她听见自己的婆婆以第三人称说了这样一个故事。一个年轻的女子本生在书香门第，国破家亡的时候被卖到了妓院，却从不曾玷污自己的身体，女子以作画弹琴独善其身。直到二十岁出头，女子遇到了一生至爱的男子，男子是富贵人家的独子，绝不可能被允许娶一个风尘女子入门，可风尘女子却偏偏怀上了男子的骨肉。那一年烽火三月，敌军攻城，一切混乱如石流滚滚。男子约定在傍晚十分带她出城逃走，却在那个中午死在了纷飞的流弹之下。女子永远也不会忘记那一天，男子的母亲曾经以怎样怨恨的目光看向自己，这目光足以使得女子野兽一般，用自己的身体朝方三姑的雕花床上撞去，雕花床因此发出了吱吱呀呀松动的声响，撞击的最后，是鲜血从方卫东咬牙切齿的嘴里流出。

白池慌张地冲上前去，方卫东的喊叫像是割破了喉咙一般呼啸出来：

“妈！你怎么一声不哼就死了啊？！”

白池还来不及对方卫东的哭喊做出反应，花雕床的床板在剧烈的摇晃中断裂，方三姑在床板上的身体像是被吸进黑洞般掉入床底。白池眼见得一片白色尘埃升腾而起，在正午的阳光里像是夜晚的萤火一般悠然飘散，在空中久久盘旋如音乐浮动，似乎粒粒尘埃都可以化蝶飞去。白池很快就意识到了眼前发生的一切有多糟糕，她跑上前去准备像渔夫捞起巨鱼一般拉起方三姑的身体，白池扑上前去，一股寒凉迎面而来。木雕的床底仿佛一口四面闭合的水缸，她知道方三姑掉在了床板下，但视觉上的一切仍是漆黑一片，白池把手伸到了漆黑的床板下，她接下来摸到的东西令她毛骨悚然，一个古铜色的头盖骨在白池的手里被提出，头盖骨从白池手中飞出时在空中划出一抹光亮的色彩，紧接着落在地上发出咚咙的声响，方三姑的一缕银发在掉下的头盖骨上空悠然飘扬。

三十八

方三姑的死亡揭开了一个惊天秘密，她的床底下原来一直藏着另一个死亡真相，四十多年前死去的男人——方卫东的父亲，方三姑的丈夫，被当初年轻的方三姑连同骨灰和头盖骨带到了盘龙村，埋葬在了方三姑的木雕床里，在生和死的两个世界，隔着一块床板和方三姑共处一室、大被同眠。

方三姑惊悚离奇的死亡很快就传遍了盘龙村，死亡的真相像是危言耸听一般越传越离奇，以至于在短短一个星期内此时被传得沸沸扬扬，盘龙村村民们的目光时隔数年以后再次变得出奇一致，他们像是接受了训练的士兵一样整齐地看向砖屋，那模样便像活见鬼一般颤抖不已。于是，当村里知道方三姑来历的村民们，再次想象起方三姑来到盘龙村的场景时，这个逝去的老人的形象就像野鬼一般在他们眼前飘荡了。被这幅想象的画面吓得魂飞魄散的盘龙村村民，战战兢兢地将目光投向远方，那里有春草如同阳光一般布满大地，可那时盘龙村村民的评价也只剩下了一句：

“他妈的，这草绿得怎么像是从坟头上长出来的?！”

别出心裁的人在背后阴森森地呲呲喘气：“你看那盘龙山，多像一个毛茸茸长满绿毛的头盖骨……”

方三姑的坟头上刻着两个人的名字，一个是方三姑本人，一个是她的丈夫郑卫东，这两个阴阳相隔四十多年的夫妻，终于无怨无尤地消遁在现世地时间之河里，携手向虚无垠的虚空处飘摇而去。白池为方三姑亲自埋下墓碑，感觉心中有一块沉重的石头落地，然而更多不可言说的情绪却如同涨潮的海水一般涌上心头。

埋葬完方三姑的那个下午，白池并没有悲戚地和家人手挽手回到家中，她独自一人走上了盘龙村的马路。方三姑死后有重石从她心口落下，原先堵有石块的地方却没获得天空地阔的爽朗，她并没有像自己想象的那样大彻大悟，一些不能名状的情绪在这个年近四十的女人心头，如同雨后湖面的雾气一般弥漫蒸腾。

当盘龙村的村民们都指指点点地议论着砖屋里的一切，这个处在别人议论之中的女人没有一如当年的走投无路、峰回路转一般走向山脚下的水泥厂，她闲下了自己的脚步，开始像个多情的诗人一般流连于山村的春景之中。那年春天，盘龙村的山脚下，已像雨后的竹林一样长出了许多新的建筑物，许多红砖、水泥的房子以不同的高度在马路两边鳞次栉比地排列着，像是一个个在队列中探出头来的孩子。与热闹的房屋相比，那时盘龙村的田地里显得十分的寥落，当山歌在盘龙村的群山间彻底消失，那一批面朝黄土的村民们似乎也销声匿迹，田野里再没有庄稼像比赛似的起劲生长，取而代之的是野草在视野中的蓬勃。让人不由得惊骇，某些根深蒂固的东西竟会在不知不觉中如釜底抽薪般消失。

说到底，白池总归是个念旧的女人，为了寻找过去的记忆，她在夕阳下朝以前山上的家走去。在她的想象中，那里应该原封不动地存放着自己儿时和少年时的记忆。然而，时间真是一条具有强大湮灭能力的河流，一切都可以被她洗刷干净。似乎是有五年没上到山上了，原先庇护白池长大的木屋竟然颓落得只剩下四面墙壁，看上去像是插在地里的没有关联的四块木板。曾经在这片土地上死去的张草的气息全无，连依旧在世的人的味道也无迹可寻，青苔湿漉漉的味道在这个曾经住过人的地方四处飘散。与山下方家砖屋里的人味浓重不同，白池山上破旧的家显示出一片无人问津的繁荣，树木和花草在那里自由生长，像是在僻静无人的角落享受着独自个的欢欣。然而，当白池用手指贴着木房子一寸寸地滑动，她再也感受不到儿时木墙壁吸满阳光的温暖，她甚至记不清自己母亲的容貌了，张草死前悲哀的哭泣在她那时的回想中只剩下一片模糊的嘈杂。

时间如水冲走了一切可以用来凭吊的念想儿，白池为此感到怅然若失、无可奈何，如同一片被秋风带走绿色的叶子。

白池走回到砖屋已是夜幕降临的时候，稀薄的黑色像是冲淡了的墨水流淌在天地间，马路上一个个走动的人影像是一株株在水中摇曳的水草。白池走到家门口，等在那里的并不是方卫东或者方芳，那时夜空下悄寂无声，砖屋不远处“野嫂嫂”家的房子作为盘龙村最美丽的建筑赫然挺立，白池悲哀地看到“张瓦匠”的身影在屋前走动，被他牵在身后的“野嫂嫂”乖巧的像是个刚满十七岁的女孩，他们之间的恩爱昭示出人们对待往事的健忘，以及好了伤疤忘了疼的本性。白池感到悲哀，并不是因为“野嫂嫂”过得比她好，她想到的是方卫东曾经为了与这个女人的爱情付出了怎样的代价。当然，现在的白池也不会为此付出太多心酸，她很明白现在观看的是谁的生活，她现在过着的又是谁的日子，人们看到的大多只是别人生活的表面，过活的却是自己生活的里子。生活与生活之间，本来就存在着虚假的距离。

心中这么想着，丈夫的身影却出现在了眼前。方卫东现站在砖屋门口，将半边身子藏在砖屋的大门后，斜着眼睛望向“野嫂嫂”家门口的景象。白池很难判定方卫东那时的目光是专注还是出神，尽管如此，悲哀的情绪还是不可遏制地涌上了她的心头。一个女人，无论她如何美丽，没被人真心疼爱过都难以获得不可摧毁的自信。没有被方卫东深爱过的白池，在那时本能地怀疑自己，她呆站在原地望着自己的丈夫，感觉当年吹拂在白茅草丛里的风儿，似乎重新吹拂到了砖屋门前。但很快，白池就意识到了自己的疑心是一种多么荒唐的妄自菲薄，当她仍然像是卡在木块间的榫头一般，保持着对往事的念念不忘时，方卫东和野嫂嫂却早已轻而易举地从往事中脱离出来，顺着时间流动的方向继续往前蠕动，就像褪去蚰皮后的游蛇在大地上不断行进。

方卫东若有所思地望向“野嫂嫂”家，白池便也持久地望着自己地丈夫，当方卫东从自己的若有所思中醒将过来，他快速走向了白池，像是摆弄一个花瓶一般，轻轻地将白池的肩膀扳向了另一边，白池由此而看见让她百感交集的画面：“野嫂嫂”家门口的那排杨树，有斑驳的月光像是潭水那样覆在地上，张二雷和白丹面对着面站在树荫下，他们手牵着手欢乐得像是两尾在水中携游的鱼儿……

白丹和张二雷的爱情是在盘龙村外生根发芽的，这两个年轻人仿佛两株并生的藤蔓，当他们沿着大地重又回到盘龙村，彼此之间的缠绕变得更加紧密了。在逝去的往事面前，这两个年轻人显示出了绝对的宽容而勇敢，或者说是十分的麻木和自私。他们甚至都没有在脑海中像飞鸟落到地面那样，短暂地考虑一下彼此家人的感受，年轻的恋人就这样向彼此交换了共度一生的承诺。

白池心中的猜测得到验证，奇怪的是，当时间一天天过去，她并没有像自己料想中的那样坐立不安、烦闷不满。白池看着自己面庞通透的妹妹，有窃喜的感觉像是顽皮的孩子一样撞在了她的心头，她想象着自己亲爱的妹妹——这个如花的女孩正经历着怎样温柔的甜蜜与被爱，她相比自己该有一份怎样轻松无悔的青春。于是，当她再次看向“野嫂嫂”家的新屋时，她不再满脸愁容和悲哀，她能看见在砖屋与“野嫂嫂”家的新房之间，有年轻一代用温情脉脉的眼神驾起了一座桥梁，桥梁上的爱如水渠中的水一般流淌。白池为此感到十分庆幸，她不由得鼓励自己、赞扬自己、欣赏自己，自己被自己感动、自己给自己喝彩，自己让自己欣慰。因为她觉得自己终于获得了方卫东那般对于往事的淡然，她从心底希望的是白丹获得幸福，上一辈的情仇纠葛在他们身上，像是太阳底下的露水一般彻底消散。当一个女人不再对过去的伤痛耿耿于怀，其实她放过的就是她自己本身，白池由此获得了一种前所未有的轻松。

白池从对往事的摆脱中获得了新生，也重新获得了疼爱他人的温柔与甜蜜，失去母亲的方卫东重新收获了妻子的关爱，白池几乎要把丈夫看成是一个受伤的孩子。一生都未曾走出盘龙山去的白池，在那个春天决心要陪同丈夫去到山外，从而让他失语的疾病得到彻底的治愈，方卫东在母亲死后发出的那声叫喊给了白池治愈的信心。

春天行将结束，白池像是一只勤劳采蜜的蜜蜂一般，事无巨细地做着出门前的打点。与此同时，盘龙村民们对于方三姑的纷纷议论，已经如阳光下的露珠一般彻底消散。村民们像是忙得焦头烂额似的，马不停蹄地谈论起李加禄即将回乡的消息。

李秃头的弟弟李加禄，“产自”盘龙村的河滩镇镇长，即将回来盘龙村为家乡作出贡献。这样的消息使盘龙村村民大为振奋又忐忑不安。就好像一个贫穷而年迈的老母亲，已经和事业有成的儿子分开多年，如今，这个富贵而生疏的儿子即将再回到她身边时，经过多年的分离和思念之后，涌上这个母亲心头的第一阵浪潮并不是满心的期待和甜蜜，类似于游子们“近乡情更怯”的心情，这个母亲突然变得羞怯和紧张起来，她的双手在整理自己的仪表和屋子的时候，就如同她的心跳一般慌乱不已。

成功的游子李加禄要回来了，“李秃头”率先展现出了他的激动到悲伤的情绪。在以往的惯例中应该是春忙的时节，一向脾气暴躁的“李秃头”变得多愁善感，他像是一个受伤的女人一般嘤嘤哭泣，泪水从他的眸子里流淌出来，之后，笑声又从他喉咙里迸发出来。最后，他的双眼在笑容里红润起来，他的声音在笑容里颤抖起来，他向人们说道：

“我们家加禄，他是真的不容易。”

然而，“李秃头”的诉说少有人倾听，与七年前弟弟李加禄给细伢子发糖、所有大人都前来他们的土砖屋聊天的盛况不一样。如今“地处偏远”的李家土砖屋已经少有人光顾，不是因为李加禄没有给这个家带来一如既往的荣耀，而是因为如今的村里人都太忙碌了，他们仿佛是被扔进时间滚滚的洪流里，每个人都在爆发的洪流的裹挟之下，飞快地向前奔流。就连李秃头的堂客唐客都无暇顾及自己的丈夫，这个嗓门粗大的女人成了水泥厂某个车间的小组长，在这一职责和荣耀的驱使下，堂客变得忙碌不已、同样也乐此不疲。

李秃头独自从水泥厂走了出来，晌午过后的盘龙村大街上空无一人，远远望去，只有两只水牛孤零零地立在路边的水田里。蓬松的白云安静地在天空中游荡，一丝细微的云彩从它们的身体中脱离出去，整个天空因此看上去像是一块干净的幕布，上面有胖乎乎的大白蚕在吐丝。李秃头在天底下站了良久，春末的阳光涂抹在树木上闪闪发亮，他的眼睛不由得感到酸疼。

李秃头走出水泥厂之后，没有跑去山路口等待弟弟归来。他沿着大路，走过田埂，途经小溪，绕过山坡，向自己山脚下的土砖屋走去。那时候，春末的气息还像无所事事的孩子一般在盘龙村四处游荡，可是田野里却没有相应的热火朝天的生产景象，只有几个稀疏的耕种的身影洒落在田野间以慰寂寥。时间仿佛无形的洪流，当初赤脚光背走向田间地垄的村民，眨眼间就被裹挟着涌向了别处，只留下廖廖几个人还留在原地，仿佛是被时间遗漏了。被时间遗漏的村民仍在田间地垄拾弄着庄稼，他们在黄土地面前佝下身子，谦卑地把种子埋进了孕育它们的母体。

就是在那个午后近乎空旷的大地上，李秃头一路走去发出了呜呜的哭声，路边稀疏的耕种的人们看见了李秃头揉着眼睛的哭泣，听见了李秃头的自言自语，他们被吓得一惊一乍：

“李秃头，你怎么哭了啊？”

李秃头还是自顾自地哭泣着，这个年轻时脾气暴躁得像个火铳的男人，在临近知天命时一反常态地开始呜呜啼哭，他的啼哭既让人惊讶又惹人同情，耕种的村民都停在了手中的活儿，瞪大了眼睛看着李秃头，他们充满悲悯地嘟哝道：

“李秃头，要是和水泥打交道太累了，你就回来种地吧，水泥厂有一天可能会倒闭，你们会失去工作，但是土地永远在这呢，守着这土地你就永远有自己的工作。”

李秃头边走边哭，他听见了人们对他自以为是的劝告，继而哭得更伤心了，他的回答加深了耕种的村民对他的不理解，李秃头冲着那些人委屈地诉说道：

“我们家加禄，这些年是真的不容易啊，我要回去收拾好了等他回来……”李秃头的步伐越走越远，他远去的声音因而像是一片飘走的白云那样浮荡摇曳……

李秃头的伤心啼哭结束之后，盘龙村村民们的耳朵里和口头上就都充斥了李加禄即将回乡的消息，他们为此而感到兴奋与紧张，一时间却不知道如何应对，最后还是村支书龙根红回来后做出了安排。这个年过花甲的老支书不知何时起变得头发花白，他在黄昏时分挨家挨户传递消息的模样像是一个沿街乞讨的叫花子，往日激情澎湃的风姿在他身上如黑发一般一去不复返。

然而，村支书的话语似乎也没有了当初的效力，接到龙根红提议的盘龙村村民并没有立即行动，甚至有人无动于衷。直到工厂里发出通知，为了表示庆贺水泥厂将一齐出动，这些村民才热火朝天地准备起来。

第二天一早，盘龙村通往山外的马路上拉起了一条长长的欢迎列队，一如四十年前逢上开国大典，这一次的盘龙村人手拉着手、吹奏着喇叭表示出了同等的喜悦。许多许多的人顶着自己的脑袋在人流中攒动，许多呐喊声像是六月的暴雨点一般在人们头顶炸响，许多人被人踩掉的鞋子像是摆地摊似的散在地上。在那时候，忙碌的盘龙村村民们才像是突然从睡梦中醒将过来，他们看见长长的列队中有了很多他们不认识的面孔，那是因为水泥厂的工作需要新搬进村里来的外人，他们携家带口地住了进来，也携家带口地参加了村里地集体活动。与此同时，土生土长的盘龙村村民也发现了彼此的异样，他们熟悉的老乡变老了，在他们眼皮子底下长大的孩子突然长出了一幅正值盛年的模样，许多新生的孩子像是春来的树木一样在村里开枝散叶……

在盘龙村村民出神思考时，河滩镇镇长李加禄回来了，他的到来却不是为了回乡省亲，同他一起到来的还有好几位城里的干部，他们都像十七八岁的姑容颜。但是此刻，我才明白这是一种多么虚幻的错觉。当这些画面和人物从我眼前离开，我就注定陷入了寻找的痛苦之中，不仅是为了验证曾经真实体会过的温暖，更是为了寻找朋友诉说我对笔下人物的思念。然而，这个“朋友”是那样遥不可及，也许这个世界上唯一与我有过眼神交换的，只是给我编书的编辑而已。

一切都是未知，不知道笔下的人物会去往何处，不知道自己会遇到哪个读者，但我真心地期待现实世界和虚拟世界里的人物都能成为我的朋友，我能有幸与你们相遇相知，到那时我也会像个标准的文艺青年那样诉说自己的苦楚和思念，正如曾经打动我的诗句所说的那样：若我会见到你，事隔经年，我该如何贺你？以眼泪？以沉默？

周子衿

2015年5月18日